品味经典

第一辑

徐飞 主编

復旦大學出版社

序　言

Preface

“立身以立学为先，立学以读书为本。”读书是门槛最低的知识获取方式，也是人类以手、眼、脑相配合进行学习的方式。因此，无论是在个体层面还是在家庭、学校、社会层面，倡导阅读对开阔眼界、完善能力、提升素养，乃至提高全社会整体道德水平都意义非凡。2012 年，党的十八大报告首次写入“开展全民阅读活动”，将其作为丰富人民精神文化生活的重要路径，为扎实推进社会主义文化强国建设助力。之后，党和国家各级政府的重要文件多次提到全民阅读。现在推进全民阅读已进入国家战略层面，是政府的重要工作之一。

威尔逊曰：“书籍是通过心灵观察世界的窗口。”弥尔顿说：“书籍并不是没有生命的东西，它包藏着一种生命的潜力，与作者同样活跃，不仅如此，它还像一个宝瓶，把作者生机勃勃的智慧中最纯净的精华保存起来。”黄庭坚放言：“士大夫三日不读书，则义理不交于胸中，对镜觉面目可憎，向人亦语言无味。”狄德罗则进一步指出：“不读书的人，思想就会停止。”诚然，书籍是屹立在时间汪洋大海中的灯塔、培植智慧的温床，书房是文人精神的巢穴、生命的禅堂，而阅读的价值在于，读者能从书中邂逅高贵的灵魂，感受高超的智慧，学习深邃的思想，得到深刻的启迪。阅读当触及性灵，促进对现实人生的反思和关怀，进而有所行动，去创造美好幸福的人生，并增添关心他人、关心社会的自觉。

经典是书籍中的瑰宝，但凡称得上“经”和“典”的，都代表了所在时代的最高智慧，甚或是迄今为止人类思想所能够达到的最高峰。经典之所以是经典，是因为它蕴藏了天地之心、修齐之道、治平之方，呈现出科学之真、人文之善、艺术之美。经典之所以被赋予崇高价值，还在于其思想的深邃性、思维的宏阔性和思绪的灵动性，以及精神的永恒性和意义的无限可阐释性。经典历久弥新，常读常新，永远光耀和烛照读者的精神和灵魂。庄子说过：“吾生也有涯，而知也无涯，以有涯随无涯，殆已。”面对当今海量的出版物，以有限生命面对无限阅读资源，阅读经典当是最佳选择。

大学生是国家未来建设和发展的生力军，其综合素养和创造能力决定国之未来。然而，受到基础教育阶段的应试教育、高等教育学程的专业教育，特别是社会转型下人心浮躁等因素的影响，当代大学生的阅读存在功利化倾向，流行“浅”阅读与“快餐化”阅读。尤其是专业教育带来的阅读结构性缺失，十分不利于大学生个人综合能力的提升和全面发展。在这样的背景之下，高校开展经典阅读活动具有重要意义。

开展经典阅读，有助于提升高校立德树人工作实效，培育时代新人。大学的根本任务是立德树人，阅读经典对塑造崇高人格、铸就高贵灵魂、助力“精神成人”具有不可替代的育人价值。李白认为“立德贵清真”，子路推崇“楚兰生于深林，不以无人而不芳；君子修道立德，不以穷困而变节”。曾国藩强调：“士人读书，第一要有志，第二要有识，第三要有恒。有志，则断不甘为下流；有识，则知学问无尽，不敢以一得自足，如河伯之观海，如井蛙之窥天，皆无见识也；有恒，则断无不成之事。此三者缺一不可。”英国著名作家威廉·梅克比斯·萨克雷在《纽克姆一家》中，则借用印度古谚如是说：“播种一种行为，收获一种习惯；播种一种习惯，收获一种性格；播种一种性格，收获一种命运。”诸如此类的经典言论，无不是教我们如何立德树人。

开展经典阅读，有助于经典的当代传承，增强大学生的文化自觉、文化自信意识。经典是一个民族文化的载体和历史精神的浓缩，阅读经典无疑是将人们的心灵与上下古今一切民族的伟大智慧相结合的过程。通过诵读“四书五经”，感悟《中庸》中“致广大而尽精微，极高明而道中庸”的辩证；捧读费孝通的《乡土中国》，领略“各美其美，美人之美，美美与共，天下大同”之胸襟；阅读维特根斯坦的《文化与价值》，感怀“有光方有影，有前人的积累才有后人的传承”之洞见。当代中国大学生，借助阅读古今中外的经典，既可以培育厚重的民族爱国情怀，又可以培养开放的世界公民意识。将经典阅读与大学生思想政治教育相结合，当是引导大学生积极弘扬和践行社会主义核心价值观的有效途径。

开展经典阅读，有助于高校通识教育的开展，营造校园书香文化。通识教育以培养“完整的人”为目的，以培养学生健全人格为根本的价值取向。经典作为书中之上品和极品，更应反复吟读，仔细品味。王国维在《人间词话》中阐述了古今之成大事业、大学问者必经的三重境界：“‘昨夜西风凋碧树，独上高楼，望尽天涯路。’此第一境也。‘衣带渐宽终不悔，为伊消得人憔悴。’此第二境也。‘众里寻他千百度，蓦然回首，那人却在灯火阑珊处。’此第三境也。”同样，康德在《论优美感和崇高感》中，对优美和崇高这两个美学范畴做了精当的分析，他不仅细腻温情地比较了崇高的动人和优美的醉人，更是深刻犀利地指出：崇高必定伟大，优美可能渺小；崇高必定纯朴，优美则可能装扮和修饰。在大学推广经典阅读，就是要让大学生透过经典的字里行间，品味和体悟境界与格局、深刻与通透。毋庸置疑，阅读经典是开展通识教育的绝佳途径。初读经典，可有似懂非懂、囫囵吞枣之小成，用心品味，方得深入浅出、知行合一之大就。

开展经典阅读，有助于大学生个人综合能力提升和全面发展。罗曼·罗兰曾说：“从来没有人为读书而读书，只有在书中读自己，在书中发现自己或检查自己。”英国伟大的思想家培根在《论读书》中说道：“读史使人明智，读诗使人聪慧，演算使人精密，哲理使人深刻，伦理使人有修养，逻辑修辞使人善辩。”孔子曰：“温故而知新。”阅读经典不仅可以丰富精神世界，也能帮助提升获取新知的能力。阅读经典文本，不但能实在地提高阅读能力、书面表达和口头表达能力；更为重要的是，通过与先贤对话，与圣哲神交，可全方位为自身赋能。青年学子要有意识地尽可能选择阅读经典，在世界观、人生观和价值观形成的最重要时期进行经典阅读，对一生的发展都大有裨益。

作为一所历史悠久的财经类高校，上海财经大学素来重视通识教育。学校创设伊始，获得哥伦比亚大学教育学博士学位的郭秉文校长即“用世界眼光办教育”，提出了“三育并举”“四个平衡”等影响深远的教育理念。20 世纪 30 年代，学校将“以精神训练，培养健全之人格，建立忠实之学风”确定为学校使命。2011 年起，学校以全球视野遴选通识师资，聘请国际名校和国内“985”高校名师开设优质通识课程，培养学生的广阔学术见识和典雅方正人格。2015年学校成立通识教育中心，遵循“德育为先、育人为本、通专结合”的通识教育改革路径，构建了“三大类七模块”通识课程体系；构筑了多层次、个性化、全覆盖的第二课堂成长培养方案，致力于“培养健全人格，促进均衡发展”的育人目标。

为进一步营造学校浓郁的书香氛围和强化求真求知的学风，2019年底学校组织校通识教育中心、宣传部、图书馆、团委、学生处、人文学院等部门通力协作，多次召开研讨会，数次易稿，最终形成《2020年度通识经典阅读推荐书目》并于2020年元旦发布，旨在引导和鼓励上财学子与经典为伴，涵育阅读习惯，培养自觉读书意识，在读书实践活动中陶冶情操、获取真知、提高自我修养。

2020年是不平凡的一年，新年伊始突发的新冠肺炎（COVID－19）疫情牵动着每一个人的心，全国人民众志成城，团结一心，共克时艰，与这场疫情进行坚决斗争。在疫情防控期间，上海财经大学多措并举，做好“停课不停学”的相关工作。学校以倡导阅读通识经典推荐书目为抓手，发出了宅家“四个一”的倡议：制订一种计划，坚持SUFE悦读打卡；找到一种支持，在书籍的世界中充实自我，获得精神支持；钻研一件事情，悦读成长，品读作者的所思所想；思考一些体验，于读书中记录收获，帮助塑造科学的世界观、人生观和价值观。

有鉴于读经典之不易，为进一步帮助学生不仅要读好书，更要读懂书，2020年上半年，校通识教育中心精选与百本经典书目相关的通识课程，将阅读经典与学习课程紧密结合，邀请通识名师开设“一师一课一本书”通识经典书目导读在线讲座，帮助学生真正读懂这些经典，深入发掘文本的更多价值，故而有了本书的12篇导读讲稿。名师对于经典的导读，拓展了教学育人的广度和深度，点燃了学生的阅读热情，帮助学生学会阅读经典，引导学生走出专业课程思维，以更宽广的视野、更多元的角度领悟书中思想内涵，力求厚德博学、经济匡时。学生通过与通识名师交流，体会作者与读者、读者与读者之间的思想碰撞；通过探讨经典与当下的联系，思考生活的意义，叩问生命的价值，进而重新审视和塑造自身的思维方式，提升眼界格局。

线上经典导读讲座虽是疫情期间“以读攻‘毒’、阅读战‘疫’”的非常之举，但我更希望能将经典阅读常态化、习惯化、终身化：徜徉经典、品味经典，生命不止，读书不止，学习不止。“读书之法无他，惟是笃志虚心，反复详玩，为有功耳”，让我们以朱熹的这句话共勉。

徐　飞
上海财经大学常务副校长
2020 年 9 月

目 录

TABLE OF CONTENTS

《乡土中国》导读

《乡土中国》是费孝通先生在20世纪40年代后期，据其讲授的“乡村社会学”课程的内容写成的，收集了应当时《世纪评论》之约而分期连载的14篇文章。他想通过此书追究中国乡村社会的特点，涉及乡土社会人文环境、传统社会结构、权力分配、道德体系、法礼、血缘地缘等各方面。在《乡土中国》中，作者用通俗、简洁的语言对中国基层社会的主要特征进行了概述和分析，全面展现了中国基层社会的面貌。全书主要探讨了差序格局、男女有别、家族、血缘和地缘等。该书语言流畅，浅显易懂。

《乡土中国》，费孝通著，人民出版社

正如费孝通所说，《乡土中国》是一种尝试，尝试回答了“作为中国基层社会的乡土社会究竟是个什么样的社会”这个问题。《乡土中国》介绍了一个“乡土本色”的中国，并使用社会结构分析方法解剖中国传统社会，独创了“差序格局”概念并被国际社会学界所接受。作者对中国传统文化、社会结构的分析，对于认识和理解具体的中国社会大有裨益。

宏观乡土中国的变与不变

刘长喜①

各位同学好，欢迎大家在非常时期参加学校组织的系列讲座，叫“一师一课一本书”。2020年1月1日，学校推荐了100部经典，涵盖社会学、经济学、政治学以及文史哲等学科。通识教育中心针对这百部经典组织“一师一课一本书”的系列讲座，我非常荣幸作为第一讲的老师。

在确定《乡土中国》这本书之后，我在准备的时候就想确定个什么样的讲座主旨。《乡土中国》这本书已经纳入高中生阅读书目，很多同学在高中就读过这本书。但是，我想大家对作者费孝通的学术理想和方法不一定了解。读书先读人。我打算先讲讲费老其人其事，谈谈他一生的学术和人生。

实事求是地讲，我没有能力系统地讲费老的学术和人生。费老的人生之路、学术之路有很多地方可圈可点，通过讨论，可以引起我们的思考和反思。所以我就从我和费老为数不多的几次见面切入

---

① 上海财经大学人文学院副院长，校讲席副教授，博士生导师。主要开设“生活中的社会学”“经济社会学研究”“社会学概论”“后真相时代的网络舆情研究”等课程。

吧。2002 年，我的导师复旦大学刘豪兴教授，带我和复旦大学徐珂老师以及我同学王利民，一起去拜访费老。当天先在江村开展了一些活动并集体合影。后来在吴江宾馆里，我们几个人同费老交流，向他请教，还拍了一张照片。

从这个意义上来讲，我就是用了一个微观的角度谈社会学大师费孝通，重点强调费老从实求知的学术精神。基于这样的考虑，这次讲座前半段主要谈费老的学术人生，叫“微观社会学大师从实求知的治学精神”。讲座的后半段叫“宏观乡土中国的变与不变”。因为《乡土中国》虽然只有短短 14 章，但里面每一个小点，我们都可以讨论一节课，做一次讲座。我个人认为不能局限于这本书来讨论，而要把这本书放到历史社会变迁的大视野来审视和阅读。《乡土中国》分析了 20 世纪 40 年代农村的社会结构和格局。现在看来，中国农村发生了翻天覆地的变化，费老在书里谈到的许多地方都变化特别大。当然，也有一些至今影响中国农村，至今还是研

究农村具有较高学术价值的分析概念和理论。

一、微观社会学大师从实求知的治学精神

我们先了解一下费老的基本人生经历。费孝通（1910.11.2—2005.4.24），江苏吴江（今苏州市吴江区）人，著名社会学家、人类学家、民族学家、社会活动家，中国社会学和人类学的奠基人之一。他出生在一个官宦和知识分子家庭。他的父亲是江苏省的教育督学，留学日本回来的。他的妈妈当时创办了当地的一家幼儿园。他的姐姐费达生（1903—2005）是一位蚕丝专家。我们现在谈费达生的时候，都很尊敬地称为费达生先生。费达生先生留学日本回国后，从 20 世纪 20 年代起在江苏吴江的一个农村（开弦工村）开展蚕丝技术改革，发展农村工业。费老的哥哥也是留学海外，后来在东南亚发展。

费老的人生经历真的是非常复杂的，他从 1910 年出生到 2005 年去世，基本上经历整个 20 世纪的变迁。费老的人生和学术有三次大的转折。

第一次是弃医从社，就是在大学学习时从医学专业转到了社会学专业。1928 年，费老高中毕业，升入东吴大学医预科。1930 年转到燕京大学读社会学专业。其中一个最大原因是什么？他受进步事件的影响。做医生当然也很光荣、很伟大，但他认为做医生只能救一部分人，而一个社会学研究者可以给社会看病。同时代，鲁迅先生是弃医从文，孙中山先生是弃医从革命从政。这是当时中国知识分子面临国家沦为半殖民地半封建社会后在寻求救国救亡、富国强民道路时的一个选择。费老本科毕业之后还参加了梁漱溟先生的

乡村建设运动。

第二次大转折也是大挫折，是在学术调研时其新婚妻子不幸去世，他本人受伤。1935 年，费老从清华大学研究生院社会学人类学系毕业，获得硕士学位。他在硕士毕业之后，事实上已经取得了留学的资格。留学之前，他和新婚太太王同惠（1910—1935）赴广西大瑶山进行民族考察研究。据费老回忆，他们俩是因为共同的读书兴趣相识结缘，没有风花雪月。费老靠学识和共同的学术理想赢得了王同惠的芳心。费老说王同惠的学术天资在他之上。但是很遗憾也很痛心，在去广西大瑶山做调查的时候，在一次返回的路上，费老掉进了当地人捉野猪的洞里，他太太下山寻求救助时不慎跌落悬崖而亡。费老到第二天才被当地人救出来，护送到她姐姐正推广蚕丝技术的开弦弓村。他在这个农村养伤时对这个村进行了一个多月的深入调研，之后到伦敦政治经济学院，在导师马林诺夫斯基的指导下，写成博士论文《江村经济》整理出版。这本书我也强烈推荐给大家。只有《江村经济》和《乡土中国》这两本书都读了，才能从基层上对中国经济社会有一个较为全面的了解和认识。《江村经济》这本书是一部人类学著作，他的导师评价非常高，认为是人类学的一个里程碑式的著作。马林诺斯基在序言中评价："我敢预言，费孝通博士的这本书将是人类学实地调查和理论发展上的一个里程碑。它让我们注意的并不是一个小小的微不足道的部落，而是世界上一个最伟大的国家。"

第三次是战火纷飞时期构建学术堡垒——魁阁。这个严格意义上也不算是转折，应该是费老最为重要的学术事件或者学术阶段。1938 年，他读了博士之后回国。这个时候中国硝烟四起，战火纷飞。魁阁既是云南昆明的一个地名，更是中国社会学学术精神的一个象征。面临日本战机的不断轰炸，费孝通带领一批社会学学者来到昆明东南的呈贡县（今昆明市呈贡区）大古城魁阁坚持从事社会学学术研究。下面这张图片上的雕像是当时参与魁阁学术研究的一些社会学家。你们可以找一找哪个是费老。

魁阁的学术风气是：自由研究、尊重个人、公开辩论、伙伴精神。在那个战火纷飞的时代，日本的飞机时常过来轰炸，在这样的一个地方，一帮社会学人寻求出路，研究中国，认识中国，形成一个学术共同体，这是很了不起的。在这样的一个背景下，《乡土中国》写成了。《乡土中国》的雏形是他给学生讲乡村社会学（也是我们现在说的农村社会学）的讲稿，后来又受杂志约稿，写了 14 篇短文。

闻一多最后一次演讲时被国民党特务枪杀，据说枪杀之后，费老站起来演讲，上了国民党特务暗杀的名单。因为当时费老和美国的关系比较好，他躲进了美国驻中国的大使馆。

新中国成立之后，社会学由于各种原因被取消了，1978 年又开始重建，当时费老已经 68 岁。费老为中国社会学的重建做出了重大贡献。这时候，费老的学术研究也恢复了，写了一本书叫《行行重行行》。他当时一直提出的学术理想是“谋中国农民的致富之路”，并为乡镇企业代言。我所说的“代言”不是那种利益集团的代言。现在很多同学不了解乡镇企业。我这几年在上课的时候曾经提问，什么是乡镇企业？基本上没有同学能够给我提供一个很好的答案。改革开放之后，中国的工业化道路跟西方不太一样，我们是从农村“长”出了工业。乡镇企业作为一个新生事物，当时面临很大争议，也就是合法性危机。后来邓小平说：“乡镇企业异军突起，三分天下有其一。”费老通过在全国各地调研为乡镇企业呼吁，通过他自己的实证研究提出苏南模式、温州模式、珠江模式等，之后又开始进行小城镇研究、区域发展研究，还提出了中华民族多元一体的格局，包括面临全球化的挑战和机遇，提出“各美其美，美人之美，美美与共，天下大同”的这种全球文化关系。由于时间关系我没办法一一去讲。

刚才对他学术人生的一些关键节点进行了一个梳理，我觉得大家可以体会到他关心哪些问题。费老的学术人生具有鲜明的特点：从实求知和志在富民。

他有一种从实求知的治学精神，在做研究时，从来不空泛地发言。大家可以看看前面一张的照片，当时刘豪兴教授要带我们去见费老，因为是在这种私下场合，我们就很激动。当时在江村还合影，一开始我们还不敢，站在那边，费老看我们几个小伙子在旁边站着，让我们一起来合影。后来我们又一起跟着他的车队到吴江宾馆吃午饭。在去的路上，我们就讨论，机会难得，应该趁机向费老请教一些重大问题。我出了一个馊主意。2002 年大家都知道，是中国经济社会发展过程中一个很大的节点。什么节点？中国加入 WTO，各行各业都非常担心。我说咱们请教一下费老，中国加入 WTO 之后，对农业、对农民、对农村有什么影响。费老一生研究农村，研究农民，研究农业，我就想这个问题应该很好。费老当时乐呵呵地说，你们有啥问题就问，我就抛出这样一个问题。我印象很深刻，问过之后，费老的脸色大变，感觉有一点生气的样子，大致就跟我们说："这个问题不要问我，你们问农民去，问我干吗？"这时候很尴尬，费老本来午饭之后很和蔼地在他的房间里面接待我们，我不知深浅，提这样一个问题，以为费老会侃侃而谈，想聆听大师的观点，费老拒绝回答，甚至某种程度上还有一点不高兴。事后当然很快就转到其他话题了。

后来我一直在反思，为什么费老拒绝回答这样的问题？我想答案在于费老从实求知的治学精神。躲在房间里边，拍桌子拍脑袋，就把观点说出来，是不对的。这是我给大家分享这样一个小故事的用意。这种从实求知的治学精神，我觉得对我的影响很大。就是任何言论、任何东西都要进行调查。所以你看他的《乡土中国》，书中好像没有数据，没有很多的实证的案例，但《乡土中国》事实上是建立在他对江村经济、对云南山三村等研究的基础之上的。从这个意义上说，《乡土中国》不是空对空，不是从概念到概念，它是基于对中国基层社会的深入观察所做的一个概括，一个分析，一个总结，包括后来写的《行行重行行》，是走遍全国得来的，都是有依据，从实求知的。

费老的治学精神是从实求知，没有价值判断，保持价值中立。

但是费老的学术理想是志在富民。关于费老志在富民的学术理想的论文已经有很多篇了，我不再赘述，大家可以在网上找几篇读读。从《江村经济》开始，费老一直在寻求中国农民致富之路。社会学重建之后，他对乡镇企业、小城镇、区域发展等问题的关注都源于他的学术理想——为中国谋求富民之路。

从实求知的治学精神和志在富民的学术理想我觉得值得我们继承和发扬。特别是对当今的大学生来说，不要仅仅局限于互联网、课堂和书本，应该到社会上多观察、多研究，从实求知，认识真正的中国。同时，一个大学生不能仅仅关注自己的发展，我们要有家国情怀，为国为民应该是当今大学生的人生追求。

二、《乡土中国》的研究方法和书眼

《乡土中国》这本书从文字上来讲，我相信咱们同学没有一个人看不懂的，很短，14 篇，并且描述的东西我们基本上还是比较熟悉的。读这本书的时候，首先要注意它的研究方法。费老用的是一种理想类型的分析方法，他提出了差序格局、礼治秩序、无讼、无为政治、长老统治等概念。有的同学会说，好像跟我家那个村不太一样。大家要注意，费老提出这些概念的方法是理想类型。理想类型是著名的社会学家马克斯·韦伯提出的一种分析方法。什么是理想类型？它是一种分析的概念和逻辑的工具，具有高度的抽象性，但是跟事实也不完全相符。他抓住了一个事物的本质特征。中国的农村也可以说是千差万别，你可以讲你们村的故事，我可以讲我们村的故事，都不一样，那么作为一个研究者怎么办？在这种千差万别的村落里应该抓住一个核心的特征，抓住一些核心的要素来展开分析。他在 14 篇里提出了很多概念，这些概念就是一种分析工具，分析工具跟现实不完全相符，但他抓住了现实的本质特征。

著名的社会学家马克斯·韦伯就善于运用理想类型提炼分析性概念。比如，他认为现代社会的组织原则是科层制。科层制一个主要的特征就是按章办事，不讲人情。其实你到组织里看看，里面充满了人情。难道你说韦伯错了吗？不是的，是他抓住了现代组织的核心特征。经济组织也好，政治组织也好，文化组织也好，社会组织也好，现代组织的一个核心特征是采取了科层制的原则。

《乡土中国》这本书的理论基础是什么？是功能主义分析。大家注意，在分析很多问题的时候，要把功能分析和因果分析分开。功能分析是什么？它认为一个社会，一个组织，一个制度，要想维持下去，必须有一种手段，一种结构。怎么去满足这些功能？比如，我们经常说孔雀的尾巴又长又大，很不容易逃跑，很容易被天敌发现。孔雀为什么需要这么长的尾巴啊？有学者就提出来，它实际上是有求偶的功能的。这就是功能主义的分析思路。费老认为乡土中国的一套做法就是维持差序格局这样的一种乡土基层社会的结构。方方面面需要哪些制度、情感、权利，怎么样去配合，这是一种功能主义的分析思路。

我给大家一个建议，看书要找书眼，书眼是一本书的核心。我个人认为这本书的书眼就是第一章的第一句话："从基层上看去，中国社会是乡土性的。"《乡土中国》这本书里没有涉及皇权，没有涉及中央政府。我们经常说大传统和小传统。大传统以城市为中心，是社会的少数上层人士、优势阶层、知识分子所代表的一种文化。这本书研究的是一个小传统，即在农村中多数农民所代表的一种文化，书中强调它是乡土性的。从历史上来看，中国一直是一个农业社会，农民聚村而居，形成了中国独特的乡土社会和文化。

三、宏观《乡土中国》的变与不变

下面结合当下中国农村，从变与不变的角度解读《乡土中国》。费老在 20 世纪 40 年代后期写了这样一本书，实际上是基于从《江村经济》到后来的《云南三村》写作过程中对中国农村的观察和研究。因为这时候中国的基层社会已经发生了一定的变化，比方说科举制取消了。由于科举制取消，就在讨论文字下乡两章的时候，费老做出了农民不需要文字的判断，我觉得我们待会可以讨论。

他研究的乡村中国既不是完全传统的中国基层社会，当然跟现在也不一样。明清以来，江南农村商品化程度不断提升。特别是鸦片战争之后，商品经济对基层社会的影响已经很大。你们看一看《江村经济》里已经很系统地研究了全球缫丝市场的变动对一个乡村的影响。某种程度上来说，一个村的经济命运跟全球的市场已经勾连在一起了。

下面我们来看这本书的框架结构：第一部分（1—5 章），与乡村建设学派对话，分析基于“乡土”基础上的社会的“愚”和“私”；第二部分（6—7 章），乡土社会的家族和个体（男女有别）；第三部分（8—9），乡土社会秩序的维护——礼治和无讼；第四部分（10—14），乡土社会权力机制。

第 1 章通过对中国传统乡土社会特点的分析，说明中国的传统乡土社会是一个人与人之间非常熟悉的社会。熟人社会是当时中国基层社会的特征。后续费老对中国基层社会的论述都建立在这个基础之上。现在中国的基层社会发生了什么样的变化？现在还能不能称为乡土本色，能不能称为熟人社会？改革开放四十多年来，大量农村劳动力向工业、城市转移。目前中国已经构成一个巨大的流动社会。现在土地对农民的意义和《乡土中国》里已经发生巨大的变化，一些地方发生抛荒问题。

第 2 章和第 3 章，从时间上和空间上来论证，农村为什么不需要文字，或者从学术上来讲，农村不需要文字和教育了。这观点很有意思，一方面体现了费老功能主义的分析特色；另一方面，费老就这一观点与当时的乡村建设学派进行过对话。乡村建设学派一个核心的观点是，中国农村落后的主要原因是农民文化素质低，需要教育。费老提出，熟人社会还需要文字吗？不需要。当时的农村真的不需要文字吗？不需要教育吗？费老《乡土中国》里的农村是科举制废除之后的乡村，那时候的确不需要文字。大家知道从隋唐开始的科举制，为基层社会提供了一个向上流动的机会。费老写过《皇权与绅权》一书，分析了科举制下乡村精英与国家权力的博弈与分野。换句话说，就是在科举制度下，农村是需要文字的，为什么？因为这是乡村精英的生产与再生产的途径，是一个向上的出口。但清朝末年我们废除了科举制，这时候乡村的人读书既不能当官，又不能像现在这样去企业。农民就会觉得读书无用。讨论这两章的时候大家注意，不是中国的传统的基层乡村社会，不需要文字，不需要教育，而是科举制废除之后的民国时期的乡村，不需要。当时的南国民政府，在农村也办学堂，也采取了各种考核的手段，但失学率非常高。费老当时说乡村不需要文字，指的是科举制废除之后出现乡村教育无用论。那么现在了解中国农村的人可以思考一个问题。现在中国农村又产生了一种读书无用论，农村的同学可以在你们老家调查，农民怎么样看待读书和读大学？特别是近 20

年，城市对农村教育有一种虹吸效应。什么叫虹吸效应？农村优秀的老师和优秀的学生都上了县城、地级市甚至省会城市的学校，很多农村中小学师生规模严重萎缩。

第4章也是这本书最重要的一章，差序格局，这是费老提出的一个核心概念，是提出来的中国乡村社会的一个结构。这个结构跟西方完全不一样，西方是一个团体格局。那么差序是什么意思？就像以自己为中心将一个石头投到水面上形成的一圈圈波纹。换句话讲，人与人之间的关系存在亲疏远近。这一概念是这本书里边也是费老的学术生涯里非常具有分析性的一个概念，引发了学术界的关注。问题来了，现在中国的农村作为基层社会还是差序格局吗？大家知道，这一次新冠肺炎疫情的时候，中国农村有一些硬核的防控措施。有的村把路直接堵上，谁也不能出去。后来我一问，我的老家也在封路。网络对这些现象争议很大，说农村不讲人权，不讲法治。我认为在差序格局的背景下，这是不得已而为之的一种防控办法。为什么这样讲？大家想想，城市里面的社区，有保安来检查。在农村谁来管？必须由村里的人管，对不对？你不可能花钱聘外面的人。好了，只要由村民在这个村里负责管理谁可以出去，谁不可以出去，那就完蛋了。为什么？举个例子，假如我在我们村负责村民出入，我戴着红袖章，戴着口罩。突然间我哥哥来了，有很紧急的事情要去县城，放不放？发现我老师来了，我小学老师对我有恩，他要出去，放不放？你会发现，如果不采取这些硬核防控措施，中国农村根本没办法阻断疫情的传播。这些举措确实违反了法律法规，但你真正了解中国的基层农村后，就明白这些都是不得已而为之。这一堆土往村口一放，你们之间有再大的关系，也不可能说你帮我把这个土堆移掉，对不对？没办法。从这个意义上来讲，如果你了解中国基层社会，就会发现我们的基层干部有很多创造性的做法。

第 5 章提出不同社会结构产生不同的道德观念。与西方的团体主义不同，中国的道德观念与对象有关。不同的对象适用不同的道德观念。在差序格局下，人与人之间没有一个普适性的原则，与西方不一样。所以在差序格局下，我们也产生不出普遍性的道德。孔子的学生问孔子什么是仁、什么是孝，孔子对不同的人给出了不同的答案。他没有一个普遍性的答案、普适的原则。

第 6 章讲家族，中国的家庭更接近小家族的结构，接近氏族。家族、氏族处理各种事务需要追求效率，因此讲究纪律，排斥了对私情的宽容，带来了男女感情的淡漠。我们可以思考：现在这个家族在中国还发挥了一个什么样的作用？特别是这几十年大规模的人口流动带来的一个最大的变化是什么？土地在中国农村还像以前那么重要吗？中国农民的生活还像过去那样严重依赖土地吗？中国农民还是像原来那样安土重迁吗？大家可以去调查，这种巨大的社会流动对家族关系的影响。

第 7 章提出稳定社会的力量是了解和熟悉。熟悉程度很高的乡土社会中阻碍相互理解的是性别差异。为了维持稳定的社会，就认为男女不必求同，将其隔离，从而维持着秩序。为了维持这样的一个家族的运行，男女的结合不是基于爱情，而是为了这种乡土差序格局。对照这一章，大家可以关注当下中国农村男女关系的变化、农村婚姻家庭的变化，尤其农村女性地位变化值得关注。

第 8 章是礼治秩序，这也是一个很好的分析性概念。我们经常讲法治、人治，费老怎么说？中国既不是法治也不是人治，而是礼治。孔子所处的时代礼崩乐坏。在中国的语言文字里能称为“礼”

的有哪些？葬礼、婚礼。你仔细观察一下基层社会的葬礼，它是一个体现差序格局的最好的一个观察窗口。谁穿什么样的孝服？长短、大小、行礼的多少都按亲疏远近。

第 9 章论述了礼治秩序的性质、从乡土社会到法治社会的蜕变中所遇到的阻碍及这一转型所带来的负功能。以前有部电影《被告山杠爷》，我估计在座的各位同学都没看过。讲的是家庭联产承包责任制之后，中国农民的温饱问题解决之后，有一部分农民不愿意种地，跑到城里打工，山杠爷是当地的村干部，上级政府就给他下达命令，必须把这些打工的人抓回来。山杠爷派人把这些人抓回来，关进小黑屋。他孙子的老师在课堂上讲法治课，说任何人不经司法机关不能私自关押他人。他问老师，我爷爷可不可以关人？后来他把这个问题还写给了一家报社。这家报纸就对这件事进行报道，引发司法机关介入，把这个村干部抓起来了。这部电影就是体现了法治与当地规则的冲突。我们的国家治理现代化，要强调什么？法治。所以这时候就遇到一个问题，法律与基层社会原有运行机制的碰撞。

第 10 章首先对比了横暴权力和同意权力，随后指出两种权力皆不适合乡土社会的原因。横暴权力发生于社会冲突，认为权力具有压迫性，是维持临时平衡状态的必要手段。同意权力发生于社会合作，认为权力的基础是社会契约、是同意。对照这一章，大家可以思考当下中国农村的权力结构。

第 11 章通过分析教化权力的特点，得出其在乡土社会广泛存在的原因，最终形成长老统治。教化权力发生于社会继替中，或称爸爸式的权力。教化过程是代替社会去陶炼出合于在一定的文化方式中经营群体生活的分子。社会继替指社会成员新陈代谢的过程。

老人在一个相对静止的社会里具有非常高的权力。对照现在农村社会中的老人地位，大家可以发现已经发生了巨大的变化。当前农村老龄化非常严重，很多农村是老人为主了，年轻人都外出务工。在收入主要依赖工业和城市的时候，农村老人的原有地位如何维系？“皮之不存，毛将焉附。”在一个人口大规模外出务工的时代，长老统治还存在吗？

由于时间关系，后面三章不再一一分析。建议大家结合改革开放四十多年来中国农村的变化来读《乡土中国》。深入思考，哪些方面变化了？哪些方面没有变化？其背后深层次的原因是什么？

四、推荐阅读书目与交流

结合费老的《乡土中国》，可以想一想，如果让你写一本介绍中国基层社会的书，你怎么写？你更可能写一个城市中国，因为现在 2/3 的人生活在城市，中国肯定现在不能称为乡土中国了。大家注意，这是一个非常巨大的变迁。城市中国对我们意味着什么？从熟人社会到陌生人社会，这对中国基层社会治理带来巨大的挑战。

另外，这种巨大的转型对农村带来的挑战也值得我们研究和思考。原有的农村社会结构和文化难以为继，未来中国农村将如何转型？农业、农民和农村都在变革中，这为我们提供了丰富的观察和研究机会。农村教育问题、土地问题、农业发展问题、农村治理问题、农村婚姻家庭问题、农村养老问题等，在东、中、西不同的区域还有很大的差异性。

最后给大家推荐几本书，对大家更深入地理解《乡土中国》和农村都很有帮助。第一本是《走出乡土》（生活·读书·新知三联书店)，这本书的作者是中央民族大学的陈心想教授，一个年轻的社会学者。这本书是他与费老的《乡土中国》的对话，也是《乡土中国》最好的解读书目，针对《乡土中国》的每一章进行解读和梳理，还对照当下的相关问题进行探讨。我这次讲座很多地方也参考了这本书。

如果想了解 20 世纪 90 年代中西部农村的状况，可以看华东理工大学曹锦清教授写的《黄河边的中国》(上海文艺出版社)。我读硕士的时候，这本书非常有名。曹教授是深入内地农村，利用人脉在河南、河北、陕西做调研。这本书通过“从内向外看”与“从下往上看”的视角系统地描述和分析了当时中原农村面临的困境。这本著作被称为关于“三农问题”研究的里程碑式的著作。如果对照《乡土中国》读这本书，能深深地感受到农村的变迁。

这里再推荐一本书《新乡土中国》(广西师范大学出版社)，这是武汉大学的贺雪峰教授在 2003 年出版的著作。该书分乡土本色、村治格局、制度下乡、村庄秩序、乡村治理、乡村研究方法六篇共 64 篇文章，对当时的农村进行了系统的描述和分析。这本书也是和《乡土中国》进行对话。费老提出中国农村是熟人社会，贺雪峰教授提出中国农村已经演变成为半熟人社会，挺有意思的分析性概念。

前几年国内也出版了一些以一个村为案例，系统讲述其几十年变迁的书，对大家了解农村变化很有帮助。比如梁鸿的《梁庄在中国》(江苏人民出版社)，作者虽然不是一个社会学学者，但是采用社会学的田野调查法，系统地讲述了故乡的变迁。由于这本书的文学性较强，在国内产生了较强的影响，引起了较大的关注。

最后回答同学们的问题。

有个同学问机械团结和有机团结这两个概念。费老在《乡土中国》里提到了这两个概念。这两个概念是法国社会学家涂尔干提出来的。涂尔干是经典社会学家，他关注从传统社会向现代社会转型的问题。他认为，机械团结是指人与人通过习俗、道德、宗教等整合起来，有机团结是指人与人通过社会分工产生的相互依赖整合起来。涂尔干认为传统社会的整合主要靠机械团结，现代社会的整合主要靠有机团结。费老在书中引用了涂尔干的观点，不过书中好像说反了。这一点大家要注意。

第二个同学问，目前乡村最主要存在哪些问题？你们可以去调查，从实求知。我建议大家积极参加咱们学校的千村调查项目，这是认识和了解中国农村的好机会。我用费老当时回答我的问题的方式来回应这个问题。不要问我，要问农民。我不想充当专家。另外，由于中国农村差别较大，在东部农村存在的问题西部不一定存在。反过来也是这样，西部农村很严重的问题在东部也不一定存在。泛泛而谈中国农村问题没有意义，要学习费老的从实求知的治学精神，行行重行行，通过深入的调研，发现农村问题。

第三个同学问，在中国农村青年劳动力大量流入城市的今天，乡土社会难以维系，这真的是一种进步吗？这个问题很难回答，因为什么？因为我们社会学强调事实判断，不太主张价值判断，所以从这个意义上来讲，很难说进步还是退步。从现代化的角度来讲，大趋势是越来越多的人生活在城市，越来越多的人从事非农产业，我觉得这是整个人类社会发展的一个潮流。就从这个意义上来讲，我觉得是一种进步。

第四个同学问，当前农村的很多社会风俗已经变化很大了，是不是没有存在的必要了？我觉得大家可以结合“过年”来分析。像我这个年龄四十多岁，最感慨的就是过年没有小时候的感觉了，很多风俗习惯都没了。大家注意，如果从费老的功能主义视角来看，它消失有其必然性。但是从全球化来看，文化是否趋同是一个争议很大的问题。在全球化的今天，有一些传统的习俗和文化越来越需要复兴。比如说，现在越来越多的人学习传统文化，这也是另外一种方式的回归。

《枪炮、病菌与钢铁》导读

《枪炮、病菌与钢铁》是理解人类社会发展史方面的一个重大进展，它记录了现代世界及其诸多不平等之所以形成的原因，也是一部真正关于全世界各民族的历史，是对人类生活的完整一贯的叙述，娓娓道来，具有很强的可读性。

《枪炮、病菌与钢铁：人类社会的命运》，[美] 贾雷德·戴蒙德著，谢延光译，上海译文出版社

该书试图提供“最近13 000年来所有人的简短历史”，但并不只是描述过去的历史；它试图解释为何欧亚文明最终可以存活下来并战胜其他文明，同时驳斥欧亚霸权是由欧亚知识分子或道德上的优越而来。戴蒙德认为，人类社会中权利与技术的歧异无法反映文化或种族上的差异，而是来自被各种不同正回馈循环强力扩大的环境差异。

《枪炮、病菌与钢铁》分为四大部分。

第一部分主题为“从伊甸园到卡哈马卡”，由3个章节组成。这个部分讲述了人类进化历史中的迁徙以及在不同的大陆上时间更长、规模更大但更少为人所了解的社会辐射性进化，为什么有的成了狩猎采集部落，有的却成了帝国。通过在同时代不同社会结构之间的碰撞导致了何种结果。

第二部分主题为“粮食生产的出现和传播”，包括第四章到第十章。这一部分讲述了作者认为产生以上社会结构不同的根源探寻，在不同的区域各个种族是通过什么方式进行粮食生产及农作物、牲畜的驯化，并最终导致粮食生产源及传播速度的差异。

第三部分主题为“从粮食到枪炮、病菌与钢铁”，包含第十一章到第十四章。从密集人口所特有的病菌的演化开始，讨论文字的发明与传播以及技术的传播与发展对于人类社会的发展带来了何种影响。而另一个关键要素则在于随着密集人口与粮食生产的发展、维持保护人民的常备军、组织战争等情况，从而产生出相应的行政体系进行管理。

第四部分主题为“在五章中环游世界”，包含第十五章至第十九章。该主题将第二部分和第三部分所讲的内容应用于每个大陆和一些重要的岛屿。

尾声题为“人类史作为一门科学的未来”，列出了剩下来的几个问题，包括欧亚大陆不同地区之间的差异问题，与环境无关的文化因素的作用，以及个人的作用。

地理环境是如何决定长期发展的?

燕红忠[1]

究竟是人类创造了历史，还是由自然环境塑造了人类历史？传统史学主要是以人为中心的政治史，强调人在历史发展过程中所起的决定作用。环境地理和生物地理影响社会发展，虽然并不是什么新的观念，但这种观点长期以来不受历史学家的青睐，被认为是错误的或过分简单化的，或者被讽刺为环境决定论。在当前全球疫情日益严重的今天，似乎很有必要对人和自然环境的关系重新进行思考。

《枪炮、病菌与钢铁》英文版出版于 1997 年，2003 年和 2017 年进行了两次修订。该书主要利用地理、生物、考古、地质、语言和历史等多学科基础，从地理环境和生物演化的视角重新解释了现代世界及其诸多不平等得以形成的历史根源，是理解人类社会发展史的一个重要侧面。作者贾雷德·戴蒙德（Jared Diamond）是加利

---

① 上海财经大学经济学院教授、博士生导师，中国经济史学会常务理事、近代史专业委员会副主任，教育部新世纪优秀人才，国家社科基金重大项目首席专家。主要研究领域为金融史、商业史、社会组织与经济发展。主要开设“全球经济史中的中国发展：经典导读”“晋商文化与管理”“中国经济史”“中国金融史”“经济学原理、思想与方法”等课程。

福尼亚大学洛杉矶分校医学院生理学教授。他的父亲是儿科医生，母亲是语言学者。戴蒙德曾作为鸟类学家在澳大利亚新几内亚研究鸟类，后来开始关注人类社会的演化，他以生物学开始其科学生涯，并因研究演化生物学和生物地理学被选为美国艺术与科学院、国家科学院院士、美国哲学学会会员，曾获得麦克阿瑟基金会研究员基金及美国地理学会伯尔奖。

一、《枪炮、病菌与钢铁》的基本观点

这本书的书名《枪炮、病菌和钢铁》的含义是什么呢？实际上代表着工业社会的特点。也就是说，工业社会是如何替代原始狩猎采集社会和后来的农业社会的，这是人类命运的一个重要的决定时刻，而且这个过程也影响到世界的现状。这本书正是从生物演化和地理环境的视角，重新解释我们今天的世界是怎么形成的，它的历史根源是什么。

（一）基本史实：历史进程的地区差异

第一，对于世界上不同地区的各个民族来说，历史的发展进程是很不相同的。人类来到这颗星球上，成为这个星球的主宰，如果从地球和生物演化的角度来说，实际上只是一个很短暂的时代。在上一次冰期结束后的13 000年间，世界上的某些地区发展成为使用金属工具的、有文字的工业社会，另一些地区仅仅发展成为没有文字的农业社会，还有一些地区则仍然停留在使用石器的狩猎采集社会。

为什么开始于上一次冰期结束后的13 000年？这是由人类的扩

展和环境变化所决定的。从 13 000 年或者 11 000 年前这个时代开始，人类的扩张逐渐遍布全球，但还处于狩猎采集社会，其他的更为先进的文明都还没有出现，也就是说，当时的人类基本上处在同一条起跑线上。人类作为地球上的一个生物物种，大约出现在 700 万年前的非洲，在黑猩猩的三个分支中，有一支进化发展成人类的祖先。大概到 400 万年前，人类基本上可以直立，然后身体长得更高，脑的容量开始增加。到 170 万年前，人类开始进入直立行走的阶段。大概从 150 万年前到 100 万年前，人类开始走出非洲。年代最久远的爪哇人通常认为约存在于 100 万年前；在公元 50 万年前，欧洲地区可能已经开始有人类居住。当然这个时候的人和现代人还存在很大差距，唯一取得的一个成果就是开始使用火，也就是说，这个时候开始进入智人时代。大概在 5 万年前，人类脑组织进一步发展，开始能够使用语言，现代人开始出现。人类进入全球扩展的"大跃进"时代，这个时代的人类一直在扩张，至少不迟于 2 万年前，人类已经开始进入亚欧大陆的北部；另一支在不迟于 4 万年前，经过岛屿已经扩张到澳大利亚。

人类祖先通过西伯利亚越过白令海峡进入美洲。到达美洲后，按照人类的生育率和扩展速度大概 1 000 年就可以遍布整个美洲，这个时间正好是 13 000 年到 11 000 年之间。之后气候的变化、地球板块的移动导致冰期的结束、白令海峡开始变宽，进而导致新大陆和旧大陆的分隔，美洲从此成为一个与世隔绝的世界。直到 1492 年哥伦布重新发现美洲。与此同时，从第 23 个冰期开始，人类扩展遍布整个全球的过程中，地球上的大量大型哺乳动物，比如恐龙在很多地方灭绝了，剩下来的动物都是今天我们非常熟悉的动物物种。不同地区的动物物种的分布状况，对后来人类的发展和命运造成了不同的影响。

第二，从公元前11000年到公元1500年间，不同大陆的发展速度成为公元1500年时各地技术和政治差异的原因。当时的社会状况是一个什么情况呢？到公元1500年的时候，有一些地区依然处于狩猎采集社会，比如说澳大利亚的土著、美洲的印第安人。有些地区发展出了农业、畜牧、冶金技术和复杂的政治组织，包括欧亚大陆的大部分地区、美洲和非洲撒哈拉沙漠以南的许多地区。有些地区还独立发明了文字，如欧亚大陆的一些地区和美洲的一个地区。美洲其实有三个文明，即雅玛文明以及后来的阿兹特克帝国和印加帝国，这两个帝国当时已经开始使用文字。

第三，为什么财富和权力的分配会是现在这个样子，而不是某种别的方式呢？为什么有些国家穷，有些国家富？从公元1500年开始的这种技术和政治上的差异，是现代世界不平等的直接原因。不同民族之间相互作用的历史，就是通过征服、流行病和灭绝种族的大屠杀来形成现代世界的历史。使用钢铁武器的帝国能够征服或消灭使用石制和木制武器的部落，而且这些冲突产生了长久的回响，在经过许多世纪后仍然没有消失，在今天世界上某些最混乱的地区仍在继续，如殖民主义导致的余孽，即种族灭绝的大屠杀和疾病导致的种族矛盾，以及部分地区的动荡和战争，还有大量的语言文字的消失等。

（二）人类历史发展差异的原因

虽然以上差异构成了世界史中最基本的事实，但为何在不同的大陆，复杂的人类社会以不同的方式崛起？其原因仍然是不确定的和有争议的。有三种流行的观点和解释。

1. 民族之间生物学上的差异（种族差异）

公元1500年后的几个世纪中，许多欧洲人认为世界各民族在技术和政治组织方面的广泛差异，主要来自人种天生能力的差异。随着达尔文理论的出现，原来的一些解释就按照自然选择和演化遗传有了新的含义。一是适者生存，种族的替代就是适者生存的例证，你不行就由别人来替代你。二是从遗传的角度来说，他们认为欧洲人比非洲人聪明，而且比澳大利亚的土著更聪明。

戴蒙德反对这种种族差异的解释，他认为：

第一，工业化国家并不一定比狩猎采集部落“好”，以放弃狩猎采集的生活方式来换取以使用铁器为基础的国家不一定代表“进步”，也不认为就是这种进步为人类带来了越来越多的幸福。同狩猎采集部落相比，现代工业化国家的公民享有更好的医疗照顾，他们被人杀害的风险较低，寿命也较长，但他们从朋友和大家庭那里得到的社会支持却要少得多。实际上，经济史的最新研究已经在很大程度上支持了戴蒙德的观点。从生活水平的角度而言，原始的狩猎采集社会的人类要比农业社会享有更高的福祉。在18世纪的英国或荷兰之类的富有社会，幸运的居民们所享受的物质生活方式与石器时代的人们差不多。但在东亚和南亚地区，尤其是中国和日本，大部分人的生活条件很可能要比原始人类还差。公元1800年的预期寿命是30岁，而在狩猎采集社会则是35岁。在反映饮食质量（多样性）和儿童染病概率的身高方面，此时的水平也不如石器时代高。在原始社会，狩猎者们只需要付出少量的劳动就可以自给自足；而在1800年，英国人要一辈子都受人无情地剥削才可能换来略微舒适的生活，而且整个世界的物质消费的多样性也没有得到提高。在狩猎采集社会，成员之间的物质消费水平几乎没有差别。

相反，在以农业经济为主导的 1800 年，收入不均现象非常普遍，少数富有者侵吞着劳苦大众所剩无几的财富。

第二，人类在智力上存在着差异，但并没有可靠的证据足以证明这种差异是与技术上的差异平行发生的。事实上，现代的“石器时代”的部落通常可能比工业化的民族更加聪明，或至少一样聪明。

第三，一些认知心理学家以巨大的努力研究了生活在同一国家的来自不同地理区域的民族之间在智商方面的差异。但这些心理学家迄今为止都未能找到令人信服的证据来证明非白种人民族的智商中有被视为当然的遗传缺陷。今天人与人之间的差异主要应归咎于社会不利条件和有限的机会，而不是任何生物学上的缺陷所造成的智商不同。

此外，一种相关的观点认为，发生在 14 世纪的黑死病导致大量人口死亡，使得欧洲人的智力开始超过其他地区。戴蒙德则提出，在传统的欧洲社会中，流行性疾病造成的死亡率的差异与智力几乎没有任何关系，而是与取决于人体化学细节的遗传抵抗力有关。例如，血型为 B 或 O 的人比血型为 A 的人对天花有更强的抵抗力。相反，在狩猎采集社会中，聪明人比不那么聪明的人更有可能逃脱导致高死亡率的死因，从而更有利于促进智力基因的自然选择。

2. 气候的作用

另一种受到北欧人欢迎的解释是气候的作用，说他们家乡的寒冷气候对人的创造力和精力具有刺激作用，而炎热、潮湿的热带气候则对人的创造力和精力具有抑制作用。一方面，寒冷的气候要求人们为了生存必须具有更多的创造才能；另一方面，高纬度地区漫长的冬季使人们有大量时间可以坐在家里搞发明创造。戴蒙德认为这种解释根本经不起推敲，直到最近的1 000年前，北欧各民族对欧亚大陆文明没有做出过任何重要的贡献；在新大陆，高纬度的寒冷地区甚至更是人类的一个落后地区。

3. 干燥气候下低地河谷的重要性：水利和中央集权政治

低地河谷的高产农业依赖于大规模的灌溉系统，而这又需要有权力集中的政府机构。已知的最早帝国和书写系统出现在新月沃地的底格里斯河和幼发拉底河流域以及埃及的尼罗河流域。在世界上的其他一些地区，包括印度次大陆的印度河流域、中国的黄河和长江流域、中美洲的玛雅人居住的低地和秘鲁的沿海沙漠，水利系统都似乎与中央集权的政治组织密切相关。戴蒙德反对这一解释，他提出根据考古发现，“复杂的灌溉系统并不是同权力集中的政府机构一起出现的，而是在过了相当一段时间之后才到来的”。

总之，《枪炮、病菌与钢铁：人类社会的命运》的基本观点是，历史模式反映了民族之间的天生差异，而“不同民族的历史遵循不同的道路前进，其原因是民族环境的差异，而不是民族自身在生物学上的差异”。使欧洲人能够屠杀或征服其他民族的直接因素主要是欧洲的枪炮、传染病、钢铁工具和工业制成品。但为什么最后带来枪炮、凶恶的病菌和钢铁的是欧洲人，而不是非洲人或印第安人呢？这主要是因为长期的生物演化和地理环境所决定的。

二、地理对历史发展的影响：动植物驯化与粮食生产

世界上某些地区的民族靠自己来发展粮食生产；另一些族群在

史前期从这些独立的粮食生产中心学会了粮食生产；还有一些族群在史前期既不发展粮食生产也没有从别处学会粮食生产，直到现在仍然过着狩猎采集生活。在粮食生产上具有领先优势的那些地区里的族群，在通往枪炮、病菌和钢铁的道路上也取得了领先优势，其结果就是富有社会与贫穷社会之间一系列的长期冲突。

（一）动植物驯化的优势

1. 人口优势

一方面，由于动植物驯化比狩猎采集的生活方式能生产出更多的食物；另一方面，定居生活方式有利于提高生育率。结果，粮食生产者的这种较高的出生率，加上他们按每英亩计算养活更多人口的能力，使他们达到了比狩猎采集部族更大的人口密度。第一，在野生的动植物物种中，只有很少一部分可供人类食用或值得猎捕或采集，多数动植物不能用作我们的食物。通过动植物的选择、饲养和种植，我们能从每英亩土地获得多得多的来自食物的卡路里。第二，在饲养驯化动物的人类社会中，牲畜在四个不同的方面养活了更多的人——提供肉类、奶脂、肥料以及拉犁。第三，农作物和家畜生产出的天然纤维可以用来做衣服、毯子、网和绳子，帮助我们保暖和向我们提供有价值的生产材料。

2. 政治组织优势和军事优势

定居生活的另一个结果是人们可以把多余的粮食贮藏起来，养活不生产粮食的专门人才，包括国王和官员、职业军人、宗教神职人员、手艺人（包括刀剑、枪炮和发展其他技术的金属加工工人）、保存信息的抄写员。

驯化的大型哺乳动物在19世纪铁路发展起来之前成为我们主

要的陆路运输手段，在人类历史上第一次有可能迅速地不但把人而且把大量沉重的货物从陆路运到很远的地方去，从而进一步使人类社会发生了革命性的剧变。动植物驯化对征服战争的最直接的贡献是由欧亚大陆的马做出的，它们在军事上的作用，使其成了欧亚大陆上古代战争中的“吉普车”和“谢尔曼坦克”。直到第一次世界大战中采用了卡车和坦克，马的作用才最后被取代。

3. 在征服战争中同样重要的是在驯养动物的社会中演化的病菌

作为传染病的病菌最初都来自动物，驯养动物的人成了这些新演化出来的病菌的第一个受害者，而这些人接着又逐步形成了对这些新的疾病的强大抵抗力。当这些有部分免疫力的人与以前从来没有接触过这种病菌的人接触时，流行病便产生了，使 99% 的以前没有接触过这种病菌的人因之而丧命。从驯养的动物那里获得的病菌，在欧洲人对美洲、澳大利亚、南非和太平洋诸岛的土著的征服中起了决定性的作用。

总之，动植物的驯化意味着人类的粮食越来越多，也就意味着人口越来越稠密。粮食剩余和（在某些地区）利用畜力运输剩余粮食，成了定居的、行政上集中统一的、社会等级分明的、经济上复杂的、技术上富有革新精神的社会发展的先决条件。

（二）植物驯化

植物驯化可以定义为：栽种某一植物并由此有意或无意地使其发生不同于其野生祖先的、更有利于人类消费的遗传变化。植物的数量非常多，光是会开花的野生植物就有 20 万种，它们在陆地植物中占据首要地位，并成为我们几乎全部作物的来源。在这 20 万种野生植物中，只有几千种可供人类食用，只有几百种得到或多或少的驯化。即使在这几百种作物中，大多数作物只是对我们的饮食起到次要的补充，光靠它们还不足以支持文明的兴起。仅仅十几种作物的产量，就占去了现代世界全部作物年产量总吨数的80%以上。

这十几种了不起的作物是谷类中的小麦、玉米、稻米、大麦和高粱，豆类中的大豆，根或块茎中的马铃薯、木薯和甘薯，糖料作物中的甘蔗和糖用甜菜，以及水果中的香蕉。光是谷类作物现在就占去了全世界人口所消费卡路里的一半以上。由于世界上的主要作物如此之少，它们又都是在几千年前被驯化的。我们在现代没有能驯化甚至一种新的重要粮食植物。这种情况表明，古代人也许真的探究了差不多所有有用的野生植物，并且驯化了所有值得驯化的野生植物。所有的作物都来自野生植物，而且植物驯化的历史可以追溯到一万多年前，那么某些野生植物是怎样变成作物的呢？

首先，对作物的培育在今天是一种由专业科学家去做的、自觉的、高度专业化的工作。但最初的农民只是在不知不觉中无意识地驯化了植物。野生植物的基因演化具有自身特定的规律，早期农民实际上可能已经注意到其中的一些特征，如果实的大小、苦味、多肉、含油和纤维的长度。通过收获这些具有特别可取的品质的野生植物，古代人在无意识中传播了这些植物，从而使它们走上了驯化之路。

其次，地区之间所驯化植物的差异主要受气候、环境和生物多样性等地理条件的制约，而非人的认识能力限制。从长期来看，人们能够认识有用的植物，因此大概也会认识当地适合驯化的更好的植物，如果这种植物存在的话。由于世界上的主要作物如此之少，它们又都是在几千年前被驯化的，所以世界上的许多地区根本就不曾有过任何具有显著潜力的本地野生植物，就不足为奇了。

最后，粮食生产并不是发现或发明的结果，而是无意识的选择。在地球上每一个地区，最早的选定粮食生产的族群显然不可能做出有意识的选择，也不可能有意识地把农业作为他们的奋斗目标，因为最初他们从来没有见过农业，根本不知道农业是怎么一回事。相反，粮食生产是逐步形成的，是在不知道会有什么结果的情况下所做决定的副产品。

（三）动物驯化

“可驯化的动物都是可以驯化的，不可驯化的动物各有各的不可驯化之处。”驯化的哺乳动物的重要性全在于数量惊人之少的几种大型陆生食草动物。如果我们把“大型”规定为“重量超过 100 磅”，那么只有 14 种这样的哺乳动物在 20 世纪前得到驯化。无论是几千年内一直能够得到用于驯化的候补动物的本地牧人，还是现代遗传学家，都一直未能成功地使古代那 14 种以外的大型哺乳动物成为有用的驯化动物，而那 14 种动物至少在 4 500 年前就已被驯化了。在这 14 种古代哺乳动物中，“次要的 9 种”仅对地球上某些有限地区的人来说是重要的牲畜：阿拉伯单峰骆驼、中亚双峰骆驼、美洲驼/羊驼（源于同一祖先的不同品种）、驴、驯鹿、水牛、牦牛、爪哇野牛和印度野牛。只有 5 种遍布全世界而且最为重要，这 5 种驯化的主要哺乳动物就是牛、绵羊、山羊、猪和马。

在全世界作为驯化候补者的 148 种陆生食草类大型野生哺乳动物中，只有 14 种通过了试验。为什么其余的 134 种没能通过试验呢？要能得到驯化，每一种候补的野生动物都必须同时具有许多不同的特点，缺少了任何一个必不可少的特点，都会使驯化的努力失败。决定动物能否被驯化的因素有 6 个。一是日常食物。每一次某种动物在吃某种植物或另一种动物时，食物生物量转换为取食者生物量的效率远远低于 100%，通常只有 10% 左右。由于这种根本性的缺乏效率，因此没有一种食肉的哺乳动物为了充当食物而被驯化。二是生长速度，如大猩猩和大象生长过于缓慢，为了值得饲养，驯化动物也必须生长迅速。三是圈养中的繁殖问题，如猎豹、南美小羊驼在圈养中根本无法生育后代。四是动物凶险的性情，如灰熊、非洲野牛、河马、非洲斑马等太过危险。五是容易受惊的倾向，如瞪羚等。如果把它们关在围栏里，它们就惊恐不安，不是被吓死，就是为了逃生在围栏上撞死。六是动物的群居结构。几乎所有被驯化的大型哺乳动物都证明它们的野生祖先具有 3 个共同的群居特点：它们生活在群体里；它们在群体成员中维持着一种完善的优势等级；这些群体占据重叠的生活范围，而不是相互排斥的领域。

总之，只有很少一部分野生哺乳动物由于在上述所有这些方面都能协调一致而最终得以驯化。

三、地理对历史发展的影响：从粮食到枪炮、病菌与钢铁

农民往往会呼出更可怕的病菌，拥有更好的武器和盔甲，掌握一般说来更有效的技术，并且生活在集中统一的政府之下，而这种政府里有更懂得如何去发动征服战争的有文化修养的杰出人物。因此，动植物的驯化和粮食生产进一步推动了病菌、文化修养、技术和集中统一的政府组织的发展。

（一）牲畜的致命礼物：病菌和瘟疫

整个近代史上人类的主要杀手是天花、流行性感冒、肺结核、疟疾、瘟疫、麻疹和霍乱，它们都是从动物的疾病演化而来的传染病。引起我们人类的流行疾病的大多数病菌如今几乎只局限于在人类中流行。第二次世界大战前，战争受害者死于战争引起的疾病，比死于战斗创伤的还要多。在较早的记载中，一种叫作安东尼瘟疫的天花疾病，在公元 165 年到 180 年杀死了几百万罗马的城镇居民。黑死病（腺鼠疫）在 1346 年到 1352 年间杀死了欧洲 1/3 以上的人口，有些城市死亡人数高达 70%。从 1492 年开始的欧洲人对美洲的征服中，虽然被征服者杀死的印第安人不计其数，但凶恶的病菌杀死的印第安人却要多得多，最终使得美洲大陆 95%的原住民死亡。历史上最大的一次流行病是在第一次世界大战结束时的西班牙大流感，死亡人口高达 5 000 万到 1 亿。

第一，人类的疾病源自动物。如腺鼠疫来自老鼠，黄热病病毒是由非洲野猴携带的，艾滋病似乎是从非洲野猴体内一种病毒演化而来的，最近的 SASS 和冠状病毒似乎来自蝙蝠。原为动物的疾病向人类疾病演化的过程大体分为四个阶段：演化的第一阶段，这些病大多是从我们的宠物和家畜那里直接得来的，我们同样也会从野生动物那里感染疾病。这些病菌在向人类转化病原体的早期阶段，并不能直接地从一个人传染给另一个人，甚至它们从动物身上转移给我们也仍属罕见。演化的第二阶段，原先动物的病原体的演化已达到可以直接在人群中传播从而引起流行病的地步。但大多数会由于人类的免疫系统和治疗而很快消失。演化的第三阶段，这些病原体确已在人体内安家落户，但可能仍然不是人类的主要杀手。演化的第四阶段，一些疾病成为只有人类才会感染的主要疾病，必定是多得多的病原体在演化过程中的幸存者。疾病代表了一步步的演化，而病菌则通过自然选择来适应新的宿主和传病媒介。

第二，病菌的传播和瘟疫是一种人群病，以人口的数量和集中达到一定程度为条件。大多数疾病不可能在狩猎采集族群和刀耕火种的农民中存在，而只有在积聚起众多的稠密人口时才可能出现。这种人口的积聚随着大约 1 万年前农业的出现而出现，然后又随着几千年前城市的出现而加速发展。如果说农业的出现使病菌交了“好运”，那么城市的出现则给它们带来了更大的“幸运”，因为在甚至更糟的卫生条件下，更加拥挤的稠密人口使情况恶化了。事实上，许多为人们所熟悉的传染病，得到证实的最早出现年代，竟然晚得令人惊奇：天花出现在公元前 1600 年左右（从一具埃及木乃伊身上的痘痕推断出来），流行性腮腺炎出现在公元前 400 年，麻风出现在公元前 200 年，流行性脊髓灰质炎出现在 1840 年，艾滋病出现在 1959 年。

第三，病菌演化和人类对传染的防御有其自然的演化规律。病菌是以我们体内的养料为食，一旦原来的受害者死了或者产生了抵抗力，“都不符合它们的利益”。因此，许多病菌不得不演化出一些花招，好让它们在潜在的受害者之间传播，而许多这样的花招也就是我们身上所体现的“症状”。我们也已演化出我们自己的反花招，对此细菌又演化出反反花招予以回应。我们和我们的病原在一场逐步升级的演化竞赛中打得难解难分，以竞赛一方的死亡为失败代价，而自然选择就是这场竞赛的裁判。

例如，在 19 世纪有人愚蠢地把欧洲兔引进了澳大利亚，结果造成那里的兔子泛滥成灾。为此，在 1950 年，黏液病毒被有意识地引进澳大利亚，以期解决这个大陆上的欧洲兔灾。在第一年，黏液病毒在受到感染的兔子中造成了令人满意的（对澳大利亚农民来说）99.8%的死亡率。令这些农民感到失望的是，第二年兔子的死亡率下降到90%，最后下降到25%，使得要在澳大利亚完全消灭兔子的希望落空了。这种病毒之所以产生变化，是为了少杀死一些兔子，并使那些受到致命感染的兔子多活些时间再死，这样就能将下一代病毒传播到更多的兔子中去。

另一个例子是关于梅毒的演变。当梅毒于1495年首次在欧洲明确见诸记录时，它的脓疱通常从头部到膝部遍布全身，使脸上的肉一块块脱落，不消几个月就使人一命呜呼。到1546年，梅毒已演化成具有我们今天所熟悉的那些症状的疾病。显然，同多发性黏液瘤病一样，梅毒螺旋体为使患者活得长些而进行了演化，这样就能够把它们的螺旋体后代传染给更多的患者。

第四，我们最缓慢的防御反应也是通过自然选择表现出来的。自然选择改变了我们一代代的基因频率。对于几乎任何一种疾病来说，某些人证明比另一些人具有更强的基因抵抗能力。在疾病流行时，那些具有抵抗某种病菌的基因的人，比缺乏这种基因的人更有可能生存下来。因此，在历史的进程中，在反复接触某种病原体的人口中，具有那些抗病基因的个体的人数比例较高——这完全是因为没有这种基因的不幸个体不大可能生存下来，把他们的基因传给后代。

第五，源于动物的疾病在历史上的重要性，远远超过了旧大陆与新大陆之间的冲突。欧亚大陆的群众疾病是从欧亚大陆驯化的群居动物的疾病演化而来的。美洲之所以未能出现或者对来自旧大陆致命疾病产生抵抗，其主要原因就在于其驯化或者可能驯化的动物太少。

（二）代表枪炮和钢铁的文字、技术和社会组织

1. 从粮食生产到文字

文字可能是过去几千年中最重要的一项发明。在人类历史上，文字只经历过少数几次进化，而发明文字的地区又是各自区域中粮食生产出现最早的地方。所有其他有文字的社会也都经历了同样的进化，或者是由于文字的传播，或者是由于文化的传播，而这种文化又是来自最初的少数几个中心之一。文字的发明和传播也反映了地理对思想和发明传播的方便程度。

2. 从粮食生产到技术创新

技术创新非常复杂，不仅依赖于少数发明家——天才，也依赖于许多具有特质的文化因素。但从更长期来看，粮食生产不仅形成定居生活，在人类进化中第一次使发展经济专业化社会成为可能，进而在技术史上起到了决定性的作用。粮食生产开始的时间、技术传播的地理障碍和人口多寡这三大因素的变化，直接导致我们所看到的各大陆之间在技术发展方面的差异。

3. 粮食生产与社会组织

在过去的13 000年中，人类社会的主要趋势都是较大的、较复杂的单位取代较小的、较不复杂的单位。（1）国家在与较简单的实体发生冲突时之所以能取得胜利，部分原因是国家拥有武器和其他技术方面的优势，也拥有人口数量上的优势。粮食生产使人口增加，而地区的人口多寡或人口密度或人口压力与复杂社会的形成密切相关。根据实际观察，族群或部落组织对有几十万人的社会是不适用的，而且现存的大型社会都有复杂的中央集权组织。（2）没有

亲属关系的陌生人之间容易产生冲突，随着人口的增加，共同决策越来越难以做到。(3) 出于经济方面的考虑，不仅需要直接的交换，而且需要再分配。(4) 由于空间条件的限制，也要求人口稠密的地区养活大型复杂的社会。

因此，出于解决冲突、决策、经济因素和空间的综合考虑，要求大型社会实行中央集权。但权力的集中不可避免地为那些掌权的人、私下据有信息的人、做决定的人和对财货进行再分配的人大开方便之门，使他们得以利用由此带来的机会为他们自己和他们的亲属谋取好处。随着早期社会的发展，那些获得集中权力的人逐步成为公认的上层人物。这就是为什么大型社会不能以族群组织来运作，而只能靠政府来发生作用的原因。另一方面，通过社会之间的竞争、战争、威胁，小型的简单社会逐步演化成或合并成大型的复杂社会，这种行政体系不但对管理幅员广阔、人口众多的领地是至关重要的，而且对维持常备军、派遣探险舰队和组织征服战争也是至关重要的。

四、地理环境与各大陆的发展差异

各大陆民族长期历史之间的显著差异，不是由于这些民族本身的天生差异，而是由于他们环境的差异。各大陆的环境有无数的不同特点，正是这些不同特点影响了人类社会的发展轨迹。导致各大陆发展差异的四组地理因素如下：

第一，各大陆在可以用作驯化的起始物种的野生动植物品种方面存在很大差异。大多数野生的动植物品种证明是不适于驯化的，粮食生产的基础一直是比较少的几种牲畜和作物。各大陆在可以用于驯化的野生动植物数量方面差异很大，因为各大陆的面积不同，而且在更新世晚期大型哺乳动物灭绝的情况也不同。大型哺乳动物灭绝的情况，在澳大利亚和美洲要比在欧亚大陆或非洲严重得多。就生物物种来说，欧亚大陆最为得天独厚，非洲次之，美洲又次之，而澳大利亚最下。

第二，影响大陆内部传播和迁移的速度。在每一个大陆，动植物的驯化集中在只占该大陆总面积很小一部分的几个条件特别有利的中心地。大多数社会从其他社会获得的要比它们自己发明的多得多。因此，一个大陆内部的传播与迁移，对它的社会的发展起着重要的促进作用。这种传播速度在大陆与大陆之间差异很大，在欧亚大陆速度最快，非洲就比较缓慢，而在美洲尤其缓慢。这主要受大陆主轴线和地理与生态障碍的制约，如作物和牲畜的传播、技术的扩散、政治和语言的统一等。

第三，影响大陆之间传播的因素，也可能有助于积累一批本地的驯化动植物和技术。大陆与大陆之间传播的难易程度是不同的，因为某些大陆比另一些大陆更为孤立。在过去的 6 000 年中，从欧亚大陆到非洲撒哈拉沙漠以南地区的传播最容易，非洲大部分牲畜就是通过这种传播得到的。美洲则一直是一块还没有被“发现”的新大陆。东西两半球之间的传播没有对美洲的复杂社会做出过任何贡献。对于原始的澳大利亚来说，由于海洋和群岛的阻隔，欧亚大陆对它的唯一得到证明的贡献就是澳洲野狗。

第四，各大陆之间在面积和人口总数方面的差异。更大的面积或更多的人口意味着更多的潜在发明者（面积越大，概率越高），更多的互相竞争的社会，更多的可以采用的发明创造，以及更大的采用和保有发明创造的压力，因为任何社会如果不这样做就往往会被竞争对手所淘汰。在全世界的陆块中，欧亚大陆的面积最大，相互竞争的社会的数量也最多，澳大利亚在这方面就差得多。美洲的总面积虽然很大，但却在地理上和生态上支离破碎，实际上就像几个没有紧密联系的较小大陆。

五、欧亚大陆内部的发展差异

在欧亚大陆范围内，为什么是欧洲，即在美洲和澳大利亚殖民的那些社会，而不是新月沃地或中国和印度，在技术上领先，并在现代世界占据政治和经济的支配地位？如果一个历史学家生活在从公元前 8500 年到公元 1450 年的任何一段时间内，如果他当时试图预测未来的历史发展轨迹，他肯定会认为，欧洲最终的支配地位是最不可能发生的。因为欧洲在过去那 1 万年的大部分时间里是旧大陆三个地区中最落后的一个地区。从公元前 8500 年开始直到公元 500 年这一段时间里，欧亚大陆西部几乎所有的重大发明——动植物驯化、文学、冶金术、轮子、国家等都是在新月沃地或其附近出现的。在水磨于大约公元 900 年后大量传播之前，阿尔卑斯山以西或以北的欧洲没有对旧大陆的技术或文明做出过任何有意义的贡献，它只是一个从地中海以东、新月沃地和中国接受发展成果的地方。甚至从公元 1000 年到 1450 年，科学和技术绝大多数都是从印度与北非之间的伊斯兰社会传入欧洲，而不是相反。

（一）为什么不是新月沃地？

新月沃地和东地中海社会的不幸，在于其在一个生态脆弱的环境中兴起。在古代，在新月沃地和包括希腊在内的东地中海地区，很多地方都覆盖着森林。生物和地形的多样性使得其在驯化动植物方面拥有领先优势，同时较早兴起了一些帝国，如从公元前第四个1 000 年开始相继兴起的巴比伦、赫梯、亚述和波斯帝国。但从东方（新月沃地）最古老的社会开始，每一个东地中海社会都在轮流地自挖墙脚，它们破坏了自己的生态资源基础，就在这个过程中，权力逐渐西移。这种领先优势在一些强大帝国西移的过程中消失了。

欧洲北部和西部没有遭到同样的命运，这不是因为那里的居民比较明智，而是因为他们运气好，碰巧生活在一个雨量充沛、植被再生迅速的好环境里。在粮食生产传入 7 000 年之后，欧洲北部和西部的广大地区今天仍能维持高产的集约农业。事实上，欧洲是从新月沃地得到它的作物、牲畜、技术和书写系统的，而新月沃地后来反而使自己失去了作为一个主要的权力和发明中心的地位。

（二）为什么中国也失去了这种领先优势？

1. 中国长期发展的表现

中国拥有无可置疑的有利条件，粮食生产的出现似乎同新月沃地一样早；从华北到华南，从沿海地区到西藏高原的高山地区的生态多样性，产生了一批不同的作物、动物和技术；中国幅员广阔，物产丰富，养活了世界上最多的人口；以及一个不像新月沃地那样干旱或生态脆弱的环境，使中国在将近一万年之后仍能维持高产的集约农业。这些有利条件和领先优势使得中世纪的中国在技术上领先世界。中国有一长串的重大技术第一，包括铸铁、罗盘、火药、纸、印刷术以及其他许多发明。它在政治权力、航海和海上管制方面也曾在世界上领先。中国的技术进步在 1 500 年以前领先世界，贡献了65%的重要发明；而1500—1840年，技术贡献则只有4%。

2. 中国失去领先优势的地理因素

第一，长期统一的中国和永久分裂的欧洲。现代中国最肥沃的地区于公元前221年第一次在政治上统一起来，并从那时以来的大部分时间里一直维持着这个局面。中国自有文字以来就一直只有一种书写系统，长期以来只有一种占支配地位的语言，以及2 000年来牢固的文化统一。欧洲的统一就连查理曼大帝、拿破仑和希特勒这些下定决心的征服者都无能为力，甚至罗马帝国在其鼎盛时期所控制的地区也没有超过欧洲的一半。14世纪时它仍然分裂成1 000个独立的小国，公元1500年有小国50个，20世纪80年代减少到最低限度的25国。欧洲仍然有45种语言，每种语言都有自己经过修改的字母表，而文化的差异甚至更大。

第二，统一和分裂与发展的关系。统一的中国限制了竞争和创新，因为整个地区在政治上统一，某个专制君主的一个决定就能使改革创新半途而废，而且不止一次地发生这样的事。比如，放弃开发一种精巧的水力驱动的纺纱机，在14世纪从一场产业革命的边缘退了回来；在制造机械钟方面领先世界后又把它拆毁或几乎完全破坏，以致在15世纪晚期以后不再发展机械装置和造船技术。分裂的欧洲鼓励竞争和创新，每一项发明在欧洲的一些地方由于人们的习性起先被人忽视或遭人反对，但一旦某个地区采用了它，它最后总能传播到欧洲的其余地区。欧洲在地理上的分割形成了几十个或几百个独立的、相互竞争的小国和发明创造的中心。如果某个国家没有去追求某种改革创新，另一个国家就会那样做，从而迫使邻国也那样做，否则就会被征服或在经济上处于落后地位。

第三，统一和分裂源自地理环境。欧洲海岸线犬牙交错，它有五大半岛，每个半岛都近似孤悬海中的海岛，在所有这些半岛上形成了独立的语言、种族和政府：希腊、意大利、伊比利亚半岛、丹麦和挪威/瑞典。中国的海岸线则平直得多，只有附近的朝鲜半岛才获得了作为单独岛屿的重要性。欧洲有两个岛（大不列颠和爱尔兰岛），它们的面积都相当大，足以维护自己的政治独立和保持自己的语言和种族特点。即使是中国的两个最大的岛——台湾岛和海南岛，面积都不到爱尔兰岛的一半。欧洲被一些高山（阿尔卑斯山脉、比利牛斯山脉、挪威边界山脉）分割成一些独立的语言、种族和政治单位，而中国在西藏高原以东的山脉则不是那样难以克服的障碍。中国的中心地带从东到西被肥沃的冲积河谷中两条可通航的水系（长江和黄河）连接了起来，从南到北最后有运河连接。欧洲的两条最大的河流——莱茵河与多瑙河则比较小，在欧洲流经的地方也少得多，对其他核心地区很难产生长期的决定性影响。

中国地理上的四通八达和非常一般的内部障碍，使中国获得了一种初始的有利条件。华北、华南、沿海地区和内陆的不同作物、牲畜、技术和文化特点，为中国的最后统一做出了贡献。但中国的统一到后来也成为一个发展的不利条件。欧洲的地理障碍足以妨碍政治上的统一，但还不足以使技术和思想的传播停止下来。欧洲还从来没有哪一个专制君王能够像在中国那样切断整个创造的源泉。

（三）游牧民族对不同地区发展的影响

长期以来，新月沃地、中国和欧洲一直受到中亚草原上骑马的游牧民族野蛮入侵的威胁，但受到威胁的程度有所不同。这些游牧民族中有一支（蒙古人）终于破坏了伊朗和伊拉克的古代灌溉系统，但亚洲游牧民族中没有一支成功地在匈牙利平原以远的欧洲西部森林地带站稳脚跟。游牧民族对中国的威胁仅仅在西北部，不足以造成中国的长期分裂。中国距离欧亚大陆其他先进的文明国家路途遥远，使中国实际上成为一个大陆内的一个巨大的孤岛。

正如法国年鉴学派代表人物布罗代尔所提出的“多元时间理论”：人是生活在短时段里，生命有限；但他同时也是在中时段和长时段之中，实际是“多元时间的我”。史学体系由三部分组成：一是长时段（以世纪计）的构造史，包括气候等自然环境史、地理变迁史、社会心态史；二是中时段（数十年计）的动态史，包括社会史、经济史、国家史、文化史等；三是短时段（以年月计）的事件史。布罗代尔认为，传统史学所重视的事件史，其事件的发生常由动态史的局势和节奏来调节，而中时段的动态史又受到长时段的自然环境和社会心态的制约。只有三个时段或三个层次的相关研究，才能显示任何事件和（经济与社会）周期波动的本质和意义。

戴蒙德通过地理环境对历史发展模式影响的长期分析，在很大程度上摧毁了以种族主义为基础的人类史理论。《枪炮、病菌与钢铁》是一部理解人类社会发展史的经典著作，这部著作从新的视角使我们认识到：是什么塑造了现代世界以及是什么可能塑造未来世界，因而也使今天我们自己的社会从中获益。

《资本论》导读

本书是无产阶级革命的科学指南，它对人类思想的发展以及无产阶级革命运动的蓬勃发展都产生了不可估量的影响。

《资本论》，[德] 马克思著，中共中央马克思恩格斯列宁斯大林著作编译局译，人民出版社

《资本论》是马克思用毕生的心血写成的一部经典巨著，是马克思“整个一生科学研究的成果”，凝聚着马克思的全部心血和智慧，是他献给全世界无产阶级的一部最重要的科学文献。它在世界各国广泛流传，成为工人阶级反对资产阶级的强大思想武器。《资本论》对资本主义进行了彻底的批判。马克思认识到了经济过程的动态性，并预见到了经济周期的存在，发展了关于经济活动的封闭理论。他同时还是第一个将经济和历史联系在一起的经济学家，而《资本论》就是他这种创举的体现。

正如达尔文的《进化论》曾发现有机自然界的进化规律一样，马克思的《资本论》也发现了人类社会的进化规律。《资本论》是马克思用毕生精力著述的伟大的科学巨著，是人类历史上经验和智慧的结晶，是对国际工人运动斗争经验的总结。它的出版宣判了资本主义制度的末日，为无产阶级革命指明了正确的方向，因此具有划时代的重要意义。

《资本论》与创新思维

马　艳[①]　王　琳[②]

《资本论》作为经济学的一本经典巨著，渗透着极强的科学性、学术性、专业性和逻辑性，尤其是其中所蕴含的丰富的经济学创新思维，对于学生、科研工作者、业界人士等各类人群均具有重要的启示和借鉴意义。我将选取关于《资本论》的若干典型故事，剖析其中所蕴含的创新思维方式，并分享若干在现实经济分析中运用这些创新思维的研究案例，以期为理解《资本论》中的创新思维及其运用提供参考和启发。

一、《资本论》是一部百科全书

《资本论》是马克思花费毕生精力创作出的一部宏伟的科学巨著，它的出版在国际共产主义运动史上具有划时代的里程碑式的意

① 上海财经大学经济学院教授、博士生导师，政治经济学系主任。主要开设“《资本论》与经济学思维”“高级政治经济学”“《资本论》Ⅱ”“《资本论》Ⅲ”等课程。

② 经济学博士，应用经济学博士后，美国马萨诸塞州立大学访问学者，现为上海财经大学经济学院讲师。研究方向为马克思主义经济理论、当代中国经济问题。

义，可以称为马克思主义的百科全书。这里包含着三个关键词。

（一）毕生精力

马克思、恩格斯通过四十多年的时间，耗费毕生精力完成了《资本论》这本科学巨著的撰写。1843 年，马克思在巴黎参与《德法年鉴》的创办和编辑工作，开始了政治经济学研究。移居布鲁塞尔后，1846 年，马克思和恩格斯完成了《德意志意识形态》这部著作，第一次较为全面地阐述了历史唯物主义，为《资本论》的写作确立了科学的方法论。1848 年民主革命期间，马克思指导德国工人运动。革命失败后，马克思在伦敦正式开始了《资本论》的创作，潜心研究政治经济学，写下了《伦敦笔记》，为《资本论》创作做了充分准备。之后在 1857—1858 年爆发的世界经济危机成为马克思研究政治经济学的转折点，他预见会引发无产阶级革命，在写给恩格斯的信中提到，“我现在发狂似地通宵总结我的经济学研究，为的是在洪水到来之前把一些基本问题搞清楚”①，其间写下了《1857—1858 年经济学手稿》，已涉及《资本论》全部内容。

随着国际工人运动兴起，马克思在指导工人运动的同时，加速政治经济学著作的撰写。1867 年《资本论》第一卷德文第一版正式出版，遗憾的是，由于种种原因，马克思直到去世前还未出版《资本论》的后几卷。在马克思逝世后，恩格斯根据马克思留下的手稿，编辑与出版了《资本论》第二卷和第三卷。在写作《资本论》的过程中，马克思指导国际共产主义运动，遭到了西欧各国资产阶级政府的迫害，马克思在撰写《资本论》中关于货币的章节时

① 《马克思恩格斯全集》第二十九卷，人民出版社 1972 年版，第 219 页。

曾向恩格斯写信提到“从来没有像我这样一个最缺少货币的人来研究货币”，实际上马克思是在疾病与穷困潦倒中完成了《资本论》这一巨著的撰写。

（二）科学巨著

第一，《资本论》是政治经济学的巨著。在马克思以前的政治经济学，其实质是资产阶级政治经济学，即站在资产阶级的立场来探索经济运行的内在规律。显然，这些探索由于时代和阶级的局限性，无法全面系统地揭示资本主义经济运动规律，更无法刻画人类社会的运行规律。相比而言，马克思坚定地站在无产阶级立场，通过深刻揭示资本雇佣劳动以及剩余价值创造问题，科学阐释了资本主义经济运行规律甚至是人类社会的发展规律。正如恩格斯所说：“自地球上有资本家和工人以来，没有一本书像我们面前这本书那样，对于工人具有如此重要的意义。资本和劳动的关系……在这里第一次作了科学的说明，而这种说明之透彻和精辟，只有一个德国人才能做得到。”① 恩格斯在这里提到的“一个德国人”便是马克思。

第二，《资本论》是唯物史观的典范。《资本论》是一个逻辑严密的理论体系，这一理论体系得以构筑的方法论基础便是唯物史观，而这也是马克思主义经济学的精髓所在。正如林岗（2012）所强调的，“将历史唯物主义这个总的原则运用于经济研究”，“是马克思留给我们的最重要的理论遗产。我们在经济研究中坚持马克思主义，从根本上说，就是要坚持马克思的研究方法和分析规范”②。

---

① 《马克思恩格斯文集》第三卷，人民出版社 2009 年版，第 79 页。

② 林岗：《论〈资本论〉的研究对象、方法和分析范式》，《当代经济研究》2012 年第 6 期。

唯物史观不仅是马克思主义经济学的理论基础和立论依据，也是马克思主义经济学区别于其他经济学理论的根本标志，其贯穿于马克思主义政治经济学理论体系的始终，是马克思主义经济学的灵魂。列宁也曾提到，“虽说马克思没有遗留下‘逻辑’，但是他遗留下《资本论》的逻辑，应当充分地利用这种逻辑来解决当前的问题”[①]，而这一“逻辑”中最为核心的便是唯物史观的世界观与方法论。

第三，《资本论》是有关科学社会主义的论断。在马克思之前，社会主义在黑暗中摸索。19世纪初英国空想社会主义者欧文在苏格兰的纺织厂中进行了社会主义实验村的实践，这种社会主义的探索只不过是空想社会主义。正是科学社会主义这一论断的提出使得社会主义从空想变成了现实。正如恩格斯所言，“它使社会主义者早先象资产阶级经济学者一样在深沉的黑暗中探索的经济领域，得到了明亮的阳光的照耀。科学的社会主义就是从此开始，由此为中心发展起来的”[②]。继承马克思主义思想、总结正反经验以及结合中国国情所不断发展的中国特色社会主义，就是在进行科学社会主义中国化的实践。

(三) 百科全书

《资本论》不仅是马克思主义政治经济学经典巨著，同时包含了诸如法律、数学、历史、文学、教育、社会等众多领域与学科的宝贵思想。无论马克思主义研究者，还是非马克思主义研究者，都

---

① 《列宁全集》第五十五卷，人民出版社1990年版，第290页。
② 恩格斯：《反杜林论》，人民出版社1970年版，第201页。

可以从《资本论》吸取灵感的火花与理论的启示。

在法律上，马克思在《资本论》第一卷的序言就曾提到，“用了很大的篇幅来叙述英国工厂法的历史、内容和结果”①，之后在《资本论》中多处探讨了英国的工厂法对劳资关系的作用。在数学上，马克思其实十分忠实数学在政治经济学研究中的应用，他提到“一种科学只有在成功地运用数学时，才算达到真正完善的地步”②。在《资本论》中，关于各经济范畴的内涵，他既采用定性分析，又采用定量分析，并运用了多种数学方法，进行了大量数学计算。在历史上，马克思在《资本论》中阐述了近代资本主义起源，资本原始积累过程，商人资本、生息资本和资本主义地租的历史起源。譬如，在谈到资本主义萌芽的时候，马克思指出“在14和15世纪，在地中海沿岸的某些城市已经稀疏地出现了资本主义生产的最初萌芽”③。在教育上，马克思认为，生产劳动同智育和体育相结合，既可以提高社会生产力，又可以促进人全面发展。在文学上，不同于其他经济学的著作，马克思的《资本论》充满文学性，在1865年写给恩格斯的信中，马克思提到，“不管它们会有怎样的不足，我文章的优点都是艺术性的整体”④。可以说，《资本论》就像一本百科全书。

《资本论》作为马克思主义的百科全书，自诞生以来就具有极强的生命力。但随着现代社会不断发展以及不同经济学流派的冲击，有人认为《资本论》过时了，无法对现实社会做出理论指

---

① 马克思:《资本论》第一卷，人民出版社1975年版，第11页。
② 保尔·拉法格等:《回忆马克思恩格斯》，人民出版社1973年版，第7页。
③ 《马克思恩格斯全集》第四十四卷，人民出版社2001年版，第823页。
④ 《马克思恩格斯〈资本论〉书信集》，人民出版社1975年版，第196页。

导。事实上，过时的不是《资本论》，而是分析经济问题的假设条件，新的时代、新的变化需要提炼新的假设条件，继而得出新的理论解析，但与此同时，《资本论》分析经济运行规律的基本逻辑却仍然有着鲜活的生命力，有着重要的启示和借鉴意义。例如，2008 年爆发的全球性经济危机，西方主流经济学各流派和分支均试图对此做出现实解释，寻找其理论根源，却集体“失语”，难以提供科学的理论解释，更遑论提出相应对策。与之相反，马克思主义经济学家却依据《资本论》的基本逻辑对此次经济危机做出了理论阐释，引发了全球范围内对《资本论》及马克思主义经济学的新一轮关注与讨论。可以说，《资本论》自 1867 年第一卷出版至今，经过一百多年的历史，仍具有巨大的理论意义与现实意义。

二、《资本论》中的创新思维

《资本论》涉及的领域与学科囊括经济、政治、法律、数学、历史、教育、文学、社会等，语言上较为晦涩专业，全书共 4 卷，总计 4 690 多页、300 多万字，因此，对《资本论》的研究与学习是极具困难的。但通过阅读和学习《资本论》，了解其基本逻辑线索和理论脉络，并学习和领会其中所蕴含的创新思维方式，不仅对于非专业社会人群而言更具可能性，同时也是《资本论》的精髓所在。以下选取了关于《资本论》的四个经典故事，通过剖析这四个经典故事中所蕴含的经济学创新思维，或可对《资本论》中的创新思维有所体会。

（一）开罐头的故事与抽象思维

对于经济学与其他学科之间的区别，可用一个经典小故事予以揭示。这个故事是：在沙漠上旅行的学者经过长途跋涉，饥渴交困。不幸的是，当他们坐下来围着随身携带的一个罐头时，却因为没有开罐工具而一筹莫展。物理学家说："给我一个聚光镜，我可以利用太阳打开罐头。"化学家说："我可以利用几种化学药剂的综合反应来开启罐头。"而经济学家说："我的办法最简单，假如我有一把开罐刀……"这个故事反映出，经济学的思维方式和其他学科的思维方式有着一个鲜明的区别，即基于经济学"假设"，而这背后实际上是一种抽象力。

马克思主义经济学将"资本主义生产方式以及和它相适应的生产关系和交换关系"作为研究对象，这使得其相比其他经济学学科而言更加注重抽象力的运用，正如马克思在与库格曼医生的对话中提到的："分析经济形式，既不能用显微镜，也不能用化学试剂。二者都必须用抽象力来代替。"① 所谓抽象力，即是对我们所能观察的各种现实具体进行抽象，把混沌的、表象的现实一步步抽离出越来越简单、越来越稀薄的概念和规定。马克思所运用的抽象力有着科学的方法论基础，其不仅仅是将"完整的表象蒸发为抽象的规定"，而且还要对这些抽象的规定进行系统和透彻研究，并一步步再回归到现实具体，即将"抽象的规定在思维行程中导致具体的再现"。这就构成了"从具体到抽象、从抽象到具体"的这个重要的抽象思维方式，这是《资本论》三卷的一个总逻辑。而要做到这一

---

① 《马克思恩格斯全集》第二十三卷，人民出版社 1998 年版，第 8 页。

点，抽象力是根本，唯有抽象到足够本质的维度，方能在具体和抽象之间行走自如。

（二）正立倒立的故事与辩证思维

唯物辩证法的发现过程体现了马克思的辩证思维与扬弃思想。有人认为马克思的辩证法与黑格尔的辩证法是一致的，对此，马克思在《资本论》第二卷第二版跋中提到他的辩证法与黑格尔辩证法的区别，即“我的辩证方法，从根本上来说，不仅和黑格尔的辩证方法不同，而且和它截然相反。在黑格尔看来，思维过程，即甚至被他在观点这一名称下转化为独立主体的思维过程，是现实事物的创造主，而现实事物只是思维过程的外部表现。我的看法则相反，观念的东西不外是移入人的头脑并在人的头脑中改造过的物质的东西而已”①。

马克思认可黑格尔的辩证思维，吸收黑格尔的辩证思想，摒弃了黑格尔辩证法中唯心主义的观点，将黑格尔的辩证思想和唯物主义的基本方法论相结合，得到了唯物辩证法。因此，马克思认为黑格尔的辩证法是倒立的，而唯物辩证法将其正立，以便发现神秘外壳中的合理内核。虽然唯物辩证法的三大范畴、五大规律这一形式与黑格尔的辩证法类似，实际上却是颠覆性的，马克思应用唯物主义将黑格尔的辩证法翻倒过来。此外，马克思的唯物辩证法一方面吸收了当时费尔巴哈等学者的唯物主义的观点，摒弃了这些学者静止的、割裂的等形而上学的观点，另一方面吸收了黑格尔辩证、运动、普遍联系等辩证思想，摒弃了黑格尔的唯心主义的内容。马克

---

① 马克思：《资本论》第一卷，人民出版社 2018 年版，第 22 页。

思的这种扬弃思想本质上依托于抽象思维，将不同的观点抽象出本质性的内容，再进行合理结合，从而提出唯物辩证法。

（三）氧气发现的故事与颠覆性思维

恩格斯曾在《资本论》第二卷序言中详细叙述了化学史上一个典故①：直到前一世纪末，燃素说还处于支配的地位。根据这种理论，一切燃烧的本质都在于从燃烧物体中分离出一种另外的、假想的物体，即称为燃素的绝对燃烧质。这种理论曾足以说明当时所知道的大多数化学现象，虽然在某些场合不免有些牵强附会。到 1774 年，普利斯特列析出了一种气体，“他发现这种气体是如此纯粹或如此不含燃素，以致普通空气和它相比显得污浊不堪”。他称这种气体为无燃素气体。过了不久，瑞典的舍勒也析出了这种气体，并且证明它存在于大气中。他还发现，当一种物体在这种气体或普通空气中燃烧时，这种气体就消失了。因此，他称这种气体为火气。“从这些事实中他得出一个结论：燃素与空气的一种成分相结合时［即燃烧时］所产生的化合物，不外就是通过玻璃失散的火或热。”普利斯特列和舍勒析出了氧气，但不知道他们所析出的是什么。他们为“既有的”燃素说“范畴所束缚”。这种本来可以推翻全部燃素说观点并使化学发生革命的元素，在他们手中没有能结出果实。当时在巴黎的普利斯特列立刻把他的发现告诉了拉瓦锡，拉瓦锡就根据这个新事实研究了整个燃素说化学，方才发现：这种新气体是一种新的化学元素；在燃烧的时候，并不是神秘的燃素从燃烧物体中分离出来，而是这种新元素与燃烧物体化合。这样，他才使过去

---

① 马克思：《资本论》第二卷，人民出版社 2018 年版，第 20—21 页。

在燃素说形式上倒立着的全部化学正立过来了。

通过这个例子，恩格斯指出：“在剩余价值理论的发现方面，马克思与他的前人的关系，正如拉瓦锡与普利斯特列和舍勒的关系一样。”① 在马克思之前，前人就曾明确具有剩余价值那部分产品的存在性，但并未进行科学界定，只是将其等同于地租、利润等概念。譬如，资产阶级古典经济学家研究了劳动产品在工人与生产资料所有者之间分配的数量比例，欧文等空想社会主义学家发现了这种分配所带来的不公平，试图寻求乌托邦的手段消除分配不公平。原有对此的分析均处在旧的范畴中，而马克思认为这一部分产品就是剩余价值，从而将马克思的剩余价值理论同所有旧有的体系中利润、工资、地租等论述区别开来。这一过程体现了马克思的颠覆性思维方式，即颠覆旧有的传统束缚，不墨守成规。

（四）新酒陈酒的故事与全息思维

1820—1830 年存在关于李嘉图的劳动价值论争议，焦点之一就是新酒与陈酒的价格差异，即生产同量陈葡萄酒和新葡萄酒所耗费的劳动时间相同，为什么陈酒比新酒的价格要贵？反对者认为李嘉图的劳动价值论无法解释这一问题。李嘉图的两位学生就对此进行辩护。詹姆斯·穆勒提出，“用手直接去做的劳动”已经结束，但是原先在新酒生产过程中耗费的、作为积累劳动的资本仍在“劳动”着，所以酒的价值继续在创造并增加。这一观点认为不仅劳动创造价值，资本也创造价值，在一定程度上推翻了李嘉图的劳动价值论。另一位学生麦克库洛赫则认为，窖藏酒的

---

① 马克思：《资本论》第二卷，人民出版社 2018 年版，第 21 页。

增值是由于酒在窖藏期间，发生了一种我们所期望的自然作用，而自然作用也是一种劳动，因此陈酒包含的劳动总量大于新酒。这一观点彻底混淆了使用价值和价值概念。后续众多辩护者也未能跳出原有理论框架，仅在原有框架下辩护，最终导致李嘉图学派的破产。

实际上，恩格斯在《资本论》第二卷序言中总结了致使李嘉图理论破产的两个困境：一是未能区分劳动力与劳动，从而无法解决资本和劳动相交换与价值规律无法相容的问题；二是未能区别新酒与陈酒。马克思主义经济学自诞生以来，面临诸多挑战，挑战之一就是众多学者运用致使李嘉图学派破产的方法攻击马克思的劳动价值论。譬如，萨缪尔森提出马克思的劳动价值论只不过是一个橡皮的故事。他认为马克思经济学中从价值到价格的转形，从逻辑上可表达为首先写上价值关系，其次取出橡皮擦掉，最后写上价格关系。在萨缪尔森的观点中马克思的价值概念是多余的，因为生产价格独立于价值而存在，从而劳动价值论是“复杂的迂路”，价值体系与价格体系是互不相容的，价值如何转化为价格的程序完全是“不必要的迂回”①。据此，萨缪尔森认为马克思仍无法解决新酒和陈酒的价格差异问题，马克思主义经济学也应当就此破产。而解释这一问题就需具备动态观点、全息视角与整体方式。马克思的基本命题在于劳动创造价值，从总量上看，劳动价值论和生产价格理论相一致。在全息思维运用之下，萨缪尔森这一挑战不攻自破。

---

① Samuelson, P. A., 1957, Wages and Interest: A Modern Dissection of Marxian Economic Models, *The American Economic Review*, Vol. 47 (6), pp. 884-912.

三、《资本论》创新思维的现实运用

《资本论》中所蕴含的丰富的经济学创新思维，是这一著作留给世人的重要瑰宝之一。这些创新思维对于分析和阐释当今社会所面临的诸多复杂经济现象和重大经济问题有重要价值。以下列举本人的若干研究案例，分享运用《资本论》创新思维来分析现实经济问题并提出创新性解释的一些经验。

（一）数字经济与新冠肺炎疫情

新冠肺炎疫情的暴发为整个世界经济带来了不小的损失，当下，如何评估疫情对于我国经济的影响、如何制定出科学可操作的应对政策等一系列问题亟待解决。目前，一些学者和业界已经关注到数字经济在这次疫情中的重要作用，但是缺乏对于数字经济形态的本质界定以及数字经济在新冠肺炎疫情背景下的作用机理探讨。因此，我们首先对数字经济这一虚拟经济形式做出了本质性的界定和理论分析，接着在此理论基础上，进一步考察了疫情期间我国数字经济优于实体经济的基本趋势，最后给出了应对疫情的政策建议，即我国可以大力发展数字经济这类人与人具有非接触性的经济形态，而在人与人必须接触性联系的实体经济中，可以发展人工智能经济替代人完成部分功能，从而推进整个数字经济的升级换代。①

这一研究综合运用了马克思《资本论》中的创新思维，对数字

---

① 李韵、丁林峰：《新冠疫情蔓延突显数字经济独特优势》，《上海经济研究》2020年第4期。

经济在新冠肺炎疫情中的作用机理做出了系统的考察，其中最为关键的是运用了抽象思维和辩证思维。首先是抽象思维，这一研究不是简单地分析数字经济与新冠肺炎疫情的表象，而是通过分析数字经济与生产资料不同的结合方式，将数字经济界定为以数字技术为核心生产力、以人与人之间的非接触性生产关系为根本特征的经济形态。其次是辩证思维，我们在判断新冠疫情的变化趋向时并不是片面、孤立地探讨负面影响，而是结合了“经济活动本身的现实”辩证地估量疫情所带来的经济影响。即一方面，新冠肺炎疫情“人传人”的传播方式导致了人与人发生实际接触关系的实体经济损失较大；但另一方面，新冠肺炎疫情为人与人非接触性联系的数字虚拟经济提供了发展的契机，而这在一定程度对于实体经济损失具有对冲效应。

（二）地租理论与互联网空间

数字经济在当前经济发展中占据着重要地位，互联网技术及互联网经济在其中发挥了重要作用。我们在探讨数字经济时，颠覆传统对互联网空间的认识，抽象出互联网空间的本质，将互联网空间视为一块虚拟土地，将互联网空间与马克思地租理论相结合，引申出基于互联网虚拟空间的网络虚拟土地，引用并扩展马克思级差地租理论，将互联网空间的收益定义为级差地租一和级差地租二，并具体对这两种地租的内涵、类型、范围以及具体形式进行理论界定。在此基础上，利用马克思土地价格的公式对互联网平台进行定价，以阿里巴巴公司的市值为例，估算出其存在于互联网空间中的虚拟价值，并与市值进行对比。结论发现，利用扩展的地租理论对互联网空间进行理论界定能够较好地解释互联网平台中存在的虚拟价值，对其进行的定价也与平台的实际收益具有高度的一致性。[①]

我们在对互联网空间进行研究时，尝试将马克思主义经济学创新思维融入对现代经济问题的分析。从抽象思维出发，将互联网空间看作土地在虚拟空间中的映射，将具体的互联网企业抽象为同质化的网络平台，进而分析互联网平台的定价问题；从全息视角出发，不仅关注互联网平台，而是将整个互联网空间纳入分析研究的范畴，建立互联网空间研究的整体系统，并根据不同平台的特征确定其极差特征；从透视思维出发，以互联网平台的级差收益为切入点，对互联网中包含的虚拟经济的内涵和价格进行定义，以从点到面的方式对虚拟经济和虚拟价值进行深入研究。

（三）机会不平等与学区房价格

学区房在我国基础教育资源分配中起着重要作用。关于学区房问题的产生、影响，以往的研究虽然已经给出了各种回答和解释，但缺乏对学区房溢价的理论机制的研究。我们运用抽象思维，探讨学区房溢价的本质，结合马克思的级差地租理论，认为政府教育投入不均衡造成优质教育资源不均衡，这种不均衡最终导致学区房溢价，这构成了一种级差地租。正是这种级差地租所造成的学区房溢价，导致了教育的不公平。具体而言，我们从理论上对教育级差地租的内涵与经典级差地租的异同进行分析，建立数理模型。分析地租的流动特征，将地租对家庭行为、社会最终分配的影响进行分析。实证上，结合已有的对城市地租的度量方法，测量教育级差地

① 马艳、李韵、蔡民强：《“互联网空间”的政治经济学解释》，《学术月刊》2016 年第 11 期。

租，研究教育级差地租对学区房溢价的影响，考察家庭背景对教育级差地租支付以及其他教育支出的影响，研究教育机会不平等的完整产生机制。①

这一研究系统运用了马克思《资本论》中的创新思维，对学区房问题，从产生的原因到造成的影响做了系统的考察。一是抽象思维。这一研究从学区房溢价这一表象因素出发，按照“学区房溢价—土地溢价—地租”的逻辑顺序，将地租从学区房价格中抽象分离出来，提出教育级差地租的概念，分析其内涵；再回归到具体中，将学区房溢价导致教育机会不平等的影响路径、作用机理进行具体分析。二是辩证思维。这一研究在分析学区房问题时，不单纯以度量其溢价为目标，而是将学区房作为一个动态系统，提供一个整体的视角，厘清各种因素之间的逻辑关系，并对系统整体的动态进行分析，提出的政策建议更加科学、具体。三是颠覆性思维。传统研究学区房溢价的论文中，主要应用西方经济学的方法，从效用、供需等角度进行分析，这一研究则从政治经济学视角出发，提出一个新的研究框架，不仅证明了马克思主义政治经济学理论对于实践的指导意义，也为更深入的研究提供了一个新的基础。

（四）负价值与环境价值

《资本论》一经问世便受到诸多质疑和挑战，其中一个较为经典的质疑便是斯蒂德曼诘难。斯蒂德曼通过数字假设论证，在联合生产的条件下，商品的价值可能为负值，且正利润与负剩余

① 马艳、杨晗：《学区房的教育级差地租及其不平等性效应研究》，《财经研究》2020 年第 5 期。

价值同时存在，从而否定马克思主义基本定理，否定劳动价值理论的科学性，这就是斯蒂德曼诘难。斯蒂德曼诘难引起了国内外学者的高度重视，他们纷纷对斯蒂德曼所谓的负价值提出质疑和批判。如置盐信雄（1976）、森岛通夫（1978）、伊藤诚（1990）、白暴力（2006）、张忠任（2006）、余斌（2007）、冯金华（2011）等都从不同角度分析了联合生产中的负价值问题，对斯蒂德曼诘难展开了批评。综观这些研究成果我们不难发现，在这个问题的讨论中，虽然理论界提出了许多新的见地，但是，这些研究大多是在改变斯蒂德曼诘难原假定的新认识，没有脱离斯蒂德曼的分析框架，以致仍然无法真正破解这一诘难。

对比而言，我们在研究这一问题时，充分运用了《资本论》中的创新思维方式，继而得出了不同的认识和解读。首先，运用抽象思维去发现事物本质，我们认为，就斯蒂德曼“负价值”的理论逻辑而言，没有什么研究价值，因为两种联合生产出来的产品价值总额如何分配的问题，终究还是取决于市场的配置，与劳动价值理论是否科学没有必然的联系。其次，颠覆传统认为负价值不可能存在的既定认识，将负价值这一概念引入了资源环境问题，提出了资源环境负价值理论。我们认为，负价值这一概念本身具有极强的经济学价值，它可以为我们研究资源环境经济学提供一个重要理论支持。为此，我们先是承认联合生产中负价值的存在性，但将其限定在产生环境污染的联合生产之中，以此作为破解斯蒂德曼诘难的突破口。同时也赋予环境领域的负价值以新的内涵，即负价值是存在于联合生产中具有负使用价值（即污染物）的副产品之中，与正使用价值（有用物）的价值相对应的一种价值损失，并且由净化这一副产品所需要耗费的社会必要劳动时间决定。①

总之，《资本论》这部巨著蕴含丰富的创新性思维，它不仅是一部经典著作，还是我们理解现实问题的重要参考与思维方式的借鉴。当然，任何问题的研究和解决都不是轻而易举的，还须进行不断的思索和尝试，正如马克思所言："在科学上没有平坦的大道，只有不畏劳苦沿着陡峭山路攀登的人，才有希望达到光辉的顶点。"

---

① 马艳、王宝珠：《现代政治经济学重大前沿问题的理论线索与研究思路》，《上海财经大学学报》2016年第2期。

《共产党宣言》导读

《共产党宣言》（又译《共产主义宣言》）是马克思和恩格斯为共产主义者同盟起草的纲领，全文贯穿马克思主义的历史观，是马克思主义诞生的重要标志。1848年2月21日在伦敦第一次以单行本问世。2月24日，《共产党宣言》正式出版。

《共产党宣言》，[德] 马克思、[德] 恩格斯著，中共中央马克思恩格斯列宁斯大林著作编译局译，中央编译出版社

共产党宣言的诞生标志着马克思主义的诞生，对全世界的无产阶级革命运动起推动作用。并在百年之后直接影响中国几代领导人的政治方针，推动中国的发展。

《共产党宣言》是第一部较为完整而系统地阐述科学社会主义基本原理的著作，是马克思主义的百科全书，是马克思主义哲学、政治经济学、科学社会主义、党的建设思想的集中体现。书中全面系统地阐明了马克思主义的基本原理，特别是历史唯物主义和科学社会主义的基本原理，揭示资本主义必然灭亡、社会主义必然胜利的趋势和途径。它标志着马克思主义的诞生，开辟了国际工人运动和社会主义运动的新局面，为无产阶级和全人类打开通向未来的大门，为人的全面发展和全人类解放指明路径，成为世界无产阶级的思想武器，被译成两百多种文字，出版数千个版本，成为世界上发行量最大的书之一。

2020年，《共产党宣言》发表172周年，回望《共产党宣言》诞生以来的172年，人类社会见证种种思潮的激荡，经历无尽的风云变幻，始终不变的是对和平、幸福、美好的追求。

《共产党宣言》的理论空间及其现实意义

范宝舟①

我们今天在这么一个新冠肺炎疫情暴发的非常时期，来读马克思、恩格斯的经典著作《共产党宣言》（以下简称《宣言》），本身就是一件非常有意义的事。人类文明发展到今天，拥有的物质财富的数量是前所未有的，但为什么还要拼命地去追逐物质财富的增长，是不是单纯地增长物质财富就可以解决人类遭遇的所有问题？其实，这里面还涉及制度问题。马克思、恩格斯在《宣言》中告诉我们：资本主义制度带来生产力的巨大发展，但也带来无产阶级的巨大贫困。这就是说，制度不合理会带来社会不公平、不正义，带来人与自然、人与社会、人与人关系的撕裂。今天，暴发于全世界的新冠肺炎疫情就是人与自然关系撕裂的一个表现。所以，马克思、恩格斯强调：未来的共产主义是一个人与自然、人与社会、人与人关系和谐的社会。即共产主义作为完成了的自然主义等于人道主义，而作为完成了的人道主义等于自然主义。马克思、恩格斯在

① 上海财经大学教授、博士生导师，人文学院党委书记。

《宣言》中就批判资本主义制度的不合理性，为无产阶级斗争的合理性做论证。我们这里有很多同学，可能会认为《宣言》是党课上才会讲的一部著作。我们在座的同学中有入党积极分子，有发展对象，可能还有一些预备党员或正式党员，在党校的上课过程中可能都学过《宣言》，但是我以为，《宣言》如果仅仅从党课层面上来学习，只是注意到了它的一个方面。其实在我看来，《宣言》的意义，除了对科学社会主义和国际共产主义运动产生了深远的、积极的影响之外，其非常重要的意义还在于从《宣言》本身的立足点、理论点生发出来的新理论、观察人类社会的方法，以及它对当代社会的现实意义。按照熊彼特的说法，《宣言》是统括政治、经济、哲学、文化等丰富内容于一体的一部伟大著作，我们要在这么一个层面上来阅读和理解它。《宣言》篇幅不长，也希望大家能够读一读，可以发现马克思、恩格斯在 1848 年描述的很多情景，在今天的世界上都还存在着。当然，《宣言》里也有些言论和后来的现实发展不一致。恩格斯在《宣言》后来出版的序言中也提到了这些方面，更不用说《宣言》中的某些言论和当下时代的不一致了。但这丝毫不影响《宣言》的伟大。《宣言》是唯物史观第一次公开地正式向世人阐述的一部著作（在《宣言》之前，唯物史观在《德意志意识形态》这本著作里得到了阐述，很遗憾，这部著作当时没有出版。《哲学的贫困》以论战的形式阐明了唯物史观）。唯物史观是贯穿《宣言》的一条主线，也是马克思主义分析人类社会运动变化的方法论。我们今天学习《宣言》，就是要明白唯物史观的原理不能只是挂在嘴上，而是要像马克思、恩格斯那样，把它运用于分析社会现实的实践之中去。

习近平总书记在 2018 年 4 月 23 日中共中央政治局关于《共产

党宣言》及其时代意义第五次集体学习会上指出，“《共产党宣言》是一部科学洞见人类社会发展规律的经典著作，是一部充满斗争精神、批判精神、革命精神的经典著作，是一部秉持人民立场、为人民大众谋利益、为全人类谋解放的经典著作”，“《共产党宣言》是一个内容丰富的理论宝库，值得我们反复学习、深入研究，不断从中汲取思想营养”，“《共产党宣言》揭示的人类社会最终走向共产主义的必然趋势，奠定了共产党人坚定理想信念、坚守精神家园的理论基础”，“中国共产党是《共产党宣言》精神的忠实传人”。习近平总书记2018年5月4日《在纪念马克思诞辰200周年大会上的讲话》中指出，“1848年，马克思、恩格斯合作撰写了《共产党宣言》，一经问世就震动了世界”，“《共产党宣言》发表170年来，马克思主义在世界上得到广泛传播。在人类思想史上，没有一种思想理论像马克思主义那样对人类产生了如此广泛而深刻的影响”。他尤其强调，“从《共产党宣言》发表到今天，170年过去了，人类社会发生了翻天覆地的变化，但马克思主义所阐述的一般原理整个来说仍然是完全正确的。我们要坚持和运用辩证唯物主义和历史唯物主义的世界观和方法论，坚持和运用马克思主义立场、观点、方法，坚持和运用马克思主义关于世界的物质性及其发展规律，关于人类社会发展的自然性、历史性及其相关规律，关于人的解放和自由全面发展的规律，关于认识的本质及其发展规律等原理，坚持和运用马克思主义的实践观、群众观、阶级观、发展观、矛盾观，真正把马克思主义这个看家本领学精悟透用好”。习近平总书记的这些论述，是我们正确把握《宣言》科学内涵的指南。我们今天讲马克思主义的世界观和方法论，它的立场、观点和方法到底是什么？实际上就在于一般原理里面。这个一般原理要体现在我们的运用之中，而不是把它作为一个教条，背诵下来，要学会对这个原理的应用。那么，一般原理是什么呢？习近平总书记为我们做了科学概括：关于世界的物质性及其发展规律，关于人类社会发展的自然性、历史性及其相关规律，关于人的解放和自由全面发展的规律，关于认识的本质及其发展规律，马克思主义的实践观、群众观、阶级观、发展观、矛盾观等。习近平总书记关于马克思主义基本原理的阐述是对《宣言》科学内涵的深刻把握。《宣言》里有这么三段话，深刻体现了马克思主义的一般原理。第一段话是“人们的观念、观点和概念，一句话，人们的意识随着人们的生活条件、人们的社会关系、人们的社会存在的改变而改变，这难道需要经过深思才能够了解吗?”；第二段话是“思想的历史，除了证明精神生产随着物质生产的改造而改造，还证明了什么呢?”；第三段话是“贯穿《宣言》的基本思想：每一个历史时代的经济生产以及必然由此产生的社会结构，是该时代政治的和精神的历史基础”。

同学们在“马克思主义基本原理概论”这门思想政治理论课上会接触到“历史唯物主义”这个概念。我们说主张“社会存在决定社会意识，社会意识反作用于社会存在”观点的就是属于历史唯物主义。实际上，大家知道的历史唯物主义把它展开，就变成了上面讲的三段话。这三段话也不能停留在口号上，而要进一步把它运用到对理论和现实的分析之中，这才是辩证唯物主义和历史唯物主义的立场、观点和方法的真正体现。比如，毛泽东在中国版《共产党宣言》即《中国社会各阶级的分析》一文中，分析了农村里面的地主、富农、贫农，以及城市里面的大买办资产阶级、大资产阶级、民族资产阶级、小资产阶级的革命态度。这个革命态度实际上就是他们的观念，他们的观点，他们的思想，他们的想法。那么毛泽东是怎么来分析农村里面的地主、富农、贫农，以及城市里面的大买办资产阶级、大资产阶级、民族资产阶级、小资产阶级的革命态度的呢？毛主席是从这些阶级所处的社会结构、社会条件和社会关系来看待这些人的革命态度，这就是一个经典的运用唯物史观的例证。唯物史观的运用一定要体现在对问题进行剖析的字里行间，而不是说在前面挂上一个“唯物史观的基本原理”“马克思主义基本原理”的旗号或口号。《宣言》遵循的就是把唯物史观基本原理运用到对问题的分析之中去。

同学们，下面我从五个方面来跟大家一起学习《宣言》:《宣言》产生的时代背景、《宣言》的基本思想、《宣言》的实践效果、《宣言》拓展的理论空间和《宣言》的当代意义。

一、《共产党宣言》产生的时代背景

首先我们看看《宣言》产生的时代背景。任何一本著作都有它的一个时代背景。如果我们不了解这本著作的时代背景，我们对这本著作或者对这篇文章的理解就会大打折扣。恩格斯强调学习《宣言》要理解它的产生背景。他认为，如果不指出《宣言》是怎样产生的，那么，无论用什么语言来出版都是绝对不行的。并且，恩格斯非常强调了解《宣言》背景的重要性。他认为，不指出这一点，《宣言》的第二章末尾、第三章、第四章，就完全不可理解。

《宣言》的实践背景主要贯穿在流亡者同盟、正义者同盟、共产主义者同盟的转换之中。当然，这个转换是与欧洲的无产阶级运动这个大背景紧密关联在一起的。马克思、恩格斯的《宣言》是给共产主义者同盟第二次代表大会撰写的章程。共产主义者同盟是从流亡者同盟、正义者同盟转换过来的。从共产主义这个概念来看，《宣言》的写作是从实践层面给当时欧洲的无产阶级运动的指向、方针、政策提供指导，并为当时的欧洲无产阶级，尤其是无产阶级的先锋队——共产党如何开展斗争提供行动指南。

《宣言》的理论背景主要贯穿在马克思、恩格斯的思想转变过程之中。大家知道，马克思和恩格斯并不是天生的共产主义者，他们在思想上有一个变化的过程。马克思、恩格斯早期对资本主义的批判着力点是宗教批判，这体现在《论犹太人问题》里面。尔后，他们转向对黑格尔的法哲学进行批判，实际上也就是开始进行政治批判。宗教批判还带有费尔巴哈的痕迹。因为费尔巴哈讲宗教的本质是人的本质的异化。大家都知道，宗教总是讲天国里的事情。马克思、恩格斯继承费尔巴哈的思想，认为宗教尽管表达的是天国里的事情，实际上讲的是人间的事情，是人的事情。所以宗教的本质是人的本质的异化，反映的是人的生活。当然，宗教是以应然的、理想的状态反映人的生活。但是，马克思、恩格斯觉得对宗教批判还是无法达到对社会本质的真正把握。因为他们生活在自由资本主义时代，所以他们觉得应该去批判资本主义的法律制度，这样马克思、恩格斯就转向了政治批判。在政治批判的过程中，他们发现政治、制度、法律批判还只是副本批判，因为生成政治、制度、法律的根源才是原本。他们进一步追问，深入对国民经济学的批判，即对资本主义生产力和生产关系矛盾运动的揭示和批判。然后，他们再回到哲学批判，上升到哲学层面上来。这也就是《德意志意识形态》所阐明的唯物史观。尽管《德意志意识形态》在马克思、恩格斯生前没有出版，但这是马克思和恩格斯走向唯物史观、走向共产主义的一个标志。《哲学的贫困》通过与普鲁东论战的形式公布了唯物史观，但这种论战的形式公布是不系统的，因为论战是分成几个问题来进行的。《宣言》恰恰呈现出了唯物史观的系统性、整体性。此外，恩格斯的《共产主义原理》和《共产主义者同盟章程》是《宣言》的理论源头。马克思、恩格斯《宣言》的最终目的是什么呢？就是无产阶级要把哲学当作自己的精神武器，哲学要把无产阶级当作自己的物质武器。马克思、恩格斯把《宣言》看作武装无产阶级思想的精神武器。《宣言》所表达的这些思想由无产阶级去实现。因此，《宣言》实际上是为无产阶级斗争清除思想上的障碍、为其斗争的合理性做论证的一部著作。

二、《共产党宣言》的基本思想

《宣言》的基本架构分为五个部分。开头是绪论，交代写作《宣言》的目的；第一部分是分析资产阶级的产生、历史进步作用和走向灭亡的历史必然性，以及无产阶级的产生及其历史使命；第二部分是分析无产阶级和共产党的关系，阐明共产党的立场和观点；第三部分是分析流行于当时的各种社会主义思潮的错误及其危害；第四部分是提出共产党人对各种反对党派的具体斗争措施。

（一）绪论

绪论部分交代写作《宣言》的目的。马克思、恩格斯指出："幽灵，一个共产主义的幽灵，在欧洲游荡。"那就是说，1848 年共产主义运动在欧洲风起云涌，形成一种势力。那么对这种势力，旧欧洲的一切势力都对它进行围剿、进行谩骂、进行责难。不仅如此，当时还有打着不同的社会主义、共产主义旗号的一些思想也在流行，严重地干扰着欧洲的共产主义运动。由此，马克思、恩格斯指出，我们共产党人应该向全世界公开说明自己的观点、自己的意图和自己的目的，来驳斥关于共产主义幽灵的种种不实之词。这就是他们写作《宣言》的目的。

（二）第一部分

《宣言》第一部分主要讲资产者和无产者，也就是主要分析资产阶级的产生、资产阶级积极的社会历史作用、资本主义必然灭亡的历史命运，以及无产阶级的产生及其历史使命。

1.《宣言》指出，至今一切社会的历史都是阶级斗争的历史

如果说资本主义社会以前的阶级构成还比较复杂，那么到了资产阶级时代，则只有两大对立的阶级：一个是资产阶级，一个是无产阶级。这两大对立阶级的斗争，与以往的阶级斗争不一样：过去的阶级斗争都没有促成阶级的消亡。而资产阶级时代两大直接对立的阶级斗争的结果是阶级的消亡。所以，我们大家都知道，无产阶级是人类社会的最后一个阶级。

2.《宣言》分析了资产阶级产生和发展的过程

《宣言》遵循唯物史观的立场，指出资产阶级是生产方式和交换方式一系列变革的产物。这里，我们回到前面讲到的马克思主义基本原理上来。即资产阶级不是凭空产生的，它是和社会生产力、社会的生产关系和交换关系的发展变化关联在一起的。马克思、恩格斯分析了资产阶级产生的原因：（1）商业、航海业和工业的空前发展，使封建社会内部的革命因素迅速高涨。新航路的开辟、美洲的发现、绕过非洲的航行，为新兴资产阶级开辟了一个天地，因为市场的扩大带来需求的扩大，带来生产的扩大，带来生产方式的革

命。(2) 蒸汽机革命引起了工业生产的革命，这就产生了现代大工业。资产阶级作为现代资产者，是在现代大工业里面产生的。马克思、恩格斯把资产者叫作工业中的百万富翁。(3) 世界市场的出现更加推动了工业的增长。这时候，资产阶级就得到了更大的发展。从这里，我们看到马克思、恩格斯对资产阶级产生的分析，是从社会的结构、社会条件、生产力、生产关系这个层面上来分析的。

3.《宣言》分析了资产阶级曾经起到的历史进步作用及其走向灭亡的历史必然性

资产阶级曾经起到的历史进步作用，主要表现在：(1) 摧毁了封建的生产关系，代之以金钱的关系。马克思的文笔是很优美的，他说资产阶级在它已经取得了统治的地方，把一切封建的宗法的和田园诗般的关系，都破坏了。金钱关系是什么？实际上就是用交换价值、用商品化作为社会的轴心逻辑架构。社会中人和人之间的关系、架构人和人之间关系的东西就只有交换价值。马克思把这种现象叫作“社会交往的异化形式”，即用交换关系替换丰富的社会关系，也就是说，把丰富的社会关系、交往关系化约为单一的交换关系。这就是资产阶级的一个积极作用。有些同学可能会说，把封建的生产关系变成金钱关系，怎么会是一种进步？尽管金钱关系也不是那么理想，但它是一个进步，为什么？因为封建社会的生产关系背后是血缘关系、等级和身份关系。相对封建社会的生产关系而言，交换原则的确立使得人们摆脱了封建生产关系对人的束缚。所以说，这是一个进步。在封建的社会关系里面，我们判定一个人是什么样子的，就要看他是什么出身。到了资产阶级社会，一个人是什么样子的，就要看他拥有多少金钱。也就是说，在资产阶级的交换原则里面，人的个性、人的独立性比在封建社会的血缘关系、等级关系、身份关系要重要得多。所以，马克思、恩格斯认为资本主义社会相对封建社会，商品经济相对自然经济，是人类社会历史进步的表现。(2) 资产阶级推进了世界市场和世界文学的形成。马克思、恩格斯在《宣言》中指出，资产阶级不断扩大产品的销路，在全球各地奔走，各地建立联系，所以形成了一个世界市场。不仅有了世界市场，还有了世界文学。其结果就是农村从属于城市，农民的民族从属于资产阶级的民族，东方从属于西方。(3) 资产阶级推动了生产力的巨大发展和技术革新。马克思、恩格斯在《宣言》中指出，资产阶级在不到一百年的时间里，它在生产力上的作用，它取得的成就，比过去的几个世纪都要多，它还推动了技术的革新，比如英国的工业革命，它的纺纱机、蒸汽机、织布机不断革新，产生了自由竞争，以及与之相适应的政治制度和社会制度。

马克思、恩格斯在肯定资产阶级的历史进步作用的同时，揭示出资产阶级走向必然灭亡的历史命运。一方面，资产阶级的生产关系成为其自身创造出来的巨大生产力的束缚。也就是说，资产阶级克服自然经济的限制，用资产阶级的生产关系、交换关系，魔法般地创造了大量的生产力。但是生产力的巨大发展，恰恰反过来，摧毁了资产阶级的生产关系和交换关系。这就是生产资料私有制与社会化大生产之间的矛盾造成的。另一方面，资本主义社会出现了周期性的商业危机。资产阶级现有的办法无法克服自身的危机。那么当时资产阶级看到自己的经济危机，看到自己的生产过剩，怎么办呢？当然就是要消灭生产力。大家学过世界史，应该都知道 1929 年到 1933 年发生世界经济大危机的时候，资本家怎样把牛杀了、把牛奶倒掉等。资产阶级克服危机的另一个办法就是夺取新市场。这就是我们在前面讲的，开辟新的世界市场。然而，开辟新的世界市场不仅无法克服资本主义社会的经济危机，而且把资本主义社会的矛盾扩张到全世界，造成全世界的无产阶级和资产阶级的对立。更为重要的是，资本主义的发展准备了它自己的掘墓人——无产阶级（现代工人阶级）。

4.《宣言》分析了无产阶级的产生、斗争过程和历史使命

（1）分析了无产阶级的构成。《宣言》中，马克思把无产阶级叫无产者。无产阶级的构成有：大工业生产中的现代工人、中间等级的下层，还有就是从旧社会和统治阶级内部分化出来的人，比如，一部分资产阶级思想家转到无产阶级方面来。马克思、恩格斯指出，无产阶级经历了各个不同的发展阶段，它反对资产阶级的斗争是和它的存在同时开始的。（2）无产阶级的发展过程与资产阶级的斗争过程相一致。这个斗争的过程一是单个工人对单个资产者自发的斗争，这个时候斗争的对象，包括生产管理、生产工具，包括机器。虽然最初，工人还曾在资产阶级领导下，同封建残余的地主、非工业资产者、小资产者做斗争。二是随着工业的发展，无产阶级开展联合斗争。尤其铁路等交通工具为无产阶级联合提供了条件。无产阶级由最早的、联合起来开展的经济斗争转向政治斗争。但是，当时无产阶级的联合不是那么紧密，因为无产阶级内部存在自相竞争。在这里，我们可以看到马克思、恩格斯《宣言》实际上也是为了解决当时无产阶级斗争分散化的问题，即把无产阶级联合起来，不仅是欧洲的无产阶级联合起来，而且是全世界无产阶级联合起来。所以，无产阶级的发展过程也是它与资产阶级斗争的过程。三是无产阶级斗争进入决战阶段，统治阶级和旧社会内部瓦解分裂，一部分人归属到无产阶级革命中来，并成为掌握未来的阶级。马克思、恩格斯强调，就像封建社会内部的瓦解使得一部分人

加入资产阶级的队伍一样，随着资本主义社会无产阶级和资产阶级进入决战阶段，同样有一部分资产阶级的思想家转到无产阶级方面来。(3) 无产阶级是真正的革命阶级。中间阶级不是革命的，而是保守的，甚至是反动的。流氓无产阶级甘心被收买而干反革命的勾当。(4) 无产阶级的第一个特点是失去了任何的民族性，即无产阶级没有国界，全世界无产者联合起来。第二个特点就是无产阶级没有什么自己的利益必须加以保护，即无产阶级没有自身的特殊利益，他们只有为绝大多数人谋利益。第三个特点是无产阶级的赤贫化，即无产阶级没有生产资料的所有权，只有靠出卖劳动力。第四个特点就是无产阶级可以通过结社达到竞争中的联合。所以，最后马克思、恩格斯得出一个结论：资产阶级的灭亡与无产阶级的胜利，同样是不可避免的。

(三) 第二部分

《宣言》第二部分主要阐述了共产党的性质和共产党的主张。

1. 阐明了共产党的性质和基本纲领

(1) 共产党的性质。马克思、恩格斯认为，共产党不是与其他工人政党相对立的特殊政党，但又与其他工人政党有区别。共产党强调无产阶级共同的、不分民族的利益。共产党始终代表着整个运动的利益。因此，共产党在实践上与其他工人政党相比是最坚决的始终起推动作用的力量。共产党在理论上比无产阶级群众更了解运动的条件、进程和一般结果。

(2) 共产党的基本纲领。一个是最近目的，也就是最低纲领。马克思、恩格斯认为，这方面共产党与其他工人政党是一致的，即共产党要使无产阶级形成阶级，推翻资产阶级统治，由无产阶级夺取政权。最终的目的是消灭私有制，这就是最高纲领。无产阶级要消灭的不是一般的私有制，而是废除资产阶级的私有制。

2. 马克思、恩格斯通过批驳资产阶级对共产主义、对无产阶级运动的种种责难，阐明共产党的目的、意图和观点

第一个责难：有人认为我们共产党人说我们要消灭个人争得的自己劳动得来的财产，要消灭构成个人的一些自由活动和独立的基础的财产。这个责难，简单地说，就是指责共产党要消灭私有制。马克思和恩格斯怎么回击这种指责呢？一是马克思、恩格斯认为，资产阶级早就把小资产阶级和小农的私有财产都消灭掉了，也就是说，消灭私有制不是共产党第一个干的，资产阶级就早已经干过这件事情，只不过资产阶级消灭小资产阶级和小农的私有财产是为了建立本阶级的私有制，共产党消灭私有财产是为了建立公有制。二是马克思、恩格斯讲的消灭资产阶级的私有财产或者说私有制是什么意思呢？马克思、恩格斯认为，资产阶级的私有财产在资本和工人劳动的对立中运动。没有雇佣劳动，也就没有资本；没有资本，同样没有雇佣劳动。从资本而言，马克思、恩格斯认为，资本是社会成员共同活动的一个集体产物。但是现在这个集体产物被资本家所占有。消灭私有制要改变财产的社会性质，使财产失掉它的阶级性质。从雇佣劳动而言，消灭私有制就是改变工人为资本的增值而活着的状态。马克思、恩格斯认为，资本是积累起来的劳动，工人的劳动是活劳动，消灭私有制就是改变积累起来的劳动支配活劳动、改变过去支配现在的局面，使活劳动、无产阶级具有独立性和个性。

第二个责难："一旦私有财产消灭了，个性和自由也就没有了。"马克思、恩格斯的回击是，共产党人不是要消灭所有的个性

和自由，而是要消灭资产者的个性和自由，保障雇佣劳动者获得个性、独立性和自由。所以马克思、恩格斯说，共产主义并不剥夺任何人占有社会产品的权力，只剥夺利用这种占有去奴役他人劳动的权力。

第三个责难："有人反驳说，私有制一消灭，一切活动就会停止，懒惰之风就会兴起。"马克思、恩格斯指出，"这样说来，资产阶级社会早就应该因懒惰而灭亡了，因为在这个社会里是劳者不获，获者不劳的。所有这些顾虑，都可以归结为这样一个同义反复：一旦没有资本，也就不再有雇佣劳动了"。

第四个责难：责难"也被扩及到精神产品的占有和生产方面……阶级的教育的终止在他们看来就等于一切教育的终止"。马克思、恩格斯指出，"你们的观念本身是资产阶级的生产关系和所有制关系的产物，正像你们的法不过是被奉为法律的你们这个阶级的意志一样，而这种意志的内容是由你们这个阶级的物质生活条件来决定的"。资产者唯恐失去的那种教育，对绝大多数人来说是把人训练成机器。

第五个责难："消灭家庭！连极端的激进派也对共产党人的这种可耻的意图表示愤慨。"马克思、恩格斯指出，资产阶级的家庭建立在资本上面，建立在私人发财上面。这种家庭只是在资产阶级那里才以充分发展的形式存在着，而无产者的被迫独居和公开的卖淫则是它的补充。资产者的家庭自然会随着它的这种补充的消失而消失，两者都要随着资本的消失而消失。

第六个责难："你们共产党人是要实行'公妻制'的啊……整个资产阶级异口同声地向我们这样叫喊。"马克思、恩格斯指出，"公妻制无需共产党人来实行，它差不多是一向就有的"，"资产阶级的婚姻实际上是公妻制”，“随着现在的生产关系的消灭，从这种关系中产生的公妻制，即正式的和非正式的卖淫，也就消失了”。

第七个责难：“还有人责备共产党人，说他们要取消祖国，取消民族。”马克思、恩格斯指出，“无产阶级首先必须取得政治统治，上升为民族的阶级，把自身组织成为民族，所以它本身还是民族的”。“贸易自由的实现和世界市场的建立……生活条件的趋于一致，各国人民之间的民族隔绝和对立日益消失”，“无产阶级的统治将使它们更快地消失。联合的行动，至少是各文明国家的联合的行动，是无产阶级获得解放的首要条件之一”，“人对人的剥削一消灭，民族对民族的剥削就会随之消灭。民族内部的阶级对立一消失，民族之间的敌对关系就会随之消失”。

第八个责难：“存在着一切社会状态所共有的永恒的真理，如自由、正义等等。”马克思、恩格斯指出，“至今的一切社会的历史都是在阶级对立中运动的，而这种对立在各个不同的时代具有不同的形式”。“毫不奇怪，各个世纪的社会意识，尽管形形色色、千差万别，总是在某些共同的形式中运动的，这些形式，这些意识形式，只有当阶级对立完全消失的时候才会完全消失。”“共产主义要废除永恒真理，它要废除宗教、道德，而不是加以革新，所以共产主义是同至今的全部历史发展进程相矛盾的。”“共产主义革命就是同传统的所有制关系实行最彻底的决裂；毫不奇怪，它在自己的发展进程中要同传统的观念实行最彻底的决裂。”

在这里，一定要把“自由”的概念具体化。“自由”实际上和特定的社会关系是联系在一起的。不同的思想家对自由的界定是有差别的。近代资产阶级革命强调自由是理性，理性是相对中世纪宗教的迷信而言的。理性尤其强调人要反思自己的生活，这样才是自由的。如果说盲目迷信，为基督教的教义所束缚，这种做法是不自由的。然而，法兰克福学派认为理性并没有实现人的自由。启蒙运动本来是要用理性启蒙人，给人获得自由，后来发现理性走向了它的反面，给人带来了束缚。尼采和叔本华对理性给人自由提出质疑，他们提出非理性才是人的自由状态。“自由”有不同的历史的内涵，并没有关于自由的永恒的真理。

（四）第三部分

《宣言》第三个部分对当时流行的社会主义和共产主义文献进行了批判。

在这个部分，马克思、恩格斯批判了三种不同的社会主义：反动的社会主义、保守的或资产阶级的社会主义、空想社会主义。

其一，反动的社会主义有三种表现形式：封建的社会主义、小资产阶级的社会主义、德国的社会主义。为什么封建的社会主义、小资产阶级的社会主义、德国的社会主义是反动的社会主义呢？因为这三种形式的社会主义都对资产阶级提出了批评，主张回到资产阶级之前的封建社会的各种形态上去。马克思、恩格斯认为这个是一种历史的倒退，所以把它们叫作反动的社会主义。

其二，什么叫作保守的或资产阶级的社会主义呢？保守的或资产阶级的社会主义，就是通过某些行政上的改良，使工人群众放弃政治运动，以便维护资本主义制度。它实际上是不改变资本主义的生产资料的私有制关系，而只是在某些细节上进行改良。

其三，空想社会主义。空想社会主义从托马斯·摩尔的《乌托邦》到康帕内拉的《太阳城》，再到圣西门、傅立叶、欧文这些空想社会主义者。空想社会主义者不支持政治运动，幻想通过某个上层人物的帮助，以和平的途径实现社会主义。在托马斯·摩尔和康帕内拉描述的太阳城和乌托邦里，都有一个非常明智的、有智慧的、像父亲一样的上层人物，一碗水端平，保证社会公平正义的实现。空想社会主义则着力于搞社会主义的试验和示范。欧文曾经在美国的印第安纳州买了很多土地，创办了新和谐公社，实行生产资料公有、权力平等、民主管理的原则。然而，这些实验都以失败告终。

（五）第四部分

《宣言》第四部分阐述了共产党人反对各种反对党派的策略。

第一个就是政治斗争的策略。这个策略是什么呢？马克思、恩格斯认为，共产党坚持为工人最近的目的和利益而斗争，但他们是代表未来的，因此无产阶级与资产阶级的对立是共产党一刻都不能忽视的。这里实际上就是要把党的最低纲领和最高纲领统一起来。

第二个是共产党人在德国的斗争策略。德国在欧洲属于最晚进行资产阶级革命的国家。在法国、英国完成资产阶级革命并建立资本主义制度以后，德国还是在普鲁士的封建王朝和容克地主的统治之下。这就涉及资产阶级革命和无产阶级革命之间的关系问题。马克思、恩格斯认为，共产党和德国资产阶级有共同的革命对象，即反对专制君主制、封建土地所有制和小市民的反动性。但是，共产党人一定要牢记自己与资产阶级革命不同的地方，即要把德国的资产阶级革命变成无产阶级革命的直接序幕。

第三个就是为推翻资本主义旧制度，凡是反对现存旧制度的一切革命运动，共产党人都必须予以支持。

第四个是共产党人到处都要努力争取全世界民主政党之间的团结和协调。

最后，《宣言》还有 7 个不同的序言。这 7 个序言的思想对我们理解《宣言》是有很大帮助的。1872 年德文版和 1882 年俄文版的序言是由马克思和恩格斯两个人写的。从 1883 年开始，《宣言》各种版本的序言都是恩格斯独立撰写的。

三、《共产党宣言》的实践效果

《宣言》的实践效果是什么呢？

第一，《宣言》是国际共产主义运动的第一个纲领性文件，是马克思主义学说第一次完整系统的阐述，是马克思主义诞生的标志，是科学共产主义的“出生证”。美国经济学家熊彼特指出：“《共产党宣言》作为一部集哲学、政治经济学、科学社会主义为一体的重要著作，宣告了马克思主义新世界观。而这种新世界观的到来，的确是与伟大和其长久的生命力联系在一起。”

第二，《宣言》是世界共产主义运动开端的标志，推动国际共产主义运动蓬勃兴起。共产主义者同盟是第一个国际性的无产阶级政党组织。第一国际、第二国际、第三国际卓有成效地领导世界社会主义运动的发展。

第三，《宣言》武装了各国共产党，在 1945 年第二次世界大战结束以后，世界上诞生了一系列社会主义国家。

第四，《宣言》改变了世界历史乃至人类社会的历史进程。习近平指出，“《共产党宣言》一经问世，就在实践上推动了世界社会主义发展，深刻改变了人类历史进程”，世界革命由此从资产阶级的世界革命走向无产阶级的世界革命。斯大林指出，《共产党宣言》是共产主义的“圣经”和“福音书”，“《宣言》创造了一个时代”。

四、《共产党宣言》拓展的理论空间

马克思、恩格斯都强调唯物史观基本原理的实际应用。正如《宣言》中所说的，随时随地都要以当时的历史条件为转移。马克思、恩格斯不承认永恒的真理。《宣言》所阐述的原理不是教条，而是方法论，要根据时代的变化来转换。恩格斯指出，《宣言》已经成为历史文献，我们已经没有权利来加以修改。但是，我们不仅有权利，而且也有义务以我们自己的历史和社会条件来解释它、补充它、发展它。在这里面，我想讲的一句话就是我们读《宣言》，不能只是“照着说”，即《宣言》说什么我们就说什么，而是要“接着说”。“接着说”才可能有创新。在西方人文社会科学里面，以《宣言》为理论起点，观察和分析当代资本主义社会，从而产生了一大批有影响的社会思潮。这就是从《宣言》里拓展出来的理论空间。大家不要以为马克思主义作为中国的意识形态就只在中国存在，马克思主义在西方也是一门显学。西方马克思主义有很多的流派，并且影响还是非常大的。习近平总书记在“5·17”讲话中，还专门提到了这些学派。比如，法兰克福学派，这是德国的新马克思学派。西方也产生了哈维、德里达、罗蒂、哈贝马斯、萨特、阿明、沃勒斯坦等一大批有影响的国际知名学者。在《宣言》的理论空间的拓展上，我们来看看哈维、德里达和罗蒂。

大卫·哈维专门写了一篇文章:《马克思的空间转移理论》。他的空间地理学就是从《宣言》这个地方得到启示的。哈维认为,《宣言》已经建立了资本积累的全球历史地理学。苏贾也持有同样的观点。这就成为影响当今世界地缘政治的一个非常重要的学派。哈维空间地理学的主要内容有:第一,资本积累的空间维度。哈维认为,资本的积累一直是一个意义深远的地理问题。在他看来,若没有内在于地理扩张、空间重组和非均衡地理发展的可能性,资本主义在很久以前就不再发挥政治经济体系的功能了。哈维的阐述就是对马克思的资本积累理论的延伸。资本积累在资本主义国家内部是有空间限制的。当资本积累到一定程度,就会出现资本利润率下降。资产阶级克服资本利润率下降的办法之一就是进行殖民扩张、进行空间重组(当然,资本扩张还会在时间上加速流通速度,比如,金融就是把现在、过去、未来链接在一起的、克服时间障碍的工具,以延缓资本主义经济危机的爆发。这也是当前资本主义国家频频爆发金融危机的原因)。第二,哈维认为,资本积累有两个空间维度,一个是把不同的领土链接在一起,一个是把不同的社会结构非均衡地嵌入资本主义世界市场。比如,印度由东印度公司掌控,是第一种空间维度的体现。鸦片战争后的中国作为半殖民地半封建的国家属于被嵌入资本主义世界市场的典型。第三,哈维阐述了《宣言》中没有谈到的世界性的地域组织或世界组织的作用,如全球性的或地域性的自有贸易区、世贸组织、世界银行等。总之,我以为,大卫·哈维是从马克思的理论里面生发出了他的理论空间。

德里达是法国的一个思想家。他本来是反对马克思的,但东欧剧变以后,他表示要向马克思致敬,并且写了一本著作:《马克思的幽灵》。“幽灵”这个概念就是从《宣言》中来的。德里达是一位解构主义者，他继承了马克思、恩格斯对资本主义的批判精神，认为在当代资本主义社会，马克思的这种批判精神，这种幽灵，不能够消失，所以他要维护马克思的幽灵，也就是维护马克思的批判精神。德里达说，今天不能没有马克思，尤其不能没有马克思的批判精神。所以说，德里达继承了马克思对资本主义的批判方法，并用来解构当代资本主义不合理的关系。其一，德里达认为，马克思的批判精神是对现实社会有益的，并唯一能够被世人可选择性接受的科学方法。当然，德里达视野中的马克思批判精神具有多维性、多层次性，是多元化和多样化的，充斥着一定的异质性元素。这样，德里达试图把自己的“解构”与马克思的批判糅合在一起。其二，德里达对“新世界秩序”中“人权祸害”的罪恶进行了猛烈批判。如新市场、新技术和新的全球竞争造成了失业，对无家可归的公民参与国家民主生活的权利进行了大量剥夺，国际的经济战争屡屡发生，无力控制自由市场的概念、规范和现实方面所引发的诸多矛盾，外债和其他相关机制的恶化使人类的大多数处于饥饿或绝望的境地，军火工业和贸易被列入西方民主国家科学研究、经济和劳动社会化的常规调整范围，国家机构再也无法控制核武器的扩散，种族间的战争不断在加剧，那些超效力的和纯粹资本主义的幽灵般的国家遍布各大洲（包括欧洲的黑手党和全球贩毒集团的存在），国际法及有关机构受到了特定的民族-国家的操纵，等等。其三，德里达对未来要建立的“新国际”提出了自己的设想。他认为，“新国际”是亲和性、苦难和希望的一种结合，甚至还是一种谨慎的、几乎秘密的结合。在这种“新国际”里，没有身份、没有头衔、没有姓名、没有盟约、完全“脱节”、没有协作、没有政党、没有国家、没有国家共同体、没有共享的公民资格以及没有共同归属的阶级。应该说，德里达的“解构”，以及他对“新世界秩序”的批判、“新国际”的设想，都在某种程度上带有《宣言》的痕迹。

罗蒂是美国一位非常知名的哲学家，是一个“后现代资产阶级自由主义者”。罗蒂在《宣言》发表150周年之际，在德国的《法兰克福汇报》上发表了一篇题为《失败的预言，光荣的希望》的纪念文章，向马克思的预言表示了崇高的敬意。首先，罗蒂认为，《宣言》对资本主义的批判是合理的，对近代资本主义社会的非人道描述也是精辟的，是我们从观察实际工业资本主义中吸取重要教训的一个伟大文献。《宣言》对贫富两极分化的悲惨世界的揭示今天依然存在。他指出，“现在的情况和1848年一样：富人总是想尽办法使穷人变得更穷而让自己变得更富，劳动力全盘商品化将导致工薪收入者的贫困化”，并且现代的国家政权作为管理整个资产阶级的共同事务的委员会的性质并没有变化。其次，罗蒂认为，《宣言》对资本主义社会政治的改良与道德进步是有很大促进作用的，即《宣言》“帮助我们改善自己，帮助我们在一定程度上克服了我们的愚蠢自私和暴虐成性”。再次，罗蒂认为，《宣言》对提高工人阶级的觉悟，免受资产者的欺骗，建立现代的、有利于促进道德进步的、鼓舞人心的工会制度，以共同分享国家政治权力，都是非常有价值的。最后，罗蒂认为，《宣言》描述了人类未来的那样一种美好，那种美好能够让人有一种希望，鼓舞人心。在罗蒂看来，我们能够用想象力代替理性，用希望代替知识，就可以抛去理性的形而上学，保留人类对美好未来的希望，保留对于人类幸福生活的希望、对未来社会的美好设计，对于鼓舞人心而言，是永远不可缺少的。但是，罗蒂对马克思人类解放的原则目标却极力批判。他认为，《宣言》是失败的预言，不仅对《宣言》中主张的无产阶级政党将给我们带来不同于“资产阶级自由”的自由表示怀疑，而且认为自由主义是迄今为止人类文明发明的最好政治生活方式。这一观点恰恰是要引起我们警醒和批判的。罗蒂对《宣言》做出这种评价，同他用希望代替知识，把哲学转变成“教化哲学”的世界观是紧密关联在一起的。

五、《共产党宣言》的当代意义

（一）《宣言》具有对当下社会现实的科学预见意义

一是预见了经济全球化的到来。习近平指出，“当前，世界多极化、经济全球化、社会信息化、文化多样化深入发展，各国相互关联、相互依存程度之深前所未有，充分印证了马克思、恩格斯在《共产党宣言》中所作的科学预见”。

二是预见了当代资本主义奉行市场自由原则所带来的人的异化。资产阶级把人的尊严变成了交换价值，用一种没有良心的贸易自由代替了无数特许的和自力挣得的自由。即使是完全的市场竞争也难保证真正的自由。

三是预见了当代资本主义周期性地震撼社会基础的经济危机的不可避免性。马克思、恩格斯指出，“只要指出在周期性的重复中越来越危及整个资产阶级社会生存的商业危机就够了。在商业危机期间，总是不仅有很大一部分制成的产品被毁灭掉，而且有很大一部分已经造成的生产力被毁灭掉”。当代资本主义社会已经发生了1998年亚洲金融危机、2008年世界金融危机、欧债危机等。

四是商品化的原则已经从生产领域扩张到消费、流通和分配领域，乃至人们日常生活的一切方面和环节。消费社会中的人们已经被商品化牢牢地掌控着，变成消费的奴隶。

(二)《宣言》为我们认识当代世界提供方法论指导

一是对观念的把握和理解不在观念本身，而在其背后的现实的社会运动、社会结构和社会生活条件。我们要想自己的大脑不成为别人思想的跑马场，就必须深刻认知思想观念的现实基础，唯有如此，我们才能走出“不生产思想，只是思想的搬运工”的尴尬局面。

二是“照着说”与“接着说”的关系，即对马克思主义的坚持与发展的关系问题。一味“照着说”会导致“低级红、高级黑”，一味“接着说”会导致非马克思主义思想的出现。

三是中国共产党是《宣言》精神的忠实传人。马克思曾经说过:“我播下的是龙种，生出的是跳蚤”，“我只知道我不是一个马克思主义者”。这里实际上提出了什么是马克思主义这一本质问题。中国共产党科学把握马克思主义的本质和基本原理，使其成为我们认识世界和改造世界的方法论。1938 年 10 月，党的六届六中全会政治报告《论新阶段》提出“马克思主义中国化”的重大命题，即把马克思主义普遍原理与中国实际相结合。党的路线方针政策贯穿着唯物史观的核心精神（生产力与生产关系），党的思想路线、群众路线等都体现着唯物史观的立场和方法。习近平指出:“我们党开辟的新民主主义革命道路、社会主义革命道路、社会主义建设道路、中国特色社会主义道路，都是把马克思主义基本原理同中国具体实际相结合的伟大创造。”

(三)《宣言》有助于我们确立共产主义理想信念

习近平指出:“心有所信，方能行远。面向未来，走好新时代的长征路，我们更需要坚定理想信念、矢志拼搏奋斗。希望广大党员特别是青年党员认真学习马克思主义理论，结合学习党史、新中国史、改革开放史、社会主义发展史，在学思践悟中坚定理想信念，在奋发有为中践行初心使命，努力为实现‘两个一百年’奋斗目标、实现中华民族伟大复兴的中国梦贡献智慧和力量。”《宣言》不仅使当时中国思想先进人士对马克思主义有了更加深刻的了解，坚定了他们追求共产主义的信念，而且为 1921 年中国共产党的建立做了思想上的准备，更在中国共产党成立以后的革命实践中发挥了巨大的指导作用。毛泽东 1936 年接受美国记者斯诺采访时说:“我热心地搜寻那时候能找到的为数不多的用中文写的共产主义书籍。有三本书特别深地铭刻在我的心中，建立起我对马克思主义的信仰。我一旦接受了马克思主义是对历史的正确解释以后，我对马克思主义的信仰就没有动摇过。这三本书是:《共产党宣言》，陈望道译，这是用中文出版的第一本马克思主义的书;《阶级斗争》，考茨基著;《社会主义史》，柯卡普著。到了 1920 年夏天，在理论上，而且在某种程度的行动上，我已成为一个马克思主义者了，而且从此我也认为自己是一个马克思主义者了。”习近平指出:“《共产党宣言》揭示的人类社会最终走向共产主义的必然趋势，奠定了共产党人坚定理想信念、坚守精神家园的理论基础。我们要把共产主义远大理想同中国特色社会主义共同理想统一起来、同我们正在做的事情统一起来，坚定道路自信、理论自信、制度自信、文化自信，不为任何风险所惧，不为任何干扰所惑，始终坚守共产党人的理想信念，不负共产党人的光荣称号。”

（四）《宣言》彰显了科学社会主义发展的非线性特点

一是从《宣言》各版序言中，我们发现《宣言》的出版与科学社会主义运动的高涨与低落相一致。可以说，《宣言》的出版成为科学社会主义运动兴衰的“风向标”和“晴雨表”，更可以看出科学社会主义运动不是一帆风顺的，而是充满了曲折、坎坷和艰难。

二是社会历史发展的复杂性。习近平总书记指出：“生产力和生产关系、经济基础和上层建筑之间有着作用和反作用的现实过程，并不是单线式的简单决定和被决定逻辑。”“世界是多向度发展的，世界历史更不是单线式前进的。”“行百里者半九十。中华民族伟大复兴，绝不是轻轻松松、敲锣打鼓就能实现的。全党必须准备付出更为艰巨、更为艰苦的努力。”

三是坚持“底线思维”。底线思维意指对事物的认识不能无视问题、盲目乐观、好大喜功、哗众取宠，而是要有清醒的风险意识、坚定的原则意识、厚重的责任意识和强烈的忧患意识，把困难想在前面，把临界点牢记心中，把不确定性思虑周全，在思维的全过程中坚守质变与量变的辩证法原理。“多一些忧患意识，少一些祝福意识。”

（五）《宣言》昭示着人民性价值指向的重要意义

一是《宣言》站在无产阶级的社会公平正义立场上，实现每一个人全面而自由的发展以及全人类的解放。今天，我们理论、路线、方针、政策的制定要遵循人民性原则。

二是不同的人对《宣言》有不同的理解。只有坚持人民性立场，才能把握其本真的当代意义，才能深刻把握当下流行的各种社会思潮的本质。

三是学习运用《宣言》，要始终把人民放在心中最高位置，更好增进人民福祉，推动人的全面发展、社会全面进步。要着眼于满足人民日益增长的美好生活需要，贯彻新发展理念，着力解决发展不平衡不充分的问题，提高发展质量，不断提高人民生活品质、生活品位，让发展成果更多更公平惠及全体人民，既尽力而为又量力而行，促进社会公平正义，在幼有所育、学有所教、劳有所得、病有所医、老有所养、住有所居、弱有所扶上不断取得新进展，不断朝着全体人民共同富裕迈进。

《统计学的世界》导读

统计学的思想和各种统计数据对政府、社会乃至我们的工作和日常生活都有着不可忽视的影响，这种影响可能远远超乎你的想象。通过阅读本书，你将对我们生活的这个世界有一个更完整、更清晰的认识。本书深入浅出地把统计学的概念和分析方法呈现在你面前。

《统计学的世界》，［美］戴维·穆尔、［美］威廉·诺茨著，郑磊译，中信出版社

这本书把统计学概念分成四个部分来呈现：数据的生产、整合数据、机会与概率、统计推断。《统计学的世界》主要介绍统计学概念的应用及其对日常生活、公共政策和许多其他领域的影响。书中没有烦琐的公式、图表和计算，你只要看得懂而且会解简单的方程式就足够了。通过一个个具体的案例和简单的练习，本书能让你在会心的微笑中不知不觉地增长专业知识，提高分析和解决问题的水平。这是一本能给你带来阅读乐趣的书，也是一本能让你更加睿智的书。

走进《统计学的世界》，洞悉机会结果的神话

杨　楠①

在多年来讲授统计学的过程中，我一直在思考：统计学应该如何教？在这个过程中，我发觉有这样一本经典的书籍可以给我们很多的启发，那就是《统计学的世界》，它从1979年第1版出版以来，到现在已经再版到了第8版。这本书非常有趣，作为一本通识读物，它主要介绍统计学概念的应用及其对日常生活、公共政策和许多其他领域的影响。它呈现了数据的生产、整合数据、机会与概率和统计推断的内容，但没有烦琐的公式、图表和计算，其重点在于启发思考，训练看问题的视角和解决问题的思维。即使对于统计专业人士，这本书也值得去细细品味和反思。

在《统计学的世界》里，作者的意图是用文字而不是代数来教学，鼓励讨论甚至争辩，而不是只教授如何计算。作者也引用

---

① 上海财经大学统计与管理学院教授、博士生导师、教师教学发展中心副主任，上海市人工智能学会副秘书长。主讲“概率论”“应用回归分析”“应用随机过程”“统计预测与决策”“经济统计专题”“商务统计学”“数据时代的推断陷阱”等课程。

了很多的名人名言，如查尔斯·格罗夫纳的“数字不会说谎，但说谎的人会算计”；又如约翰·梅纳德·凯恩斯的“当事实改变时，我就改变主意”；再如，爱因斯坦也说过这样的名言，“数学定律不能百分之百地应用于现实生活；能百分之百地用数学定律来描述的，就不是现实生活”。当我们深入思考这些名言的时候，大家可能就会对我们统计学所面临的很多工作有一个新的了解。

《统计学的世界》一书中非常生动地介绍并分析了很多经典案例。它通过对这些经典案例的解析来引导我们用统计学的思维去思考。下面，就让我们一同走入书中的几个经典案例，品味书中一些独到的观念和推理的美感。

一、辛普森悖论

辛普森悖论最初是由英国数学家爱德华·辛普森在 1951 年发现的，它是指当数据组合并时，原来出现在不同分组中的趋势就会消失。具体用 1973 年加利福尼亚大学伯克利分校学生录取情况的例子来看一看。那一年的申请学生中，男生有 8 442 名，他们的最终录取率是 44%；女生有 4 321 名，她们的最终录取率是 35%（见表 1）。如果只呈现这张总表格，你的目光可能会聚集在这样一个录取率上面，44% 对 35%，那么结论就是女生被歧视。实际上，把刚才的原始数据再重新做一个分组，把刚才所有的申请人分为 A、B、C、D、E、F 六个院系，再来看一下申请人数和录取的比例的情况（见表 2）。

表1 1973年加利福尼亚大学伯克利分校学生录取情况（分性别统计）

性别	男生		女生	
合计	申请人数	录取人数	申请人数	录取人数
	8 442	44%	4 321	35%

表2 1973年加利福尼亚大学伯克利分校学生录取情况（分院系、分性别统计）

院系	男生		女生	
	申请人数	录取比例	申请人数	录取比例
A	825	62%	108	82%
B	560	63%	25	68%
C	325	37%	593	34%
D	417	33%	375	35%
E	191	28%	393	24%
F	373	6%	341	7%

A院系有825名男生申请，录取比例62%；108名女生申请，录取比例82%。B院系，女生还是高于男生的录取率。C院系，男生录取率高于女生。D院系，女生录取率又比男生高。那么整体数下来，在6个院系里边，实际上按照院系内的录取比例来看，女生的录取率应该是高于男生的，因为女生在4个院系的录取率都是高于男生的。这一结论与之前使用整体数据时相反。

实际上到目前为止还没做什么工作，因为原始数据摆在这里，并没有作假。好，我们再看一下，当数据汇总在一起的时候，男生的录取率明显高于女生的录取率。但是经过分组讨论以后，在4个组别上面，女生的录取率都是高于男生的。那么大家可能会觉得奇怪，怎么会出现这种现象？实际上当分组的规模不均衡时，辛普森悖论就可能会发生。

当数据可以用不同的方式进行比较时，那么那些不怀好意的人就很容易对数据进行拆分或者归总，得到一个对自己有利的指标，从而迷惑甚至操纵他人。这就是辛普森悖论要告诉我们的。

大家还可以再看一下，假设当时不是按照院系来分组，而是按照其他的属性来分组，是不是有可能得出与汇总数据一样的结论？那么到底分组分析的结果取决于什么？分组规模的均衡性就是一个重要的特征。

所以大家可以看到，即使是简单展示数据的表格，也很有可能通过不同的方式，按照展示者的目的和他们想要达到的目标，得到不同的结果。《统计学的世界》中强调的是，在日常生活中，如果去仔细观察，会发现人们对于各式各样的话题都有自己的视角，而且强烈到希望看到的数字可以支持他们的立场。这一点要尤其注意，即使是在简单的图表中也可能会出现这样的现象。

二、理解小的概率

《统计学的世界》有几章是讲概率论里一些关键概念与定理。我觉得里面有好多例子都非常有趣，虽然我教统计学这么多年，看到这些例子，体会其深入表达的一些思想，仍然觉得很有启发和帮助。

比如这样一个例子，2012 年 2 月 29 日，美国犹他州普罗沃有一位女性，她已经连续第三次在闰日即 2 月 29 日生下婴儿。她之前生过两个儿子，相差 4 岁，到 2012 年她又生下了一个女儿。

连续三次在闰日生下婴儿，这样一个事件如果真的是随机发生的话，那么统计学家可以证明，这样的事情发生的概率只有30亿分之一。再强调一遍，30亿分之一。

之前有过先例吗？再早之前，一个挪威家庭在1960年、1964年和1968年连续三次在闰日生孩子，当时创了吉尼斯世界纪录。之后就是美国犹他州普罗沃的这位女性平了纪录。

大家都知道，概率是［0，1］这个区间里的一个数字。如果概率为0，代表这个事件是不可能发生的事件。如果是1，那就是一个必然事件了，也就是说，即使在一次实验中它也必然会发生，对吧？再来看，概率0.01是什么意思？大家可能会说0.01是1%，这个概率很小。那么对决策来说，在多大程度上会影响到决策的反转呢？再来看0.7，0.7也不是一个特别大的概率，但是超过了0.5。你在决策的时候，会觉得如果只有一次实验的话，它还是可能会发生。这是非常正常的，面对概率的时候，我们往往会把主观的感觉跟它联系在一起解读。

读到作者关于“理解小的概率”这一部分的时候，我觉得很有趣。他认为要理解非常小的概率，真的是有点困难。比如说百万分之五和百万分之五百，实际上一个是另一个的100倍，但是百万分之五和百万分之五百的概率真的都是很小的概率，我们的直觉不能分辨两者的差别。但是心理学家曾经指出，我们经常将很小的风险高估，又将较大的风险低估。

三、对概率的直觉存在普遍弱点

《统计学的世界》是从最简单的概率来给大家举例说明的。比如说，如果硬币在铸造的过程中密度是均匀的，我们抛掷硬币的手法没有特别的倾向性，且我们连续抛 10 次而每一次都是独立的，那么如下这三种情形哪个最有可能出现？

第一种情形是正反正反反正正反反正，第二种情形是连续 5 个正、连续 5 个反，第三种情形是 10 个全是反的。请大家思考，如果让你连抛 10 次的话，你觉得哪种情形的概率会是比较大的？按照概率的理论来计算的话，实际上这三种是一样的，因为每一次都是独立的，每一次出现正或反的概率都是 1/2。但是大家也许会对计算的结果不太认同，甚至不太满意。因为在现实生活中你可能还是会觉得，连续 10 个反的情形怎么可能出现呢？

那么，这里到底有什么理解上的偏差与误区？在《统计学的世界》这本书里，作者把它归结为短期规则的神话。概率本身应该是一个多次重复实验的结果。你感兴趣的事件的概率，比如说抛硬币出现正面的概率，需要统计出现正面的次数除以所有总实验次数的一个比例，而当总实验的次数趋向于无穷大的时候，该比例的极限才是概率的定义。但是对于我们实验 10 次而言，这还是比较少的实验次数，仍然是一个短期实验。人们总会期待在这种短期实验过程中，就能看到一个内在的稳定的概率，而这是不现实的，也是不正确的。所以我们可能会有一个误解，前面都是反的有违最终 1/2 的概率，所以后面肯定要纠正过来，要出来正面。但是我们的倾向就会觉得是下一次就会出来。这就是短期规则的神话。

同样，如果把这个概率跟风险相结合来进行讨论，你就会发现仍然会有一些误区。我们可能对一些很难碰上的威胁，比如地震，担忧的程度超过驾车出车祸的风险。一种可能的解释是，当风险似乎在我们的掌控之中时，我们会比不能控制它时觉得更安全。我们开车时可以掌握情况，或者自认为可以掌握情况，但对于来自地震的风险我们很难控制。在日常生活中，一些事件与我们的主观概率、个人感受密切相连的时候，你可能会产生一些误区。再次回到美国犹他州普罗沃那位女性连续三次在闰日生下婴儿的事件。实际上美联社的新闻曾经提到，犹他州的这对夫妇在第一个孩子出生在闰日以后，就尝试在下一个闰日生下第二个孩子。所以大家可以想一想，30亿分之一是怎么算出来的？我们假设是绝对独立，没有任何人为地去向着这个方向进行设计，而现实中，他们是有意而为之。

四、大数据时代的数据伦理

在大数据时代，统计学扮演的角色应该是怎样的？我曾多次在统计学的课堂上与同学们讨论这样的问题：在大数据时代，描述统计更重要，还是推断统计更重要？我们在课堂上教的推断统计的重要方法主要是基于经典统计学的，在大数据时代，大家觉得是不是还派得上用场？

实际上，我们所阐述和讲解的各种推断统计方法都是从样本来推断总体。在大数据时代，仿佛无所谓样本和总体的区别了，看上去关于总体的一切信息都可以获取。我们用样本再去推断总体的这些逻辑还有价值吗？

这是一个非常深刻的问题，也许我们应该思索，越是在大数据时代，越要想想《统计学的世界》这样一本经典书籍可以带给我们什么。细想下来，实际上在很多情境中，“大数据”不是各个维度上的完整数据。还有，当我们更重在了解个体特征的时候，用大数据的结果来回答，可能会淹没很多个体的独特特征。大数据为我们提供的不是最终答案，只是参考答案。这里边有很多值得我们去细心思考的问题，越是在大数据时代，越应怀有谦恭之心、铭记人性之本，越要有去探索的勇气和精神，这是非常关键的。那么在此过程中，我们不可避免地仍然要谨记《统计学的世界》从 1979 年开始就一直强调，至今还一直在强调的很多与数据伦理有关的东西。

数据伦理实际上很难用一两句话来完全概括，但是我们在应用统计方法解决现实问题的过程中常常会遇到这样的问题。《统计学的世界》里有这么一句话："生成数据，并用其进行决策，和其他所有的人类行为一样，也会引发伦理问题。"比如，随机对比试验，测试一种新药对病患有没有真正的治疗作用，也许开始先在小白鼠身上做个试验，最简单的随机对照试验设计为让两批小白鼠中的一批吃安慰剂、另外一批真正用药，然后对比它们的反应。实际上在现实生活中经常有可能把它应用在不同的方面，随机对比试验可以解答许多问题，尤其是当我们希望解答因果关系是不是存在的时候，我们也经常使用这样的试验逻辑。在此，就要记住试验对象的利益应该永远高于科学与社会利益，因为生成数据的过程可能会有违反数据伦理的问题产生。

在《统计学的世界》里，作者引用了弗里德里克·莫斯特勒的名言——**"要用统计数据骗人很容易。但如果不用统计数据，骗人就更容易了。"**今年新冠肺炎疫情暴发以来，大家都特别关注疫情相关的数据，既关心我们中国的，也关心世界各国的数据。在 3 月 4 日的时候，美国疾病控制中心（CDC）居然发出了这样一则公告，说从那天开始不再公布相关的感染病例数据，这一点让人非常惊讶，原话是："These numbers would not be representative of national testing.”如果不再进行详细报道，人们看到的就只是每一个州“有”或“没有”（cases yes or no）类型的数据了（见图 1），就把本该是数值型的变量变成了分类变量（Categorical data）。这样一变，我们就很难知道全貌，因为掩盖了非常多的关键信息。《纽约客》杂志在 3 月 9 日的杂志封面上就采用了特朗普的漫画形象，他戴着口罩，但是戴在了眼睛上，因为他可以说“我没看见，我们也没有，可防可控”。实际上，诚如《统计学的世界》里引用的名言，如果连数据都没有的话，骗人就更容易了。

State	Cases
Alaska	no
Alabama	no
Arkansas	no
Arizona	yes
California	yes
Colorado	no
Connecticut	no
Delaware	no
Florida	yes
Georgia	yes
Hawaii	no
Iowa	no
Idaho	no
Illinois	yes
Indiana	no
Kansas	no
Kentucky	no
Louisiana	no
Massachusetts	yes
Maryland	no
Maine	no
Michigan	no
Minnesota	no
Missouri	no
Mississippi	no
Montana	no
North Carolina	no

图 1　CDC 公布的全美各州疫情数据

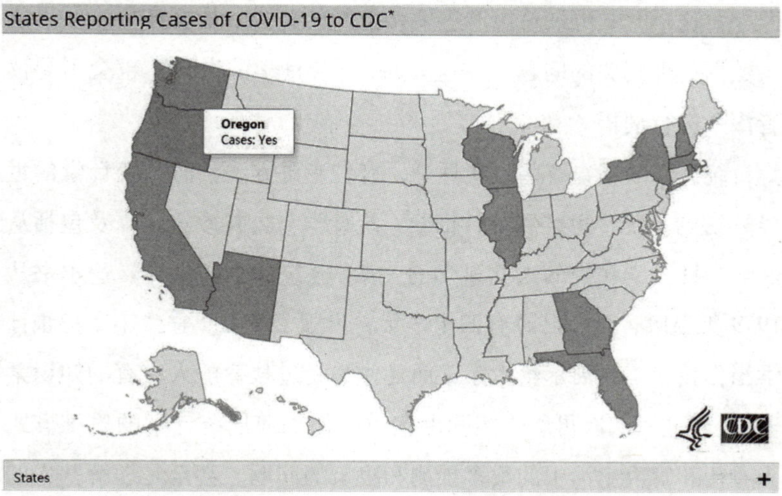

图 2　CDC 公布的全美各州疫情地图

在大数据的时代，大家对统计学应给予更多的重视，因为它不仅教会我们很多的理论、公式和计算的过程，它的很多推理方法和逻辑都会对我们认识整个社会生活和自然界的很多问题有帮助。我们每天都会面临很多由数据所产生的描述的、展示的、推断的陷阱，甚至时时都在其中，也会落入其中而不知不觉。当它和我们的决策相连的时候，还是比较危险的。在整理与综合大量的事实时，最容易扭曲事实，不管呈现事实用的是数字还是文字，发生的概率都差不多。请大家在面对社会生活和自然科学领域的很多问题时，甚至是自己日常生活中的小问题时三思。请仔细思索一下是谁发布的这些数据，他为什么要发布这样的数据？他想把我们引导到哪里去？当然有的时候不一定是一个有意的陷阱，也可能是一些无意的陷阱，那么这样的一些情形到底值不值得原谅？也许我们去看这批数据、去理解这批数据和发布这批数据的人，两者之间有目标的不匹配，这个时候也许就会产生一些推断的陷阱，也会产生一些可能与数据伦理相关的问题。在这方面，《统计学的世界》也会引导读者深入进行剖析。

统计学的书，有些专谈理论，有些专讲方法，而《统计学的世界》讲的是统计思维和统计推断、统计学与公共政策，以及包括从药学到社会学在内的人文科学的关系。《统计学的世界》这本书从1979年出版，至今已经有四十多年，出版了8版。它“不是把统计学当作技术工具展示给大家，而是作为受过教育的人应有的知识素养”。经过一次次再版，实际上它教我们如何用统计学的思维方式来看待和解决生活中的很多预测和决策的问题，甚至是理解基本的概念与理论。

这是一本能给你带来阅读乐趣的书，也是一本能让你更睿智的书。最后，让我们用书中的一段原文来结束这篇导读，同时也开启大家对《统计学的世界》的阅读之旅：

> 这些数据是从哪里来的呢？为什么我们可以相信这些数据，或者不应该相信这些数据？好的数据是人类智慧劳动的成果，坏的数据则源于懒惰或者不求甚解的行为，只能误导他人。当有人向你抛来一个数字时，你应该问的第一个问题就是：它来自何处？

《道德经》导读

《道德经》，春秋时期老子（李耳）的哲学作品，是中国古代先秦诸子分家前的一部著作，是道家哲学思想的重要来源。《道德经》分上下两篇，原文上篇《德经》、下篇《道经》，不分章，后改为《道经》37 章在前，第 38 章之后为《德经》，并分为 81 章。《道德经》文本以哲学意义之“道德”为纲宗，论述修身、治国、用兵、养生之道，而多以政治为旨归，乃所谓“内圣外王”之学，文意深奥，包涵广博，被誉为“万经之王”。

《老子道德经注》，王弼著，楼烈宇校释，中华书局

《道德经》是中国历史上最伟大的名著之一，对传统哲学、科学、政治、宗教等产生了深刻影响。据联合国教科文组织统计，《道德经》是除了《圣经》以外被译成外国文字发布量最多的文化名著。

《道德经》与疫情防治、全球化的反思①

陈成吒②

一、老子《道德经》与百家争鸣

老子和《道德经》，到底是怎样的存在？说来话长，不过简单言之：老子诞生于春秋战国时期，也就是后人所称的“中华文明轴心时代”。当时诸子百家争鸣，如道家的老子、列子、庄子，儒家的孔子、孟子、荀子，法家的申不害、商鞅、韩非子，墨家的墨子，兵家的司马穰苴、孙子，名家的邓析子、惠施、公孙龙，阴阳

---

① 国家社科基金后期资助项目“先秦老学史”（18FZW062）、上海财经大学中央高校基金科研业务费项目阶段性研究成果。2020 年 4 月 23 日，陈成吒老师应邀开展了“《道德经》的未来阐释与‘新子学’——《道德经》导读”讲座。原讲座以两人对谈形式进行，本文以陈成吒老师的发言内容为基础，整理修订而成。

② 上海财经大学人文学院讲师、硕士生导师，主要从事诸子学与国学、先秦两汉文学研究。在《道德经》研究领域，已主持完成国家社科基金后期资助项目、教育部人文社科规划课题、上海市哲学社会科学规划项目共三项，参与完成国家级课题多项，出版专著《经典之旅：从〈老子〉到无尽的〈道德经〉》（广西师范大学出版社 2018 年），在《学术月刊》《诸子学刊》《中州学刊》《江淮论坛》《光明日报（国学版）》《解放日报（文史版）》等核心期刊与重要报纸上发表学术论文四十余篇。主讲“《老子》导读”“国学与当代社会”“国学智慧”等本科生通识课程，以及“国学研究方法论”“道家文化与文学”等研究生课程。

家的邹衍，农家的许行，纵横家的张仪、苏秦、苏代，杂家的吕不韦，各家智者皆著书立说，相互论辩，可谓星光璀璨。

司马迁《史记·老子韩非列传》记载了老子生平以及《道德经》的诞生，其文曰：

> 老子者，楚苦县厉乡曲仁里人也，姓李氏，名耳，字聃，周守藏室之史也。孔子适周，将问礼于老子。老子曰："子所言者，其人与骨皆已朽矣，独其言在耳。且君子得其时则驾，不得其时则蓬累而行。吾闻之，良贾深藏若虚，君子盛德容貌若愚。去子之骄气与多欲，态色与淫志，是皆无益于子之身。吾所以告子，若是而已。"孔子去，谓弟子曰："鸟，吾知其能飞；鱼，吾知其能游；兽，吾知其能走。走者可以为罔，游者可以为纶，飞者可以为矰。至于龙，吾不能知，其乘风云而上天。吾今日见老子，其犹龙邪！"
>
> 老子修道德，其学以自隐无名为务。居周久之，见周之衰，乃遂去。至关，关令尹喜曰："子将隐矣，强为我著书。"于是老子乃著书上下篇，言道德之意五千余言而去，莫知其所终。

老子可谓诸子之宗，他是第一个"准意义"上的"子"，即第一个有私人著述的思想家，《道德经》是存世的第一部私家著述。其人其书及其思想对后世各家诸子都有深刻影响，如道家关尹子、文子、范蠡、列子、告子、杨朱、庄子，儒家孔子、颜回、曾子、子思，墨家墨子，名家邓析子，法家申不害、韩非子，兵家孙武、吴起等，都曾对其思想有所吸收转化。老子与诸子百家是相互成就的关系：老子的诞生及其思想的发展，为诸子百家增加了更多的色彩，也提供了更多的可能性；但同时，有了诸子百家的相互争鸣，才使得其思想能够突破前代，并传承千载，使得思想史意义上的“老子”能够诞生与确立。

老子见解独到、思想玄奥，《道德经》这本书也是比较神奇的一个存在，因为从两千五六百年前诞生到现在为止，历朝历代的思想家、文人墨客、帝王将相等，都曾对它进行过注解诠释，形成了很多独具特色、彼此不一的解读和理解。但同时，并非其全部内容都能让所有人认同，历史上也有不少思想家对其有所批评。根据我个人粗糙的考证，荀子应该是目前所知的历史上第一个点名批评老子的思想家。在他之前，一般比较尊崇老子，即便批评也不指名道姓，但是荀子指出，“万物为道一偏，一物为万物一偏。愚者为一物一偏，而自以为知道，无知也”“老子有见于诎，无见于信”“有诎而无信，则贵贱不分”（《荀子·天论》），开创了对老子点名批评的传统。此后儒家对此多有继承，如后来朱熹告诉他的学生说：《道德经》还是不要看为好，里面阴谋之术太多。除此之外，商鞅、韩非子等法家也对《道德经》有所批评。其实韩非子吸收了老子非常多的思想，也是历史上第一个专门注解《道德经》的思想家。但他在吸收的同时，也有批判，认为从君主治理社会、维护君臣关系的角度看，如果主张君、臣、民都清静无欲，将不利于君主驾驭群臣和百姓，不利于中央集权和社会管制，因此强调君主应该自身深知《道德经》思想，但又要防止臣民阅读和理解它。之所以提及这些，是想告诉大家，虽然老子《道德经》思想玄妙、影响深远，到今天依然有其独特的价值，但历史上也存在许多对它的批评。各种声音都应有所了解，以便更好地认识和理解它。

关于诸子百家争鸣，应该如何理解呢？我们的历史课本上都有一定的讲解。不过前两天我看到邓晓芒与刘小枫的辩论。邓晓芒提出一个令我有些诧异的观点，他说那不叫“百家争鸣”，而是“百家争宠”：诸子百家虽然都在论说各自的思想见解，但同时他们的意图更多都是在求取君王的认同、争夺所谓话语权。他说如果是这样子的话，思想本身就成了权力的某种附属物，不自主、不独立。他认为中国的诸子百家其实在那个时候就已经落下了中国后世文人的某种病根——对权势的依附，没有独立自由思想的自觉。邓晓芒之所以会有这个看法，并在这个时候指出，有特定的社会背景与原因。不过，就中国思想史传统而言，它本身具有一定的特殊性，比如比较强调现实主义，不一定是为学术而学术。而在中国如某个思想家或某种思想立意为现实服务，一旦能够参与和影响政治，其成果的社会影响自然会极大化，因此几乎所有人都关心这个问题。如果抱着同情之理解来看的话，这也就不是所谓的“争宠”的问题了。当然，这里提及此点，是为了说明诸子思想和现实总是紧密联系，老子《道德经》的思想也是一样。要真正理解它，就需要结合历史与现实来看待。通过这种方式对它进行阅读与未来阐释，有助于我们理解经典阐释的创造性及其历史价值与现实意义。这些也将有助于启发我们进行更加独立、自由的思考，唤醒每个人所固有的想象力、批判力与创造力，从而更加具体而深入地了解中华文化精髓，更好地理解祖国与世界，乃至最终实现古今交汇、中西融通。

二、《道德经》与疫情防治

最近大家都比较关心一个问题，即新冠肺炎疫情，它首先暴发于国内，之后发展到国外，现在已变成一个全球性的事件。实际上，这里面涉及两个问题，一个是疫情的防治，另一个是全球化和逆全球化的博弈问题。目前正好处在一个关键时刻，不仅是中国社会经济文化发展的一个节点，甚至也是世界格局发展的十字路口。那么面对这种形势，包括中国在内的世界上的各个国家都在想办法调动自己的智慧，去应对时局、应对变化，希望能找到一个出路，找出一个更好的发展方向。作为传统思想文化的研究者，我们也一直在思考相关问题。结合自己的所学与研究工作，我也经常在想，像《道德经》这样的重要经典，能不能在面对当下形势时给我们提供一些启示与思路？所以学校通识中心邀约我来做讲座时，我就想谈一谈《道德经》在相关方面的价值。接下来，我们就先来讲切题口。

从国内防治疫情的角度来讲，《道德经》能否给我们提供一些启示呢？我认为《道德经》的“治大国若烹小鲜”，即第六十章内容可以给我们提供一些思路。我们先来看一下原文：

> 治大国，若烹小鲜。
> 以道莅天下，其鬼不神。
> 非其鬼不神，其神不伤人。
> 非其神不伤人，圣人亦不伤人。
> 夫两不相伤，故德交归焉。

关于这一章的解读，历史上各家注解有所不同。我这里暂时先提供一种个人解读，供大家参考。

这里说，治理大的国家就像煮小鱼一样。当然，我不知道同学们有没有进过厨房？如果有过煮小鱼的经验，你会发现烧煮河鲜海鲜，尤其是较小的鱼类，你不能经常翻动，否则这些小鱼会碎掉。

《道德经》“治大国若烹小鲜”的意思就是指，如果你要去治理一个大的邦国，就应该采用和保持一种较少搅扰百姓生活、较少干预社会运行的治理方式与状态。

具体怎么操作呢？这么做之后会产生怎样的结果呢？接下来的经文则做了详细的解释：以道的方式来治理天下，鬼怪不会产生作用、不会显灵。“神”就是显灵的意思。然后马上又说，不是鬼怪不会显灵，而是它显灵也不能伤害人。紧接着又指出“圣人亦不伤人”，即不是它的显灵不伤害人，是圣人也不使它伤害人，这是个关键点。最后说“夫两不相伤”，即指鬼怪不伤害人，同时圣人也不伤害人。那么“德交归焉”，和谐的德治就降临到这个地方了。

《道德经》的这段话，从字面上可以简单做以上解释。如果脱离文字的表面意思，它所表达的深层思想是什么呢？我个人是这么看的，它的意思是说，治理大国要采用一种自虚、清静、无为的方式，使社会自然运作、百姓自然化育。这种方式不仅对百姓的治理有作用，对预防所谓的“鬼”也有作用。这“鬼”指的是什么？其实就是指的各种自然灾害。

为什么说清静无为的治理方式对防治自然灾害也有作用？这里有几个关键点。书中说，以道的方式来治理天下，自然灾害不会产生。但马上说不是说自然灾害不会产生，而是它即使产生，也不会对社会产生影响。接着又马上说，不是说它产生之后就不会对社会产生影响，而是什么？是圣人通过一种方法使它对社会不会产生伤害，而且圣人本身也不去伤害社会。只要天灾和人祸两个都不产生，那么这个社会就能够实现和谐。关键点是，为什么圣人可以使天灾或者灾害在发生后，对社会不会产生影响？答案是他以道来治理天下。

关于该方式的具体内容，应该如何解读呢？以道的方式治国，就是指在大位者以自虚、清静、无为的方式治理天下，从而使下面的人能够各司其职。我个人认为是这样，《道德经》在防治灾害方面，比较强调中央与地方关系的协调：一方面中央具有权威，另一方面地方又具有较强的能动性、主动性，即强调基层的自治与自我管理。首先，中央和地方之间较早形成一些权力结构体系，包括明确而完善的法律法规、政策方针等。然后，当灾害开始萌芽的时候，基层的单位与干部能够马上发现相关问题，并及时将其处理掉，以至于使它们对社会生活没有产生实质性的影响。在灾害萌芽、地方发现并处理它的过程中，中央可以关注这件事情，但是要顺势利导，不能过多干预。也就是说，如果法律法规比较完善、规则运行较好、上级和下级沟通顺畅，则在基层发现问题并进行应对处理的过程中，不应受额外因素干扰，使正常的运作能够持续下去，那么这个灾害就能够在它刚萌发的时候就被遏制，最终消散。当然，在该过程中，如果人为的干扰进来，打破了原来的程序，可能会使灾害成形、扩散，产生实质性的影响。

我们也可以用现实的情况做一个参照进行解读。比如，我们国家有防疫法等防治自然灾害的各种法律法规，但目前部分法规也存在一些不足之处。比如在这次疫情暴发之初，有些法律专家就认为在相关方面，地方上的治权不够充分，比较被动，事事都要上报，事事都要上面批准，在一定程度上不利于防治工作的展开。按照老子的想法，中央在这个方面应该给地方足够的赋权，同时在关键时刻，如果地方上乱作为，中央可以具有否决权；当然这项否决权在日常运作中并不轻易动用。

我想老子的“治大国若烹小鲜”智慧背后的中央与地方的这种

权责分明的关系，可以作为我们防治自然灾害的某种参照。这个事情也可从现实层面获得一些验证，比如在疫情发展到一定程度后，中央及时赋权地方，浙江省、上海市、湖北省等相继发布一级响应。这些都是赋权之后的表现，效果比较明显。接下来，相信在疫情过后，在相关观念以及法律法规上，会做进一步的修正与完善。

当然，从现实层面上来讲，中央与地方之间到底应处于何种关系，是否存在一种张力，等等，这些其实也不是中国独有的问题，西方国家也同样面临这些问题。比如，当美国疫情开始暴发时，地方州政府与特朗普白宫政府之间就存在相互推诿、指责的情况，这些也都见诸报端。所以这个问题应该是具有普世性的，到底如何把握、如何平衡？这是一个难题。

刚才我们都将“圣人”理解为政府。“圣人”是不是也可以理解为我们的普罗大众？不论是道家，还是儒家，抑或是佛家，都认为人人可以成为圣人，满大街都可以是圣人。如果将《道德经》此章中的“圣人”理解为普罗大众，相关内容又可以怎么理解呢？

我个人是这么个思路，实际上在自然灾害发生的过程中，它的确首先会产生一些直接的伤害，但由自然灾害导致的次级灾害，其实可能比自然灾害本身更具破坏性。且有些次级灾害来自人们的一些错误观念。大家可能也看到疫情暴发，导致武汉封城，不少湖北省的人民，尤其是武汉的市民在自己家乡或者其他省份生活和工作时，都遭遇了种种歧视与不便，网络上形成了种种撕裂。实际上，这种社会伤害可能会比疫情本身造成的自然伤害还要更巨大、更深重一些，且可能一下子还难以弥补过来。

对照这种情况，以此来理解《道德经》的“圣人亦不伤人”，又可以有哪些启示呢？它提醒我们，普罗大众应该以道的心态来看待社会，看待周围的世界，包括周围的人与物。那么道是什么心态呢？自然是告诫人们不要有太强的分别心，人与人之间都是“民胞物与”的关系。这其实不仅仅是中国的问题，西方社会也是一样的，如现在有的西方国家就指责中国，说中国是病毒的发源地等。虽然这已上升到国家意识形态层面，但原理跟我们的普罗大众的歧视观念是相勾连的。之所以产生这种歧视，是因为大家都具有分别之心，你与我的分割非常明确，常常将他者视作障碍。道家在这个方面比较强调齐物论、物我合一、同理心。简单来说，可以提醒我们普罗大众，每个个体在天灾面前，应明确病毒和病毒携带者之间的联系与区分。你不能因为这个病毒，去歧视和伤害病毒携带者或者治愈者，然后导致人与人之间关系的撕裂。

三、《道德经》与全球化的反思

接下来我们来讲另外一个问题。第二次世界大战后，尤其是冷战结束后，全球化的浪潮汹涌澎湃。但是最近几年，国际形势发生了变化，“逆全球化”已悄然萌芽，且已经形成一股强大的势力。比如，之前英国退出欧盟，然后美国准备要退出 WTO，现在又有中美之间的贸易争端，以及新冠肺炎疫情所带来的国家间相互隔离——有些隔离已经不是单纯为了防疫，而是为将来隔绝经济、文化、科技交流做准备。那么，《道德经》能否给我们一些启示，是否有一些思想可供我们借鉴呢？我首先想到这么一段内容，即《道德经》第六十一章，也正好是刚才一章的下一章，其文为：

大国者下流，天下之交，天下之牝。

牝常以静胜牡，以静为下。

故大国以下小国，则取小国；

小国以下大国，则取大国。

故或下以取，或下而取。

大国不过欲兼畜人，小国不过欲入事人。

夫两者各得其所欲，大者宜为下。

当然，要理解相关内容，首先还是要对全球化、逆全球化格局各自的形成原因做个了解。简单来说，无外乎经济、政治因素的影响，我个人认为经济层面的影响可能占得更多一些。比如说，全球化开启时，主要由欧美国家发动与主导，而现在逆全球化潮流的兴起，也首先来自欧美国家的作为。比较明显的例子是，我们中国的改革开放之所以能够开启，有内部的原因，也有外部的因素。在外部因素方面，可以说是由美国极力促成的。当时美国非常希望中国能够改革开放，打开大门，然后使他们的企业、贸易能够进入中国这个市场，从而使中国进入所谓全球化的系统之中。美国是全球化的有力推动者，然而发展到现在，反而是它自己首先退缩了，要跟中国之间制造贸易壁垒。

其原因在于两者之间的政治体制、制度有所不同，导致在经济生产方式上形成不同的特色。比如，美国比较强调民主、强调福利，民主制度导致其社会福利越来越高，在一定程度上影响到企业主的一些利益，企业支出越高，工人工作的积极性反而降低。我们国家近几十年的文化观念与政策导向比较强调财富积累，久而久之，人们在潜意识里就认同可以牺牲个人权益去追求更多财富，甚至在部分人群中存在金钱至上的观念。个人如此理解，企业也是这种观念。这些就会促成我们经济快速发展。在这个过程中，中美两国之间就会形成一个落差，原本中国只是在劳动密集型企业、轻工业方面占据全球市场份额，但现在重工业、高科技等方面也已经开始形成追赶之势。面对这种变化，美国觉得自己在全球化的过程中受到了损失，于是准备退出该体系与进程。

现在各方有进入一种新的闭关锁国状态的苗头，即彼此相互封锁。有人说，可能导致第二次冷战的发生，这是一个比较悲观的判断。但是很显然，现在的国际形势已经进入一个分水岭，也是之前几十年没有出现过的一个关键时期。那么当《道德经》的智慧遇到这种形势时，是否可以给我们一些启示？我想其六十一章的一些讲法或者理念，可以为我们看清社会现实提供更多的思路。当然，关于该章内涵的解读，也是存在多种说法。我这里先简单地提供一种，供大家参考。

我们首先需要了解，社会上不少人认为老子、道家都比较强调小国寡民、闭关锁国，不太强调所谓“全球化”。如人们在一些场合常常会称引“小国寡民……鸡犬相闻，老死不相往来”等内容，并认为它表达了《道德经》眼中的理想的社会状态与国际关系。但这种理解其实只是一种比较有名的、主流的、影响较大的误读而已。实际上，《道德经》本身比较强调国际交流，倡导国与国之间加强交往。比如在第六十一章中就体现得比较明显。它不仅主张国际交流，且指出在交往过程中，大国和小国或者弱国和强国之间，它们各自所具有的不同角色，以及各自不同的交往心态和原则。

《道德经》第六十一章说，“大国者下流也”，“下流”当然不是指我们通常说的卑鄙无耻，而是指相对溪流而言，它是像大江大河大海一样的存在，后者总是处在这些众多小溪流的下游处。“天下之交”是说百川都要归汇它、向它归流。它就像“天下之牝”，“牝”是指雌性生殖器，这里指代一种阴柔、谦虚、处下的存在。为什么说大国应该是阴柔的存在？它说道理很简单，就像人与人的交往，甚至物与物的交往，常常是阴柔一方以安静无为的方式承载着那些刚强者，因此我们要以安静无为的谦虚的方式处在下位、下流。所以越是大国、越是强国，无论是经济上的强国、文化上的强国，还是科技上的强国，越是要以谦虚的方式与小国来交往，甚至在有些地方要让利于小国，可能眼前有些吃亏，但不必斤斤计较，这样子“则取小国”——就是能取得小国的信服、能聚拢它们的人心。对于小国而言，越是弱小，不论是经济文化，还是科技军事弱小，都更是要谦虚、低调，不能高高在上，动不动就要跟人家喊打喊杀，以谦虚的方式、姿态跟大国交往，大国才会相信你。

所以不论是大国还是小国，都应以谦虚的、让利的方式，取得对方的信任，扩大自己的交往。实际上国与国之间的关系也很简单，大国不过就是想取得更多小国、更多人的认同，而小国也只是希望大国能够接纳、关照它，彼此能够和谐相处。

如果这么来理解这段话，我们会发现目前逆全球化的形成，原因虽然很多，但根本上也在于各方对自身所处位置的理解。一方面，像美国、英国（在欧洲也属于老牌强国），为什么要积极地退出全球化进程呢？我相信就是因为眼前有些利益受到损伤，为了维护眼前之利，于是准备退出，没有大国应有的风范。另一方面，中国是新兴崛起的一个国家，最近几十年发展非常迅猛。前一段时间，甚至网络上出来一种吹捧之说，称世上存在一个“中美国”，就是中国加美国的这种强国。有段时间甚至我们老百姓也是沾沾自喜的，都认为美国衰落、欧洲腐朽，就我们一枝独秀。实际上，中国目前还不是超级强国，甚至也不是典型意义上的强国，本身只是个大国，我们更应该保持一种谦虚、低调的方式，不论是跟美国这样的老牌强国相处，还是跟我们周边东南亚的其他小国相处，不应该采用一种盛气凌人的姿态。但网民盛气凌人之势已有些严重，以至于前一段时间有很多国家的大使馆向我们抗议，说网络上老是宣称它们要回归中国之类。虽然相关造谣者受到了应有的惩戒，但他们所制造出来的言论已经产生了不良的国际影响。

《道德经》说“天下之交”，其实也是在强调天下之间的交往、交流是不可阻挡的。如果针对当下全球化和逆全球化的形势，从这一章出发，老子会认为全球化是不可逆的一件事情，即使这个事物的发展是曲折的，中间会有一些逆全球化的声音乃至阶段，但是从长远来讲，这个大的方向不会改变。

当然，在经过这些逆全球化的洗礼后，未来的全球化可能跟我们之前一段时间的全球化有所不同。之前的全球化是什么？就是产业链分上游、中游、下游，所有国家都被固化在这个产业链之中。但现在以及将来，这种原有的产业链结构会被打破。像美国他们认为自身应该要守住产业链中的高端部分，现在发现相关方面已受到中国等国家的冲击，于是想抽身，想做技术壁垒，以实现对自我优势的保护。但果真这样做的话，就会离群索居、自我封闭，最终导致其文明发展变得缓慢，自受其害。而我们中国现在是在积极推进全球化，但是原有的模式也遭遇一些阻力，比如我们倡导“一带一路”，因为种种问题，在不少国家与地区也遇到一些阻力。那么我们应该转换一些思路，推出一种新的全球化方案与格局。无论如何，全球化这个潮流、这个方向本身是不会停止的。

最后，从这一章里面所读出的全球化，也可以跟当前的疫情防治相联系。不仅经济、文化是全球化的，新冠肺炎疫情也是全球化的。中国在前一段时间采用的是抗击疫情的方式，即隔绝疫情，隔绝病毒跟人的联系。欧美等国因各种原因，皆有意无意地以经济为重，倡导“群体免疫”，目前感染人数非常多。

中国人看到外国感染的人数如此之多，会直观地认为他们管制不力、防治不力。这里面存在一个风险，如果他们真的是有意这么操作，最后会形成群体免疫的结果，即他们的国民全部适应了这个病毒。而我们中国在前期付出那么大的经济代价，抵制了这个病毒，最后反而因此陷入一个非常被动、不利的局面。实现群体免疫的欧美国家可能会相互开放、相互交流，而我们则被迫关上大门，变相地从这个群体中脱离出来，反而成为逆全球化的国家，走向闭关锁国。到那时，我们又必须做出痛苦的抉择，如果不闭关锁国，我们前期的努力就白白地牺牲了。所以这里面有着“福兮祸之所倚，祸兮福之所伏”的感觉。现在中国的情况比较乐观，我们正在抓紧复工复产，西方国家焦头烂额，但形势是瞬息万变的。正如《道德经》第六十一章所说的国际交往中的大国与小国，其角色也是在不断转化之中的。

虽然在国际交往中，强势、弱势会因为一些因素而不断转化，但无论怎么转化，《道德经》第六十一章始终强调持重守弱、谦虚处下、互惠互利，这是不论处在什么位置都适用的基本原则。而谦虚的一个前提是什么？就是要积极地跟人交往，积极地融入世界，缔造一个全球化的格局，而不是退出来。当然这是我的个人见解，现在的状况瞬息万变，我们也只能慢慢地看，专家们有各种推测。

以上就是我们结合《道德经》第六十章、第六十一章经文和当前疫情防治、全球化以及未来世界走向等问题所做的探讨。通过这个探讨，我相信同学们对《道德经》已经有一定的认知与理解，且对它的历史价值与当代意义，有了一些自己的直观体会。当然，我也希望同学们通过对《道德经》的阅读与理解，能进一步锤炼自身的心性、思维，提升自身的修为。

《单向度的人》导读

年轻时候不“马尔库塞”一下，枉了青春一场。从事商经领域的工作，容易过早成熟，各种商业励志读物充斥了中庸世故的“人生哲理”、打扮得很深刻的“小智小慧”，表达的是对金钱和实用的过度致敬，而最缺乏批评性的反思锋芒。这个圈子中这样的人最多：精明而年轻的名利之徒，庸碌的市侩，肤浅的犬儒，“有文化而没有教养，有青春而没有热血，有个性而没有品行”的俗人。如何免俗呢？先读马尔库塞吧。

《单向度的人：发达工业社会意识形态研究》，[美] 赫伯特·马尔库塞著，刘继译，上海译文出版社

《单向度的人》全书除导言外包括“单向度的社会”“单向度的思想”和“进行替代性选择的机会”三部分。作者通过对政治、生活、思想、文化、语言等领域的分析、批判，指出发达工业社会是如何成功地压制了人们内心中的否定性、批判性、超越性的向度，使这个社会成为单向度的社会，而生活于其中的人成了单向度的人，这种人丧失了自由和创造力，不再想象或追求与现实生活不同的另一种生活。

本书对现代资本主义社会做了较为深刻的揭露和探索，但暴露出其社会批判理论的乌托邦性质。本书对研究法兰克福学派和马尔库塞理论的发展，有重要的理论价值。

本书是作者最负盛名的著作，旨在揭示当代发达工业社会的集权主义特征。此书在英国和美国出版后，先后在德国和法国出德文版和法文版，其后又译成多种文字在许多国家出版，被称为西方20世纪60年代末大学造反运动的教科书。

《单向度的人》述要

卜祥记[1]

《单向度的人》是法兰克福学派左翼主要代表人物赫伯特·马尔库塞最负盛名的著作，该著作从政治、生活、文化、思想领域揭示了当代工业社会的集权主义特征。与传统意义上的集权主义不同，当代工业社会的集权主义乃是一种新型的集权主义。它不是通过暴力和恐怖，而是通过技术进步和技术手段，使得当代社会成为一体化的社会；这种一体化的集权主义社会虽然是一个不自由的社会，却是一个舒舒服服的不自由社会，是一个让人安然自得的集权主义社会。因此，它成功地压制了这个社会中的反对派和反对意见，压制了人们内心的否定性、批判性和超越性的向度，从而使这个社会成为单向度的社会，使生活于这个社会的人成了单向度的人。要从这个社会中解放出来，前景是十分暗淡的。只有那些最少受到社会一体化影响也最少分享到社会好处的青年学生、持不同政

---

① 上海财经大学教授（讲席教授），博士生导师，人文学院经济哲学系主任；全国经济哲学研究会副会长，中国马克思主义哲学史学会常务理事。主要从事马克思早期哲学思想、经济哲学和生态哲学研究。面向本科生和研究生主讲“生态哲学”“《1844 年经济学哲学手稿》导读”“马克思哲学及其当代意义”“马克思主义原著导读”和“《资本论》及其当代意义”等课程。

见的知识分子、无业游民、种族受迫害者、失业者等，才可能是打破一体化集权主义工业社会的希望。因此，马尔库塞用本杰明的一句名言结束全书：“只是因为有了那些不抱希望的人，希望才赐予了我们。”（第234页）

“向度”一词，也可以理解为“方面”“维度”；当马尔库塞提出发达工业社会是单向度的社会、发达工业社会的人是单向度的人这一论断后，“单向度”这一概念迅速走红，成为一个批评当代资本主义社会以及反思当代人生活状态的重要概念。

《单向度的人》① 一书由导言和十章内容组成，马尔库塞把十章内容划分为三个部分，即“单向度的社会”“单向度的思想”和“进行替代性选择的机会”。我把全书划分为六个部分：（1）导论；（2）政治领域的一体化与社会变革的遏制；（3）文化与语言领域的一体化与不幸意识的征服；（4）思想领域的一体化与单向度的思想；（5）进行替代性选择的机会；（6）结论。

一、导论：工业社会的一体化与替代性选择的可能性

这一部分实际上涵盖了《单向度的人》这本书的导言和第一章。在原书的导言中，马尔库塞主要是集中表达了发达工业社会乃是一个没有反对派的社会，一个批判被压抑了的社会，一个单向度的社会，一个一体化的社会；而批判理论则是展示一种可能性，一种开启批判意识的可能性，一种寻找历史替代性方案的可能性。第

① 《单向度的人：发达工业社会意识形态研究》，［美］赫伯特·马尔库塞著，刘继译，上海译文出版社2006年版。本讲凡引用该书的内容，将在引文后直接标注页码，不再一一注明版本信息。

一章则着重分析了工业社会的一体化和单向度是如何达成的。对此，马尔库塞指出，它不是像工业社会之前的社会那样，通过暴力和恐怖方式清除不同声音，而是通过一种新的方式，即通过一种新的集权主义方式，通过技术进步和技术协作的方式达成社会及思想的单向度。因此，原书的导言与第一章，实际上都属于导论性质的，旨在说明：工业社会通过一种新的集权主义方式，构造出一个单向度的社会。从第二章到第七章，马尔库塞分别分析了政治领域、文化领域和思想领域的一体化或单向度的具体表现。

（一）导言

导言部分的标题是“批判的停顿：没有反对派的社会”。这一标题一方面集中表达了马尔库塞对发达工业社会为单向度社会的基本指认；另一方面也提纲挈领地表达了他的社会批判理论的根本目的，即如何开启批判的可能性，并为超越发达工业社会提供一种替代性选择。这就是《单向度的人》这本书的理论主旨。

在马尔库塞看来，发达工业社会是一个“非理性”的社会，这种非理性的特征表现在：高度发达的生产率是以牺牲“人的需要和才能的自由发展”为前提的，“和平要由经常的战争威胁来维持”，发展是建立在对其他可能发展道路的压抑基础上的（导言第 2 页）。因此，今天“我们不得不和平地生产毁灭的工具，不得不极度地浪费、不得不接受防卫训练……”（导言第 1 页）。

但是，我们同时也看到了现代社会的另外一面，即“社会的防卫结构使为数越来越多的人生活得更加舒适”，或者说发达工业社会虽然面临着巨大的危险，并且让这种危险永恒化，却日益“变得更加富裕、更加庞大、更加美好”（导言第 1 页）——马尔库塞把它称为“不合理性中的合理性”；而且，发达工业社会对其他可能发展道路的压抑，即对与这个社会主流意识不同的批判意识的压抑，不是采取暴力手段，而是采取技术手段完成的。就像马尔库塞所说的：“我们社会的突出之处是，在压倒一切的效率和日益提高的生活水准这双重的基础上，利用技术而不是恐怖去压服那些离心的社会力量。”（导言第2页）

通过非暴力的技术手段，让人们心甘情愿地服从于这个危险与富裕并存的社会，这就是我们当下面对着并且身处其中的社会状态。马尔库塞把这个社会称为“一体化”的社会，把这种“一体化”既看作“发达工业社会取得成就的结果，又是其取得成就的前提”（导言第4页）。

在这里，“一体化”显然成为马尔库塞诊断发达工业社会的核心概念。当马尔库塞指出“研究这些发展的根源，考察它们的种种历史替代性选择，是当代社会批判理论的目的之一”（导言第2页）时，对于马尔库塞来说，揭示发达工业社会的一体化是何以发生的、如何突破一体化、历史替代性何以可能，就成为《单向度的人》一书的理论主题。

但是，当他对发达工业社会的一体化展开批判，并为历史替代性选择的可能性展开分析时，面临的首要问题是一个价值前提的问题，即依据何种价值判断展开批判与展望。对此，马尔库塞提供了如下两个价值判断：

“1. 人类生活是值得过的，或者可能是和应当是值得过的。这个判断是一切理智努力的基础；它是社会理论的前提，否定它（这是完全合乎逻辑的）就是否定理论本身；

“2. 在一个既定的社会中，存在着种种改善人类生活的特殊可

能性以及实现这些可能性的特殊方式和手段。”（导言第 2 页）

就第二个价值判断而言，马尔库塞强调“制度的改变必须是作为根基的民众的实际需要”（导言第 3 页），亦即把民众的实际需要作为替代当下工业社会的其他社会选择的依据。对此，马尔库塞写道：“社会理论涉及这样的历史替代性选择，这些替代性选择常常作为颠覆性的趋势和力量出没于已确立的社会。当它们由于历史实践而被变成现实的时候，它们的价值就变成了事实。”（导言第 3 页）

然而，我们现在面临的问题却是：由于社会的一体化，民众的实际需要已经被工业社会的需要所压制，因此他们完全丧失了对另一种可能的替代性生活方案的诉求。所以，马尔库塞谈到发达工业社会“使批判面临一种被剥夺基础的状况”（导言第 4 页）。

比如，在 19 世纪，社会批判还是可能的，因为存在着无产阶级和资产阶级的社会结构。但是，尽管在今天依然存在着无产阶级和资产阶级这两个基本阶级，“然而，资本主义的发展已经改变了这两大阶级的结构和功能，使他们不再成为历史变革的动因。维持和改善现制度这个凌驾于一切之上的利益，在当代社会最发达的地区把先前的敌手联合起来了”（导言第 4 页）。

那么，这种批判力量和批判意识的缺乏是否彻底驳倒了“批判理论”？对此，马尔库塞认为：“面对明显矛盾的事实，批判的分析依然坚持认为质变的需要像以前一样迫切。谁需要质变呢？回答还是一样：整个社会，因为它的每一个成员都需要。”（导言第 5 页）在马尔库塞看来，“绝大多数人接受和被迫接受这个社会，并不能减少这个社会的不合理性，使它少受指责”（导言第 5 页）。

因此，《单向度的人》就是在如下两种相互矛盾的假设中——

按照马尔库塞的说法——“摇摆不定”:“(1)对可以预见的未来来说，发达工业社会能够遏制质变;(2)存在着能够打破这种遏制并推翻这一社会的力量和趋势。”(导言第6页)他之所以称之为“摇摆不定”，因为这两个方面或可能都存在着，而他也不能做出明确的回答。

(二)控制的新形式

这是原书第一章的标题，其主要内容也可以看作全书的导言，侧重于从一种新形式的集权主义来分析工业社会的一体化是何以达成的。换言之，如果说发达工业社会是一体化的社会，那么这种社会的一体化乃是通过一种新的控制方式来完成的。这种方式不是恐怖与暴力，而是技术进步和技术手段，是一种非恐怖的经济技术协作，但它本质上同样是集权主义。因此，马尔库塞把一体化社会的形成机制看作一种非恐怖的经济技术协作的集权主义。这就是发达工业社会控制社会的新形式。

那么，从运作基础看，非恐怖的经济技术协作的集权主义是如何运行的呢？马尔库塞主要从三个方面做了分析：第一，在政治上，以“虚假需求”瓦解了真正的自由批判意识；其中，新闻媒介发挥着意识形态的功能。第二，在技术上，对生产技术以及产品的控制瓦解了“异化”意识，构筑着社会同化的虚假意识；其中，技术发挥着意识形态的功能。第三，在思想上，操作主义、行为主义瓦解着理性的超越意识，巩固着当下社会的合理性；其中，思想也是意识形态的。由此出现的就是单向度的社会、单向度的人和单向度的思想。从第二章开始直到第七章，马尔库塞就具体地从政治、生活、文化、思想等领域，来分析它们的单向度状态。

1. 在政治上，以虚假的需要瓦解了真正的自由批判意识；其中，新闻媒介发挥着意识形态的功能

什么是真正意义上的自由？这是马尔库塞在本章一开始就给自己提出的问题。在这里，我们看到了马克思的异化批判和自由理论对马尔库塞的影响。

马尔库塞写道："企业活动的自由一开始就不完全是一件幸事。不是工作的自由就是挨饿的自由，它给绝大多数人带来了艰辛、不安和焦虑。假如个人不再作为一个自由的经济主体被迫在市场上出售他自身，那么，这种自由的消失将是文明的最大成就之一。机械化和标准化的工艺程序可能使个人的精力释放到一个未知的、超越需要的自由领域。人类生存的结构本身就会改变；个人将从劳动世界强加给他的那些异己的需要和异己的可能性中解放出来。这时，个人将会自由地支配他自己的生活。如果生产机构能够组织起来，并致力于满足生命攸关的需要，那么，它的控制还是充分地集中起来为好；这种控制并不妨碍个人的意志自由，反而会使它成为可能。这是发达工业文明有可能达到的目标，也是技术合理化的'目的'。但实际上在发生作用的却是相反的趋势：国家机器把其防务和扩张的经济、政治需要强加在劳动时间和自由时间上，强加在物质文化和精神文化上。"（第 4 页）

在这里，马尔库塞并没有直接告诉我们什么是他所理解的真正的自由，但他告诉了我们真正的自由不是什么。真正的自由不是出卖劳动力的自由，不是作为一个自由的经济主体在市场上自由地出卖他自身。那么，据此而言，所谓真正的自由大概就是他所说的"个人将从劳动世界强加给他的那些异己的需要和异己的可能性中解放出来。这时，个人将会自由地支配他自己的生活"，"使个人的

精力释放到一个未知的、超越需要的自由领域”。为此，马尔库塞从以下四个方面展开了自己的思想。

（1）当人们普遍地把“免于匮乏的自由”作为“一切自由的具体实质”时，随着发达工业社会的发展，自由已经变成了虚假的自由，而作为一种批判性观念的思想言论信仰的自由和政治反对权已经被工业社会取消了，它们日益变成不合时宜的东西。

自由的虚假性在于它只是社会控制下的自由，是垄断价格中的自由竞争、审查制度下的自由出版、商标和圈套之间的自由选择。这样的自由不过是奴隶选择主人的自由，自由选择主人的自由当然不是真正人的自由，它只是奴隶的自由——“自由选择主人并没有使主人和奴隶归于消失”（第9页）。“如果商品和服务设施维护对艰辛和恐惧的生活所进行的社会控制的话，就是说，如果它们维护异化的话，那么，在大量的商品和服务设施中所进行的自由选择就并不意味着自由。何况个人自发地重复所强加的需要并不说明他的意志自由，而只能证明控制的有效性。”（第9页）因此，在马尔库塞看来，“在抑制性总体的统治之下，自由可以成为一个强有力的统治工具”（第8页）。

在这样的环境中，作为批判性观念的真正的自由不仅被取消了，而且变成不合时宜的东西。正如马尔库塞指出的：“当一个社会按照它自己的组织方式，似乎越来越能满足个人的需要时，独立思考、意志自由和政治反对权的基本的批判功能就逐渐被剥夺。这样一个社会可以正当地要求接受它的原则和制度，并把政治上的反对降低为在维持现状的范围中商讨和促进替代性政策的选择。在这方面，由某种极权主义制度还是由某种非极权主义制度来满足需要，似乎是无关紧要的。在生活水准不断提高的条件下，对制度本身采取不顺从态度，看来对社会是毫无助益的；当它给社会带来明显的经济和政治的不利并威胁到整个社会的顺利运转时，就更是如此。”（第3—4页）

（2）我们必须用新的方式来表述传统的自由概念，用否定的字眼来表达自由。自由不再是以现行经济政治文化制度为前提的自由，不再是维护现行经济政治文化制度的自由，而是否定现行方式的自由。

对于这一点，马尔库塞的如下表述是非常清晰的。他写道：“当代工业文明表明，它已经达到了这样一个阶段：‘自由社会’已经不再能够用经济自由、政治自由和思想自由这样一些传统概念来说明。这不是因为这些自由已微不足道，而是因为它们过分重要以致超越了传统模式。因此，需要有符合新的社会能力的新的表述方式。这些新的方式只能用否定的字眼来加以表达，因为它们实际上是对现行方式的否定。经济自由因而意味摆脱经济的自由——摆脱经济力量和经济关系的控制；意味着免于日常的生存斗争、免于谋生的自由。政治自由意味着个人从他们无法有效控制的政治中解放出来。同样，思想自由意味着恢复被宣传工具和思想灌输所同化了的个人思想，意味着把‘社会舆论’连同其制造者一起取消。这些主张之所以听起来不现实，并不表示它们具有乌托邦的性质，而是说明阻碍它们实现的力量相当强大。反对解放的最有效、最持久的斗争形式，是灌输那些使生存斗争的过时形式永恒化的物质需要和精神需要。”（第5—6页）

既然“反对解放的最有效、最持久的斗争形式，是灌输那些使生存斗争的过时形式永恒化的物质需要和精神需要”，那么促进解放的最有效、最持久的斗争形式，就是告诉人们什么是人的真正的物质需要和精神需要，即把“真实的需要”和“虚假的需要”区别开来。

(3) 本质性地划分真实的需要和虚假的需要，用真实的需要代替虚假的需要，抛弃抑制性的满足，唤醒人们对真正自由的意识和诉求。

所谓虚假的需要，就是工业社会从外部强加于个人的需要，使艰辛、痛苦和非正义永恒化的需要，是人们沉浸于其中并阻碍人们认识整个社会病态的需要；不论个人怎样与这些需要相一致并感觉到从中得到满足，都无法改变这种需要的外部强制性——它实际上是工业社会强加于个人的。这样的一种需要实际上不是个人的需要，而是社会的需要，是工业社会的需要，是资本逻辑的需要，是社会统治者的需要；通过把这种需要变成个人的需要，便从根本上取消了个人与社会之间的张力，让人们默默地从属于这个社会，心甘情愿地接受工业社会的奴役。在这个意义上，虚假的需要也就是抑制性需要，是对人的真实需要和反抗意识的抑制。

在马尔库塞看来，“抑制性的社会管理愈是合理、愈是有效、愈是技术性强、愈是全面，受管理的个人用以打破奴隶状态并获得自由的手段与方法就愈是不可想像。的确，把理性强加于整个社会是一种荒谬而又有害的观念，但嘲笑这种观念的社会却把它自己的成员变成全面管理的对象，这样做的正当性是大可怀疑的。一切解放都有赖于对奴役状态的觉悟，而这种觉悟的出现却往往被占主导地位的需要和满足所阻碍，这些需要和满足在很大程度上已成为个人自己的需要和满足。发展的过程往往是用另一种制度取代预定的制度；而最可取的目标则是用真实的需要代替虚假的需要，抛弃抑制性的满足”（第8页）。

但是，究竟什么是真实的需要，马尔库塞在这里并没有给予正面的回答，但它是与工业社会的过度生产和过度消费不同的需要，是与使人麻木的工作不同的需要，是对真正自由的需要。把真实的需要展示出来，也就是唤醒人们对工业社会的抵制与反抗，是追寻与当下工业社会的生活方式和社会制度完全不同的另一种可能性的生活方式和社会制度。

（4）但是，在唤醒人们的真实需要的过程中，我们面临着新闻媒介的阻碍性影响。新闻媒介不仅是灌输虚假需要的巨大力量，也是阻碍人们意识到真实需要的力量。在这个意义上，新闻媒介发挥着意识形态的功能，通过灌输虚假需要和阶级差别的平等化，成为工业社会的意识形态和工业社会的帮凶。

“如果工人和他的老板享受同样的电视节目并漫游同样的游乐胜地，如果打字员打扮得同她雇主的女儿一样漂亮，如果黑人也拥有凯迪拉克牌高级轿车，如果他们阅读同样的报纸，这种相似并不表明阶级的消失，而是表明现存制度下的各种人在多大程度上分享着用以维持这种制度的需要和满足。诚然，在当代社会最高度发达的地区，把社会需要移植成个人的需要是如此地有效，以致它们之间的差别似乎纯粹是理论上的事情。”（第9页）

2. 在技术上，对生产技术以及产品的控制，瓦解了“异化”意识，构筑着社会同化的虚假意识；其中，技术发挥着意识形态的功能

在谈到异化意识的瓦解时，马尔库塞提出了“潜化”这个概念。所谓潜化，就是自我把“外部的”移植为“内部的”那一整套相对自动的过程。因此，就潜化而言，它本身意味着存在着一种区别于甚至敌对于外部要求的内心向度，即能把公众舆论和行为撇

在一边的个人意识和无意识。“内心自由”的观念在这里有它的现实性，它指的是人们可以借以变成和保存“他自己”的私人空间。今天，这一私人空间已被技术现实所侵占和削弱，个人同他的社会、进而同整个社会达到直接的一致化。（第 10—11 页）

这个与外部要求不同的私人空间和内心向度，本来是理性批判力量和否定性意识的家园，是人们的异化意识，是对工业社会现实乃是一种异化状态的意识。但是，由于“潜化”机制的作用，由于自我把外部的工业社会的现实移植到内部，人们对于外部现实的抵抗意识和反对意识消失了。在这个过程中，生产技术和技术产品发挥着重要作用。

这种作用就在于生产技术和技术产品不只是单纯的技术产品，实质上乃是一种特定的或者说工业社会的制度与生活方式；当我们享用这些技术产品时，便不知不觉地接受了特定的制度和生活方式，从而与工业社会的制度和生活方式一体化，并因此而失去了批判性的内心向度，成为单向度的人。

对此，马尔库塞写道：“生产机构及其所生产的商品和服务设施‘出售’或强加给人们的是整个社会制度。公共运输和通讯工具，衣、食、住的各种商品，令人着迷的新闻娱乐产品，这一切带来的都是固定的态度和习惯，以及使消费者比较愉快地与生产者、进而与社会整体相联结的思想和情绪上的反应。在这一过程中，产品起着思想灌输和操纵的作用；它们引起一种虚假的难以看出其为谬误的意识。然而，由于更多的社会阶级中的更多的个人能够得到这些给人以好处的产品，因而它们所进行的思想灌输便不再是宣传，而变成了一种生活方式。这是一种好的生活方式，一种比以前好得多的生活方式；但作为一种好的生活方式，它阻碍着质的变化。由此

便出现了一种单向度的思想和行为模式。”（第 12 页）

正是在这个意义上，马尔库塞认为，技术发挥着意识形态的功能。

3. 在思想上，操作主义、行为主义瓦解着理性的超越意识，巩固着当下社会的合理性；其中，思想也是意识形态的

马尔库塞在这里所说的操作主义和行为主义，指的乃是物理学中的操作主义和社会科学中的行为主义。它们的共同特征是经验主义，即任何一个概念的含义也就是一套相应的操作；同样也意味着实证主义，意味着哲学、心理学和社会学丧失了对工业社会的本质性的批判性，而沦落为工业社会的理论帮凶。

概念就是一套相应的操作。“P.W.布里奇曼关于长度概念的分析是对操作主义观点的很好的说明：如果我们能够说明任一物体的长度，那么，我们显然知道我们所谓的长度是什么意思，对物理学家而言，没有必要作更多的解释。要确定一个东西的长度，我们必须进行某种物理操作。当测量长度的操作完成后，长度的概念也就确定了，就是说，长度的概念正好意味着，也仅仅意味着确定长度的一整套操作。总之，我们所说的任何概念其意思就是一整套操作；概念等同于一套相应的操作。”（第 13 页）

凡是不能用操作来说明的概念都是应该放弃的。布里奇曼已经看到这一思想方法对整个社会的广泛影响：采用操作主义观点的意义远不止于对“概念”意义的理解，而是意味着我们整个思想习惯的深刻变化，意味着我们不再容许在思想观念里把我们不能用操作来充分说明的东西当作工具来使用。

哲学等学科日益走向实证主义。布里奇曼的预言已经成为事实。这种新的思想方式在今天是哲学、心理学、社会学及其他领域

里占统治地位的趋势。许多最令人困惑的概念由于不能用操作或行为给予充分说明而正在被“排除”。这就是实证主义所起的作用，它否定理性的超越因素，因而是社会所需要的行为在学术上的对应物。

思想正日益变成与现行制度相协调的东西。在学术范围之外，“我们所有的思想习惯中的深刻变化”就更为严重。这些变化有助于使思想和目标同现行制度的要求相协调，有助于把它们包容于制度之内，有助于拒斥那些与制度格格不入的东西。

即使存在着对现状的批评与否定，它也是无关紧要的。这些抗议和越轨的方式不再同现状相矛盾，不再是否定的。毋宁说，它们是实际的行为主义的组成部分，是对现状无害的否定，因而它们作为健康的养料而为现状迅速消化。（第 13—14 页）

二、政治领域的一体化与社会变革的遏制

工业社会作为一个极权主义的一体化社会，从政治领域看，主要表现为政治对立面的一体化。它主要表现在不同的政治派别和政党的立场在趋同，以前作为反对党的社会民主党、共产党等放弃了暴力革命的主张，一度作为社会革命力量的无产阶级随着自动化和半自动化技术的发展、蓝领工人的白领化和非生产工人的增加，逐渐丧失了革命性，并日益与往日的敌手联合起来。资本主义福利国家的形成是对社会变革的遏制。在这样的背景下，就技术合理性政治所提供的遏制变化的前景看，它能否继续遏制社会革命，取决于福利国家的前景。

（一）政治领域的一体化

对于政治领域的一体化，马尔库塞首先在总体上描述了经济活动、阶级阶层结构、公共生活与私人生活等的一体化，然后引入政治领域的一体化。马尔库塞指出："总体动员的社会形成于工业文明最发达的地区，它把福利国家和战争国家的特征有效地结合在生产联盟中。与它的各个先行者相比，它的确是一个'新社会'。在这个社会里，传统的麻烦之点不是正被清除，就是正被隔离，引起动乱的因素也得到控制。下面这些主要的趋势都是人所熟知的：在作为促进、支持，有时甚至是控制性的力量的政府干预下，国民经济按照大公司的需要进行集中；这种经济与军事联盟、货币整顿、技术援助和发展规划的世界性体系相协调；蓝领工人和白领工人、企业中的领导和劳工、不同社会阶层的闲暇活动及愿望逐渐同化；学业成绩与国家培养目标之间的预定和谐得到促进；公众舆论的共同性侵入私人事务；私人卧室成为大众传播媒介的渲染对象。"（第19页）然后，马尔库塞描述了政治领域的一体化。

1. 资产阶级政党主张与政策的趋同

对此，马尔库塞谈道："在政治领域内，这种趋势通过对立派别明显的一致或趋同而清楚地显现出来。在国际共产主义的威胁下，外交政策上的两党合作跨越了竞争性的集团利益；两党合作也扩展到国内政策方面，各大党的政纲变得越来越难以分别，甚至在其伪善程度和陈腐气味方面也是如此。"（第19页）

2. 企业与劳工组织的沟通和联盟

所谓企业与劳工组织的沟通和联盟，主要是就工会越来越站在企业的立场上，以至于与企业日益成为一个利益共同体而言的。对此，马尔库塞举例说：今天的工会和公司都参与了院外游说活动，以争取武器合同。在这种情况下，“工会就没法去说服导弹生产工们相信他们为之工作的公司是一帮工贼把持的团体”，以至于工会本身变成了一个类似于企业的组织。（第 20 页）

3. 共产党与敌对党的立场与主张逐渐趋同

马尔库塞谈到，英国工党、德国社会民主党、法国共产党和意大利共产党等，都陆续放弃了马克思主义的以革命夺取政权和国有化的纲领，诉诸单纯的议会斗争游戏”。

4. 工人不再有否定性的意识

机械化过程中的自动化和半自动化不仅降低了劳动的强度，而且混淆了生产性和非生产性工作的界限，从而使劳动者不仅丧失了否定性的意识，而且把工作作为一种享受。

马尔库塞分析道：“先前那些资本主义阶段的无产者的确是在劳役重压下的牲畜，当他生活于肮脏和贫困中时，他只得依靠身体的劳动来获取生活的必需品和奢侈品。因而他是对他那社会的活的否定。”（第 25 页）但是，在技术社会发达的地区，随着自动化和半自动化技术的提高，工人已经被纳入“由受到管理的人们所组成的技术共同体之中”，成为一体化的共同体的一个原子，因而不再有否定性的或者反抗的意识。（第 25—26 页）

因此，马尔库塞认为：今天的工人不再是传统意义上的工人，他们与打字员、银行出纳员、繁忙的推销员、电视播音员不再有明确的界限。（第 25 页）

马尔库塞甚至借用萨特的观点，谈到机械化对人的奴役不仅支配了人的身体，也支配了人的灵魂与大脑，以至于工作对人来说成为一种享受：“在采用半自动化机器不久，研究表明：女技工在劳动时禁不住陷入有关性生活的梦境。她回忆起卧室、床第、黑夜以及有关跟她独处的那个人的一切。但是，她梦中拥抱的却是她手中的机器……”（第 26 页）。

5. 机械化和自动化取消了职业的界限

以前劳动者的职业是由他所从事的工作所决定的。但是，由于机械化和自动化的发展，劳动者的职业变得越来越不清晰，蓝领工人正在向白领工人转化，非生产性工人数量不断增加，因而他的阶级地位也越来越不清晰，甚至对马克思的资本有机构成和剩余价值理论也提出了挑战。

“按照马克思的观点，机器决不创造剩余价值，而只是把它自身的价值转移到产品中，剩余价值依然是剥削活劳动的结果。机器是人的劳动能力的具体体现。通过它，以往的劳动（死劳动）保存了自身并决定着活劳动。现在，自动化似乎从根本上改变着死劳动和活劳动的关系；它造成了生产率‘为众多的机器而不是为个别产量’所决定的趋势。”（第 28 页）

6. 劳动特点和生产工具的变化改变了劳动者的态度和意识

“在工作中，形成机械共同体的技术组织，同样地也使工人与工厂形成更为紧密的依存关系。人们注意到工人方面‘渴望参与生产问题的决定’，‘渴望在技术性的或适合于用技术来解决的生产问题上积极发挥他们的才智’。在一些技术最发达的企业中，工人们甚至夸耀他们在企业中得到的既定利益——这是人们经常注意到的工人参与资本主义企业的一个结果。”（第 29—30 页）

马尔库塞举了法国昂贝斯的美式加德士炼油厂工人们与企业密切关联的一个例子，进一步说明劳动者态度与意识的新变化：“职业的、社会的及物质的联系：他们在厂里获得的技巧，他们习惯于某些固定在那里的生产关系；仅仅因为他们属于这一公司，那些在突然死亡、严重疾病、丧失工作能力、年老体衰的情况下他们可以指望的五花八门的社会福利，使他们在丧失生产能力的时期生活得到保障。因而生活与加德士石油公司有密不可分的关系的观念，使他们怀着出人意料的关切和见解去考虑公司的财务管理。'企业委员会'的各个代表，怀着与谨慎的股东同样的关切心理，来检查和讨论公司的各项事宜。当出于新投资的需要，工会同意暂缓兑现他们的工资要求时，加德士公司的董事会自然会高兴得手舞足蹈。"（第30页）

7. 新的技术工作世界因而强行削弱了工人阶级的否定地位：工人阶级似乎不再与已确立的社会相矛盾。这一点由资本家的统治转化为企业家的管理而得到进一步的强化（第31页）

尽管如此，马尔库塞依然看到了非常重要的一点，那就是资本家与工人阶级的对抗实际上依然存在。（第31—32页）。据此，马尔库塞给自己提出了一个问题，不断提高的生产率同压制之间的链环有被打破的可能性吗？（第33页）为此，他分析了"遏制的前景"。

（二）遏制的前景

对于这种前景，马尔库塞是从四个方面展开分析的。

1. 继续遏制无产阶级革命意识的可能性

在马尔库塞看来，这种可能性是存在的。资本主义将继续有能力为越来越多的人维持甚至提高生活水准，这种能力的如下物质基础仍将继续存在：（1）日益提高的劳动生产率（技术进步）；（2）下层人口出生率的上升；（3）永久性的国防经济；（4）资本主义国家经济—政治一体化，及其与不发达地区关系的建立。（第33—34

页）同时他也谈到:“无论是部分国有化，还是劳工进一步参与经营和分红，都不能改变这一统治制度——只要劳工本身仍是支持者和肯定性力量。”（第 34 页）

马尔库塞也谈到了另一种可能性，自动化技术的发展也造成了一种离心趋势。“这里也存在来自内部和外部的离心趋势。其中之一是技术进步自身即自动化所固有的。我曾经提出，不断扩大的自动化并不等同于机械化的量的增长，它是基本生产力性质的一种变化。达到技术可能性极限的自动化，同以对生产过程中人的劳动力的私人剥削为基础的社会看起来是不相容的。在实现自动化之前将近一个世纪的时候，马克思就展望了它的爆炸性前景。”（第 34 页）

所谓自动化，是基本生产力性质的一种变化，就是在自动化生产中，“劳动力从个人中分离出来，变成为一个独立的生产客体，并进而变成为一个主体”。它的后果是什么？它隔断了劳动者与机器的关联，使得个人可以打开自由的时间向度，开辟出私人生活和社会生活的领域，这是朝向新文明的历史性跨越；同时，自动化也会造成劳动者的失业，因而必然会引起劳动者反对自动化，反对技术进步。“但这样一来，也就是反对对资本的更有效的利用；阻挠进一步提高劳动生产率的努力。换言之，继续阻止自动化进程会削弱资本在国内和国际的竞争地位，引起长时期的萧条，重新导致阶级利益的冲突。”（第 36 页）

正是在这个意义上，马尔库塞认为“自动化看起来的确是发达工业社会的巨大催化剂。在质变的物质基础中，它是一种爆炸性或非爆炸性的催化剂，是从量变转化为质变的技术手段”（第 35 页）。

2. 在一定时期和一定程度内，资本主义国家可以巧妙地遏制这种离心趋势

遏制这种离心趋势的现行手段就是福利国家政策。“对各种离心趋势进行巧妙遏制的前景，首先取决于既得利益集团按照福利国家的需求调整自身及其经济的能力。政府在国家和国际范围内的开支、指导和计划的大幅度增加，对外援助项目的扩大，全面的社会安全，大规模的市政工程，甚或部分国有化，都属于福利国家的要求。我相信，统治集团将逐步踌躇地接受这些要求，并把巩固其特权的希望寄托在一种更为有效的力量上。”（第 37 页）

这样一来，资本主义国家遏制反抗意识的前景也就取决于福利国家的前景（第 45—46 页）。

3. 福利国家的前景

但是，福利国家实际上也是有问题的。马尔库塞并没有具体讨论福利国家政策层面上的问题，而是站在人的自由发展的高度看待这些问题，即“福利国家仍是一个不自由的国家，因为它的全面管理有条不紊地限制了：（a）‘从技术方面看’可以获得的自由时间；（b）‘从技术方面看’可用于满足个人根本需要的商品、服务设施的数量和质量；（c）能够理解和实现各种自我决定的可能性的才智（有意识的和无意识的）”（第 46 页）。

4. 两种社会制度将长期共存

在马尔库塞看来，福利国家“介乎于有组织的资本主义和社会主义、奴役和自由、极权主义和幸福之间的历史畸形。它既为技术进步的普遍趋势所充分预示，又受到爆炸性力量的一定威胁”（第 49 页）。它的福利政策既有其社会合理性，又存在着根本性的问题，因而“它仍旧面临不断增长着的平息生存斗争的潜力同加剧生

存斗争的需要之间的冲突；面临逐渐‘废除劳动’同对把劳动作为利润来源而加以维护的需要之间的冲突。这种冲突使形成人类社会金字塔的基础的那些人的非人生活永恒化，那些人包括局外人和穷人、失业者和无力就业者、受迫害的有色人种、犯人和精神病号”（第 50 页）。

社会主义国家——马尔库塞所分析的社会主义主要是苏联的社会主义——同样是既有其存在的合理性，也存在根本性的问题；它既实现了全面的福利性政策，又具有极权主义的病征。而且，“在当代共产主义社会，外部敌人、落后状态和恐怖传统，都是使‘赶上和超过’资本主义成就的种种压制性特征永恒化的因素。手段对目的的优先权（一种仅当实现了和平才可能打破的优先权）因而更加巩固”（第 50 页）。

换言之，两种社会制度将长期并存；同样，一种新的历史性替代方案也将始终存在。

正如马尔库塞所分析的：“当代世界惟一两种‘独立自主的’社会制度生命攸关的相互依赖表明，进步和政治之间、人和其主人之间的冲突已经变为全面冲突。当资本主义对付共产主义的挑战的时候，它发现了自己的能力：在使以利润为目标的、阻止生产力发展的私人利益居于次要地位之后，所有的生产力可以得到惊人的发展。当共产主义对付资本主义挑战的时候，它也发现了自己的能力：惊人的舒适、自由以及生活负担的减轻。这两种制度都具有那些被扭曲得面目全非的能力，而且在这两种制度下，理由归根结底是同样的：为反对一种生活方式而斗争，这种生活方式将瓦解统治的基础。”（第 51 页）

三、文化与语言领域的一体化与不幸意识的征服

我们把原书的第三章“不幸意识的征服：压抑性的俗化趋势”和第四章“话语领域的封闭”合并为一个整体。在这个部分中，马尔库塞从文化和语言两个方面描述了工业社会的一体化。在对文学领域的某些重要观念、重要形象及其命运的分析中，马尔库塞揭示了技术合理性的进步正在逐步清除“高层文化”中的对立因素和超越性因素，因而使得原来充满不幸意识和反抗意识的双向度的文化，日益屈从于当代工业社会中的庸俗文化，并因而演变成与当下工业社会的现实相一致的文化，推进了工业社会的一体化。在对语言或话语的分析中，马尔库塞揭示了古典的开放性语言或辩证语言向功能性语言或操作性语言的转化，它采取操作主义的手段，把语言等同于由语言本身所直接表达的一系列操作，把语言等同于它直接表达出来的功能，从而消除了语言本身所包含的矛盾、冲突与对抗，以达到遏制反抗意识的社会目的。在这里发生的乃是被全面管理的语言，即单向度的语言。

（一）文化领域的一体化与不幸意识的征服

文化领域的一体化与文化的俗化是同时发生的，它意味着传统高层文化的双向度消失了，而变成了单向度的文化，即变成了与工业社会的现实相符合的文化，成为工业社会所需要的文化。

1. 何谓高层文化以及高层文化的双向度

高层文化，在功能和年代顺序上，是一种“前技术文化”、一种封建文化、一种享有特权的少数人才能享受乐趣的文化，同时，

它还是对即将到来的工业社会或商业社会持反对态度的文化。（第54页）

所谓高层文化的双向度，乃是指高层文化既是现实的文化，又“是与社会现实相矛盾”的文化；它常常通过对艺术家、娼妓、姘妇、主犯、大流氓、斗士、反叛诗人、恶棍和小丑等文学形象的描述揭示社会内部的矛盾，并据此展示另一种生活的可能性，开启超越当下社会不合理性的另一种社会前景。因此，这种意义上的高层文化既是对当下社会的反映，又充满着对社会不合理性的洞察，因而它是与社会现实相对立的、异己的和超越性的文化。（第54页）

但是，随着发达工业社会的到来，“高层文化失去合法性”（第54页）。“今天的新奇之处是通过消除高层文化中对立的、异己的和超越性的因素——它们借助高层文化而构成现实的另一种向度——来消除文化和社会现实之间的对立。清除双向度文化的办法，不是否定和拒斥各种‘文化价值’，而是把它们全部纳入已确立的秩序，并大规模地复制和显示它们。事实上，它们也是作为社会团结的工具而起作用的。”（第53页）在这里出现的就是文化领域的一体化与不幸意识的征服。

2. 技术时代的文学形象不再具有否定性

如果把传统的高层文化看作一种前技术时代的文化，那么今天的文化即发达工业社会时代的文化则是一种技术时代的文化。这种文化的一体化首先表现在它虽然也描述了在高层文化中出现的同样的人物，但这些人物不再具有否定性。

“诚然，这些角色在发达工业社会的文学中并没有消失，但他们必须从根本上改头换面之后才幸存下来。因而，荡妇、民族英雄、垮掉的一代、神经质的家庭妇女、歹徒、明星、超凡的实业界巨头，都起着一种与其文化前身不同，甚至相反的作用。他们不再想像另一种生活方式，而是想像同一生活方式的不同类型或畸形，他们是对已确立制度的肯定而不是否定。”（第55页）

3. 艺术的异化本质以及浪漫主义屈从于工业社会的技术合理性

文学艺术的本质乃是异化（第57页），是对已确定的社会秩序的批判与否定，是对未来理想社会的憧憬与向往，因而艺术总是浪漫主义的。“艺术只有作为否定力量才能拥有这种魔力。只有当形象是拒绝和驳斥已确立秩序的活生生的力量时，它才能讲述自己的语言。”（第57页）“艺术异化的传统形象在美学上与发展着的社会格格不入，就此而言，他们的确是浪漫主义的。他们与社会格格不入是其拥有真理的标志。他们在记忆中重新唤起并加以维护的东西属于未来：将摧毁那个压制它的社会的令人满意的形象。20、30年代那些伟大的超现实的艺术和文学，在其颠覆和解放作用中，还再现过这些形象。”（第56页）

但是，随着工业社会的到来，文学艺术的异化本质、浪漫主义风格及其对社会的否定性、批判性精神正在消失，取而代之的则是文化领域的新型极权主义——它之所以作为新型极权主义，就在于它不是封建主义意义上的极权主义，而是在表面上的调和性的多元主义中实质性地推行极权主义，祛除文学艺术的否定性向度，倡导并推行单向度的文学艺术。（第57页）

4. 作为艺术异化本质之表现的悲剧在艺术形象和艺术要旨上也失去了合法性

悲剧的历史实质乃是理想与现实的冲突，也是艺术异化的本质所在，它表达了人类生活的双向度，而且这个向度是不可消除的。

但是，工业时代的文化却正是要从根基上消除理想的维度，消除对未来理想生活的向往，仅仅保留下当下的现实性，使人的生活变成单向度的生活，并使人沉沦于当下现实的生活。工业时代的文化不需要传统的悲剧。

马尔库塞举了福楼拜《包法利夫人》的例子。“她的故事是‘悲剧性的’，因为故事发生于其中的社会是一个落后的社会，它具有尚未解放的性道德和尚未制度化的心理学体系。那时还有待出现的社会现在已经通过压制的方式而‘解决’了她的问题。诚然，要说包法利夫人的悲剧或罗密欧与朱丽叶的悲剧在现代民主中已得到解决，那是荒唐可笑的；但要否认这一悲剧的历史实质也是荒唐可笑的。不断发展的技术现实不仅暗中破坏了艺术异化的形式，而且也破坏了它的基础；这就是说，不断发展的技术现实不仅使某些艺术‘风格’失去其合法性，而且还使艺术的要旨失去其合法性。”（第58页）

5. 艺术异化本质的升华正在变成“俗化”

艺术异化的本质还表现在艺术的升华中。艺术的异化本质就是升华，它把为社会秩序与规则所不能容忍的冲动与反叛经过艺术的创造，变成对理想生活的诉求，变成可以容忍甚至富有启发性的形象。比如，力比多的冲动向“爱欲”的升华，本身就是艺术的产生。但是，力比多向“爱欲”的升华必然会导致对工业社会的超越与反叛。因此一方面力比多向“爱欲”的升华受到社会的压抑，另一方面则是“爱欲”向性满足方向的退化。它典型地反映了艺术的俗化趋势。

马尔库塞举例说明了这个问题：“举例来说，我们可以比较一下在草地上做爱与在汽车里做爱、恋人们在郊外漫步和在曼哈顿大街漫步的不同。在前者的情况下，环境分担并引起性亢奋，而且势必被赋予爱欲特征。这样，力比多便越出直接的性感应区，这是一个不受压抑的升华过程。与此相对，机械化的环境却阻止力比多自我超越。由于在扩大满足爱欲的领域方面受到强制，力比多超越狭隘性行为的能力和'多样性'变得愈来愈少，而狭隘的性行为则得到加强。"（第 68 页）

由此出现的就是当代文学对俗化的性欲的描写："这些作品中的性欲描写更加生动，更加富有挑逗性，更加放荡不羁。它是它那个社会的重要组成部分，因而不再具有否定性。所发生的只是狂放和淫秽的、讲究生殖力和趣味性的乌七八糟的事情。但正因为如此，它是完全无害的。过去，高尚的形式（指故事的叙述风格和语言）曾是跟现实格格不入的那些梦想的标志。今天，由于解除了这种形式，性欲成了关于压抑的畅销书的一种工具。人们要想用巴尔扎克描写妓女埃斯黛尔的笔调来描写任何当代文学中的性感女人已经是不再可能的了；埃斯黛尔所不断萌发的不过是温情而已。这个社会把它所接触到的每一样事物都转变成进步与开发、苦役与满足、自由与压迫的潜在来源。性欲也未能幸免。"（第 72 页）

马尔库塞进一步总结："正如这个社会在政治和高层文化领域内势必会减少、甚至消除对立面（本质上不同的对立面！）一样，在本能领域内也是如此。结果便是思维器官在把握矛盾和相反可能性方面发生退化，同时，在单向度的技术合理性中幸福意识逐渐占据压倒一切的优势。这一结果反映了如下信念：现实的就是合理的，已确立的度不管如何终会不负人们所望。"（第 73 页）

（二）语言领域的一体化与话语领域的封闭

工业社会的一体化不仅表现在文化领域的一体化与不幸意识的

被征服，也表现在语言领域，即表现在包含双向度的古典语言向操作主义功能性语言的转化。就古典语言看，它内在地包含着一种矛盾与张力，表达的是对象中的矛盾关系。比如，当我们谈到“工资”“无产阶级”等概念时，它们所要表达的乃是一种矛盾状态。所谓工资，乃是对一个人特定谋生方式的表达，他通过出卖自己的劳动力换取生活资料。因此，在这个概念中出现的不只是工人，同时还是工人与资本家之间的矛盾关系。但是，对于工业社会的统治者而言，它所要竭力压抑的恰恰是这种矛盾关系以及在这种矛盾关系中存在的工人的反抗意识。为此，就要把这种包含矛盾与张力的语言变成一种功能性的语言，“语言的功能化有助于从言语的结构和活动方面来击败非顺从要素”（第 80 页）。

1. 功能性语言或操作主义语言

所谓语言的功能化，抽象地来看，就是把语言变成一套相应的操作——“使概念的意义等同于相应的一组操作”，即“把事物的名称视为同时是对它们的作用方式的表示，把属性和过程的名称视为被用于察觉或产生它们的那些仪器的象征”。它导致的结果就是“使事物与其功能相等同”（第 80 页）。具体说来，语言的功能化就是通过省略句法、人格化、连字号、缩略语等方式，清除掉概念中本来包含的对立性因素，把矛盾性语言变成和谐的或者调和性的语言，从而抑制人们有可能从这个语言中领会到的反抗意识和批判精神。

马尔库塞把操作主义的功能化语言看作一种封闭式的语言、一种极权主义的语言、一种使对立面得到调和的语言。马尔库塞指出：“结果便是为人熟知的奥威尔式语言（‘和平是战争’‘战争是和平’等)，它决不只是令人恐怖的极权主义语言。如果矛盾在句子中不是被澄清，而是被封闭在名词之中，那么含有这种矛盾的语言就无异于奥威尔式语言。把一个为保卫和发展资本主义的政党称为‘社会主义的’，把一个专制政府称为‘民主的’，把一种被操纵的选举称为‘自由的’，这些例子都具有早在奥威尔之前就已为人熟知的那种语言学和政治学特征。今天的新颖之处在于，公众和私人舆论一方面普遍接受这些谎言，另一方面又压制其中的异己因素。这种语言的传播和影响是社会对自身各种矛盾取得的胜利的证明；它们在不危害社会制度的前提下不断地被再生产出来。”（第82页）我们只举两个例子来说明语言的封闭性。

(1) 具有虚假亲昵色彩的人格化语言。

“在发达交流形式中发挥重要作用的人格化语言，也建立起相同的亲昵感。例如，它是‘您’的国会议员，‘您’的公路，‘您’喜爱的杂货铺，‘您’的报纸；又如，它是‘为您’而生产的，它邀请‘您’，等等。通过这种方式，强加于人的、标准化的、普通的事物和作用被描绘成‘专门为您的’。无论人们相信它与否都无关紧要。它的成功表明：它促进了个人对自己和他人所起的作用的自我认同。”（第85页）

在这种省略句法中，一切危害性的因素消失不见了。

(2) 采用连字号的省略用法把不同性质的术语硬性结成一个牢固的整体，以掩盖暴力与危害。

“譬如……‘氢弹（H-bomb）之父’，‘雄壮的（bull-shouldered）导弹发射手冯·布朗’，‘军事科学（science-military）宴会’，‘载有弹道导弹的核动力潜艇’（nuclear-powered, ballistic-missile-firing submarine）。上述句子结构，在把技术、政治和军事结合为一体的词组中出现得特别频繁，这或许不是偶然的。指谓完全不同范围和性质的术语被硬行结成一个牢固的、坚实的整体。

“其效果也是魔术般的、令人昏昏欲睡的，这是传播不可抗拒的矛盾的统一和一致性的那些形象的产物。因此，受人爱戴和敬畏的父亲、耗费生命的人，为毁灭生命而生产了氢弹；……此外，还有一些不用连字号的词组也具有同样的效果，如‘冷战专家自由协会’，‘干净的炸弹’，并把这一切归因于道德完善和身体完善的破灭。……这种组合艺术往往非常雅致——如‘雄壮的导弹发射手’——或者表达一种威胁，或者表达一种鼓舞人心的原动力。但其效果都没有什么区别。这种令人惊叹的结构把在刹那间出现的暴力、权势、保卫、宣传的行动和行动者融为一体。我们看到的是在活动中且只在活动中的人或物，而不是其他。”（第 86—87 页）

在这种具有亲昵色彩的人格化语言中，对立性的因素消失不见了。

马尔库塞认为：对古典语言或辩证概念的“压制本身并不是一个学术事件，它是政治事件。它是对社会自身的过去和社会自身的未来的压制，因为未来引起质变并导致对现在的否定”（第 90—91 页）。“功能性语言是一种极端反历史的语言：操作理性几乎不为历史理性留下地盘和发挥作用的机会。”（第 91 页）与此不同的是罗兰·巴尔特所说的“认知语言”，是开放性的语言或辩证的语言。

2. 开放性语言或辩证语言

马尔库塞认为：“《共产党宣言》是一个经典例子。其中有两个关键术语，资产阶级和无产阶级，二者都‘支配’着一些对立的谓词。‘资产阶级’是技术进步、自由、征服自然和创造社会财富的主体，也是滥用和毁灭这些成就的主体。同样，‘无产阶级’既象征全面压迫，又象征压迫的全面失败。”（第 93 页）因此，在马克思这里，“资产阶级”或者“无产阶级”概念的开放性就意味着它们乃是一种对抗关系。换言之，当我们一看到这个概念或者使用这个概念，我们从中体会到的是两个集团之间的对立。

马尔库塞同时指出：语言的“批判和认知性质并不是马克思主义专有的特征。它们也可以在发展着的资产阶级社会的模式中找到（虽然是以不同方式）。譬如，伯克、托克维尔的语言和约翰·斯图亚特·密尔的语言都是高度指示性、概念性和‘开放性’的语言，它们尚未屈从于当代新保守主义和新自由主义的催眠性、仪式性的公式”（第93页）。

3. 转译操作把开放性的普遍概念变成操作性概念

但是，资产阶级学者则试图清除这些语言或者概念中的矛盾与对抗内涵，即把开放性的普遍概念变成封闭性的概念，变成一体化的概念，即变成操作性概念。这一过程也是通过“操作”来完成的，即把似乎是含混的实际上是开放性的概念“还原为特定的所指，还原为用来指称产生怨言的特定情景并具体描述‘公司各种条件’的术语”，然后就可以通过改变产生怨言的特定场景和条件消除怨言，从而达到清除概念本身所蕴含的矛盾、冲突和反抗意识。（第100页）

对此，马尔库塞举了两个例子：“譬如，陈述‘盥洗室不卫生’被转译为‘我在什么什么时候进入盥洗室，发现脸盆里有些脏物’。调查表明这‘多半是由于雇员的疏忽’，接着就订立反对乱扔纸物、随地吐痰等行为的制度，同时指定服务员经常打扫盥洗室。‘正是以这种方式使许多怨言得到了重新解释，并往往导致改进措施的产生。’”

“再如：B工人作出‘给他的计件工资太低’这一普遍陈述。通过查访我们了解到‘他的妻子正在住院，他为他所担负的医疗费用而忧虑。在这种情况下，怨言所潜含的内容就由这样一个事实组成，即由于他妻子生病，B 现在挣到的钱不足以应付他眼下的经济负担’。”（第 100—101 页）

在这两个例子中，马尔库塞实际上要表达的是：“盥洗室不卫生”乃是工人对恶劣劳动条件的意识，它内在包含的是对被奴役关系的反抗；“工资太低”乃是工人对被剥夺本质的反抗意识，“工资”本身就内在地包含了工人靠出卖劳动力为生的经济事实。在这里出现的实际上是工人阶级意识的萌发。但是，在操作性的运行逻辑中，“盥洗室不卫生”被转换成负责打扫盥洗室雇员的不负责任，而“工资太低”被转换为抱怨者的妻子住院所带来的额外支出。然后，解决问题的办法自然就被归结为加强盥洗室的管理、给予抱怨者一次性的补助。如此一来，也就彻底清除了“盥洗室不卫生”和“工资太低”所内在包含的无产阶级阶级意识的孕育和萌发，消除了可能由此而生发出的反抗意识。由此而出现的就是工业社会所需要的语言领域的一体化与话语领域的封闭。

四、思想领域的一体化与单向度的思想

对于思想领域的一体化和思想的单向度性质，马尔库塞是通过第五、六、七章从三个部分来展开的。

第五章“否定性的思维：被击败了的抗议逻辑”，分析了辩证逻辑与形式逻辑的差异和对立。辩证逻辑是揭示事物内在矛盾的逻辑，因而它是开放性的逻辑，是超越性的逻辑；但形式逻辑则是抛开充满矛盾的内容而仅仅关注思维形式的严谨性和无矛盾性的逻辑，因而它是封闭性的逻辑。形式逻辑可以为科学思维提供思维准

则。但是，随着科学的发展和工业社会的到来，形式逻辑为科学所提供的思维准则变成了社会性准则，变成了一种压制批判逻辑的肯定性思维方式，从而助推了思想领域的一体化和思想的单向度。

第六章“从否定性思维到肯定性思维：技术合理性和统治的逻辑”，分析了使得形式逻辑的思维方式，即肯定性思维方式战胜辩证逻辑，即战胜否定性思维方式的科学技术前提。也就是说，只是随着科学技术的发展，形式逻辑才成为占统治地位的逻辑。科学技术的发展过程同时也是工业社会的发展历程；科学技术的“技术先验论”前提造就了科学技术的“工具主义”本质；依据“技术先验论”，实在的自然不过是技术性的自然；它作为技术性的自然，只是被构建出来并满足人的需要的手段与工具；科学技术是对现实的谋划，而这种谋划本身绝不是中立的，而是具有政治性质的；它源自工业社会的需求，也源自每个人追求更富足的生活的需求。在这种技术合理性的笼罩下，人们丧失了对存在意义的追问，丧失了对工业资本主义的反思与批判，从而完成了从否定性思维向肯定性思维的转变。

第七章“肯定性思维的胜利：单向度的哲学”，分析了在科学技术之外的思想领域，主要是哲学领域是如何走向一体化和单向度的。在马尔库塞看来，它与分析哲学和实证主义的流行有关。分析哲学和实证主义哲学是单向度的哲学，它把事实作为既定的东西接受下来，把语言的意义等同于直接的经验事实和具体的操作，从而把多向度的语言变成了单向度的语言；同时，他们还试图治疗——实际上是清除——语言中的“形而上学幽灵”，反对哲学家干预日常语言的应用。因此，分析哲学对语言中的形而上学因素的治疗实际上是“一项政治任务”；对语言的清洗实际上是对大脑的清洗，它的胜利表明了

“肯定性思维方式的胜利”，标志着单向度哲学的胜利。

（一）形式逻辑对辩证逻辑的压制：被击败了的抗议逻辑

极权主义的技术合理性是理性观念演变的最新结果。在发达工业社会的单向度现实取得对处于矛盾中的不同思想逻辑的胜利之前，肯定性思维与否定性思维一直同时存在。肯定性思维与否定性思维的冲突可以追溯到哲学思想的源头，并鲜明地表现于柏拉图的辩证逻辑与亚里士多德的形式逻辑的对立中。但是，当代极权主义的思想一体化则意味着形式逻辑对辩证逻辑的胜利，意味着否定性思维和抗议逻辑被压制和征服。

马尔库塞是通过对比柏拉图的辩证逻辑与亚里士多德的形式逻辑的不同，来说明发达工业社会思想领域的一体化本质的。

柏拉图的辩证逻辑揭示和表达的乃是理念与现实、存在与非存在、一与多、同一与对立之间的辩证关系。“它们有一个开放的视界和完整的意义领域，这一领域在交流过程中自身逐步构造起来，但决没有被封闭。各个命题在对话中被提出，并得到发展和检验，而参加者则被引导去追问那通常是不成问题的经验和言语领域，并进入一种新的话语向度……因而，辩证思想和既定现实之间是矛盾的而不是一致的；真正的判断不是从现实自己的角度，而是从展望现实覆灭的角度来判断这种现实的。在这种覆灭中现实达到其自身的真理。”（第 120—121 页）

马尔库塞认为，柏拉图的辩证逻辑正是哲学的本质与使命。哲学是提供价值准则的，这一价值准则笼统地说，就是“摆脱辛勤劳作比辛勤劳作要好，聪明的生活比愚蠢的生活要好”，因此“哲学的价值准则并不引导人们去组织社会，也不引导人们去改造自然”，它是对现实的批判与反思。就此而言，“它们是无效益、不真实的”。与此不同，“科学思想则不得不打破价值判断和分析的这种统一”（第116页），从而对现实采取实证的态度。这也是必然的，因为人们毕竟需要真实的生活，需要实实在在的当下效益。亚里士多德的形式逻辑就是为科学思想提供思维逻辑的。但是，这种逻辑不是批判性逻辑，不是否定性逻辑，不是指向未来理想的逻辑，而是指向当下事实的实证逻辑。

因此，亚里士多德的形式逻辑抛开了辩证逻辑所揭示出的矛盾、冲突与对抗，而专注于形式化的统一性，因此“构成辩证思想原初内核的判断以命题‘S是P’的形式被加以形式化”，它“掩盖而不是揭示基本的辩证命题”，掩盖了辩证命题所阐明的“经验实在的否定特性”（第121页）。在形式逻辑的直言判断中，在“S是P”中，只有当下的东西才是真实的；但是，在辩证逻辑中，“某种不（直接）是眼下情况的东西是真实的”。就此而言，它恰恰否定了当下东西的真实性。（第121页）

因此，立足于辩证逻辑的角度，所谓“S是P”，实际上乃是“S应该是P”。比如，当面对“善即是知识”“人是自由的”这样的判断时，如果这个命题是真实的，“那么系动词‘是’就陈明一种‘应当’，一种迫切的需要。它判明了一些在其中善不是知识……易言之，直言判断S—P的形式说明（S）不是（S）；（S）被定义为与自身不同的他者。命题的证实涉及事实和思想中的一个进程：（S）必须变成实存。直言陈述因此成了绝对命令；它陈述的不是事实而是造成事实的必然性。譬如，它可以解释为：人（事实上）不是自由的，他没有天赋的不可让渡的权力，等等。但是，他应该是自由的，因为在上帝的眼中，或从其本性看，他是自由的，等等”（第 121—122 页）。因此，与形式逻辑对当下的认同与论证不同，辩证逻辑“谋划的是另一种生活方式”，“含有一种政治内容”。“因此，苏格拉底的话语是政治性的话语，因为它们同已确立的政治制度相矛盾。寻求正确的定义，寻求善、正义、忠孝和知识的‘概念’，于是就变成一项颠覆性的事业，因为所要寻求的概念意指一种新的城邦。”（第 122—123 页）

与此不同的是，由亚里士多德所创建的形式逻辑则抛开思想的内容，试图为思维提供普遍有效的准则，因此它仅仅关注思维的形式，并把本质与现象、现实与可能的冲突即使未看作无意义的东西，也是试图“消融掉的”东西。（第 125 页）“形式逻辑因而是通往科学思维的漫长道路上的第一阶段——也仅仅是第一阶段，因为更高程度的抽象和数学化还需要按照技术合理化来调整思维方式。”（第 126 页）

就其为科学发展提供思维准则而言，形式逻辑是无可厚非的。但是，当它成为一种社会性准则时，它就成为工业社会极权主义的思想帮凶。伴随着工业社会的到来和自然科学的发展，辩证逻辑或否定性的思维被形式逻辑或肯定性思维所战胜，由此出现的乃是我们今天所面对的技术合理性社会以及作为其思想基础和统治逻辑的肯定性思维。因此在马尔库塞看来，科学技术本身并不是中立的，科技理性乃是与工业社会相一致的，并服务于工业社会的科技理性。

（二）从否定性思维到肯定性思维：技术合理性和统治的逻辑

在这一部分，马尔库塞主要分析了科学技术的工具主义本质，科学技术是在“技术先验论”的条件下发展的。依据技术先验论，实在的自然不过是技术性的自然；它作为技术性的自然，只是被构建出来并满足人的需要的手段与工具。这一技术先验论和据此而得到发展的科学技术是对现实的谋划，而这种谋划本身绝不是中立的，而是具有政治性质的；它源自工业社会的需求，也源自每个人追求更富足的生活的需求。在这种技术合理性的笼罩下，人们丧失了对存在意义的追问，丧失了对工业资本主义的反思与批判，从而完成了从否定性思维向肯定性思维的转变。

1. 科学技术把真与善、科学与伦理学分离开来

为了有一个更富足的生活，工业社会是一个依据“科学-技术的合理性”所操纵的社会。但是，在科学的合理性之外，人们同时还生活于一个价值世界。但是，这些价值观念，比如人道主义、宗教和道德只是“理想性的”，不是依据科学理性可以解释的；从科学理性看，它们属于“偏好”的范围。（第 134 页）因此，马尔库塞指出：“导致在数学框架内来解释本质的本质的定量化，把现实与一切固有的目的分离开来；进而，又把真与善、科学与伦理学分离开来。”（第 133 页）

2. 科技理性越来越具有主观性，在客观性方面又越来越依赖主体

因此，科学所提供的理性图景在某种意义上乃是一种心灵结构，是人们构建出来的一种自然图景。马尔库塞据此指出科学技术在这个意义上“含有强烈的唯心主义意味”（第 137 页）。

3. 不论科学技术是客观的还是主观的，都忽视了存在本身，而只是变成一种工具

无论是事物本身还是表述事物本身的科学技术，都不过是满足人的需要的工具，即自然性的实在变成了技术性的实在，自然科学

从思想变成了手段与工具。

4. 科学技术绝不是中立的，而是服务于特定的政治目的，服务于特定的社会，即工业社会和工业社会对人的控制

正是在这个意义上，马尔库塞使用了“技术先验论”的概念，并认为科学技术是在“技术先验论”的条件下得到发展的。所谓“技术先验论”，就是把自然设想为被控制和组织的材料和工具，从而把自然实在变成了技术实在，并通过对自然的科学认识或科学构建，以征服自然，满足人的需求——实际上是满足发达工业社会的需求。因此，科学技术不是中立的，而是与资本主义社会的资本主义生产相一致的，是“作为社会控制和统治形式的技术学”（第140、144页）。

5. 技术合理性的工具主义巩固着极权主义社会，使极权主义社会合理化、合法化

对此，马尔库塞做了如下陈述：“技术合理性是保护而不是取消统治的合法性，理性的工具主义视界展现出一个合理的极权主义社会……政治意图已经渗透进处于不断进步中的技术，技术的逻各斯被转变成依然存在的奴役状态的逻各斯。技术的解放力量——使事物工具化——转而成为解放的桎梏，即使人也工具化。”（第144—145页）

据此，马尔库塞认为：“人们也许可以进一步说，现在，科学方法是可以声称拥有客观有效性的惟一方法；理论假说和可观察事实的交互作用证明了这些假说，确认了这些事实。而我力图要指出的是，依靠其自身的方法和概念，科学已经规划和创立起这样一个领域，即对自然的统治依然同对人的统治相联结的领域——它们的联结对于作为一个整体的领域而言是必不可免的。科学地加以理解和

控制的自然，再现于生产和毁灭的技术设施中，这些技术设施在维系并改善各个个人生活的同时，又使他们服从于设施的控制者。于是，合理的统治集团与该社会融为一体。”（第 151—152 页）。

在这里出现的就是技术合理性，或者说是科技理性对人和人类社会的控制，是对否定性思维的颠覆，是肯定性思维的胜利。肯定性的思维由此而成为统治发达工业社会的观念逻辑。在这样的条件下，物理学之外的科学思想——包括哲学思想，以一种总体的经验主义形式出现，同样凸显出它的意识形态功能。（第 154 页）据此，马尔库塞在第七章展开了对分析哲学和实证主义哲学的分析。

（三）肯定性思维的胜利：单向度的哲学

在马尔库塞看来，分析哲学和实证主义哲学是单向度的哲学，把事实作为既定的东西接受下来，把语言的意义等同于直接的经验事实和具体的操作，从而把多向度的语言变成了单向度的语言；同时，他们还试图清除、治疗语言中的形而上学幽灵，反对哲学家干预日常语言的应用。因此，分析哲学对语言中的形而上学因素的治疗实际上是“一项政治任务”（第 181 页），对语言的清洗实际上是对大脑的清洗，它的胜利表明了“肯定性思维方式的胜利”，标志着单向度哲学的胜利。

1. 语言分析的治疗功能是清除语言中的形而上学因素，即清除否定性思维

在围绕“工资太低”所展开的分析中，马尔库塞已经分析了社会学是如何通过经验主义治疗和纠正工厂中的反常行为——“抱怨工资太低”，把反常行为引向对工业社会的认同，即通过更好的管理方法，消除可能由此而出现的个人的不幸意识和对工业社会的批

判意识、否定性意识，从而实现文化领域的一体化。在这一章中，马尔库塞分析了分析哲学和实证主义如何通过语言分析，即如何通过“纠正思想和言语中的反常行为”来实现思想领域的一体化。虽然与社会学的直接经验的分析方法不同，分析哲学和实证主义的语言分析是“学术性的”方式，但它们的目的和效果却是一样的。

对于分析哲学和实证主义语言分析的学术性方式及其目的，马尔库塞有一个集中说明，他写道：“语言分析声称要治疗思想和言语所染上的令人混淆的形而上学观念症——以往那些较不成熟和较少科学性的时代所留下的‘幽灵’，这些幽灵尽管既无所指又不解释，却仍然出没于心灵之中。这里的重点是哲学分析的治疗功能——纠正思想和言语中的反常行为，排除或至少暴露暧昧、幻想和怪癖的成分。”（第155页）

它们所要清除或治疗的所谓形而上学幽灵或者暧昧、幻想和怪癖的成分，实际上正是在哲学中所表达的“否定的力量”或者“否定性的思维方式”。

2. 分析哲学和实证主义语言分析的对象是被净化了的语言，旨在清除和抑制语言中的反叛因素，遮蔽语言中的批判性向度

在分析哲学和实证主义看来，认识的有效性依赖于对事实的经验，认识活动必须以物理科学精确性为基础，“由此出发，实证主义把各种形而上学、先验论和唯心主义当作蒙昧主义的落后的思想方式来加以反对”（第157页）。“哲学不能干预语言的实际使用。”（第162—163页）因此，作为语言哲学分析对象的是日常生活的具体语言，是一种被净化了的语言，“被净化的不仅是‘非正统的’语言，而且也包括那些其表达的内容不同于社会所提供的内容的表达方式。语言分析学家发现这种净化了的语言是一个完成了的事

实，他原封不动地接受了这种贫乏的语言，并把它同它没有表达的东西隔离开来……”（第 159 页）。

所谓“把它同它没有表达的东西隔离开来”，就是仅仅局限于对语言本身的直接分析，抑制其中所包含的矛盾因素。就此而言，在分析哲学的语言分析中，在分析的“精确性和明晰性方面，它可能是无与伦比的”（第 161 页），但是，它抛弃了讲话者讲话或者生活的社会背景。“分析的目标从讲话者讲话和生活的更广大、更严密的背景中后退，从形成概念的普通媒介中转移出来，从而变成了语词。这种人们在其中讲述和行动、这种赋予言语以意义的普遍的、更广大的背景是什么呢？——它没有出现在实证主义的分析中，上述例子和分析本身已先验地将它排除在外了。”（第 164 页）

因此，看起来语言哲学和实证主义哲学对语言的分析是非常具体的，但这是一种虚假的具体性，而不是真正的具体性。因为，它只看到并只是呈现直接经验性的语言，但忽视了这个语言的社会历史背景。与此不同，批判哲学的语言分析则恰恰是要从直接经验性的语言中看到社会历史性。

3. 与分析哲学和实证主义的语言分析不同，批判哲学语言分析的任务则是从外部，即从对语言的社会历史性背景来追问语言的意义

哲学语言和日常语言是不同的，日常语言是行为性语言，它会直接转化为行为反应，而哲学语言不会转化为行为反应，它导致的是一种思想。

“当某人说出‘我的扫帚在角落里’时，他的意思可能是：其他某个问起扫帚的人正准备取走它或留下它，因而将会得到满足或产生愤慨。总之，由于引起了某种行为反应，该句子实现了它的功

能。”（第 163 页）“与此相对，在一本哲学书或一段哲学话语中，如果‘实体’、‘观念’、‘人’、‘异化’之类的语词，成了命题中的主词，意义就不会转化为行为反应，人们也不会指望发生这种转化。此类语词可以说仍未完成它的作用——除了在思想上它可能导致其他思想之外。”（第 163—164 页）

因此，“哲学中的精确性和明晰性不能在日常话语范围内达到。哲学概念以事实和意义的一种向度为目的，这种向度说明‘外部’对于理解日常话语的根本意义，从而‘从外部’来解释日常话语的原子化的词组或语词”（第 164 页）。

这个所谓的“外部”就是讲话者身处其中的社会经验背景，就是人们生活于其中的经验世界，是“有死刑、毒气室和集中营、广岛和长崎、美国的凯迪拉克和德国的梅赛德斯、五角大楼和克里姆林宫、核城市和古巴、洗脑和屠杀的世界”（第 165 页）。从这个世界中所展开的语言分析，在批判哲学的视域内，是要揭示出语言中内在所包含的反抗意识，或者按照马尔库塞的说法——“把日常言语中的‘历史’作为隐蔽的意义向度——社会对其语言的支配——揭示出来。这一发现粉碎了既定话语领域首次出现于其中的自然的物化形式。语词不仅在语法和形式逻辑的意义上，而且在物质的意义上，作为真正的界限而出现；作为意义及其发展的界限、亦即社会强加于话语和行为上的界限而出现。‘我的扫帚在角落里’或‘奶酪在桌上’之类的例子，不再能够解释意义的这种历史向度。可以肯定，它们能够揭示许多歧义、困惑和怪癖之外，但它们又都处于同样的语言游戏和学术胡诌的范围之内”（第 165—166 页）。

分析哲学和实证主义哲学的语言分析虽然也面对着这个“现实

的经验世界”，但是正如社会学对“工资太低”所进行的操作一样，它脱离了这个经验世界而只是专注于对语言本身的分析，或者说“在它之中，上述所有事情不是被视为理所当然，就是被忘却、抑制或不为人们所知，在它之中，人民是自由自在的。在这个世界里，角落里的扫帚和像菠萝一样的滋味十分重要，日常生活的艰辛和舒适或许是构成一切经验的惟一内容”（第165页）。因此，他们的语言分析不过是“语言游戏和学术胡诌”（第166页）。

4. *在极权主义时代，哲学的治疗任务是一项政治任务*

通过对分析哲学、实证主义哲学的语言分析与批判哲学语言分析的对比，马尔库塞指出，正如亚里士多德与伽利略时代的物质概念的区别——它们是哲学与物理学的区别，是哲学与科学的分离——一样，分析哲学、实证主义哲学的语言分析与批判哲学语言分析的区别，实际上乃是“建立不同自然与社会的不同历史谋划、不同历史事业”的区别。（第169页）

当分析哲学和实证主义通过语言分析，以日常生活语言的直接经验性的所谓精确分析，清除了“遭人憎恨的形而上学幽灵及神话、传说和幻想的世界”（第171页），把诗人的语言变成日常生活的语言，把符号、隐喻转换成可理解的科学语言时（第176页），那就意味着我们与当下社会现实的同化和一体化，意味着我们“在相互描绘我们的爱和恨、同情和憎恶时，我们必须使用我们的广告、电影、政治家和畅销书的术语。我们必须使用同样的术语以描述我们的汽车、食物、家具、同事和竞争者——这样我们就好相互理解……但是，这种情况使日常语言没有资格去履行它在分析哲学中所发挥的那种有效功能。‘当人们说……时他们的意思是什么’跟他们没有说的东西有关。或者说，他们所要说的意思不能从表面上看——这不是因为他们撒谎，而是因为他们生活于其中的思想和实践领域是受操纵的矛盾领域”（第 176—177 页）。

因此，我们看到：“对日常语言进行如此分析治疗的过程中，日常语言实际上遭到了清洗和麻醉。多向度语言被转变成单向度语言，在这个过程中，不同的、对立的意义不再相互渗透，而是相互隔离；意义的容易引起争议的历史向度却被迫保持缄默。”（第 180 页）

因此，“在极权主义时代，哲学的治疗任务会是一项政治任务，因为已确立的日常语言领域势必结成一个受到全面操纵和灌输的领域”（第 181 页）。

由此发生的就是工业社会所需要的肯定性思维的胜利，是传统批判哲学之社会批判性向度的瓦解，是单向度哲学的出现，是思想领域的全面一体化和单向度的思想。

五、进行替代性选择的机会

对于替代性选择机会的分析是由第八章“哲学的历史承诺”和第九章“解放的大变动”组成的。它主要表达了两个方面的思想：其一，任何哲学都是对历史的谋划，但只有批判哲学才能真正开启超越工业社会的历史向度。对于这个问题的论证，马尔库塞是通过对概念的“普遍性”的分析来进行的。马尔库塞认为：一个概念总是表达了特殊与普遍、现实与潜能或者现实与理想之间的张力与冲突，概念的普遍性意味着对直接现实的否定和对未来的谋划和期许。分析哲学或实证主义的语言分析则总是试图把概念的普遍性或普遍性的概念还原为它的特殊性，即还原为一个具体的实体或操作，从而清除了概念本身所包含的对当下现实的否定性。因此，如何对待普遍性，它表明了一种哲学对待现实的立场及其历史作用。马尔库塞认为，绝不可以把概念的普遍性转译成或者还原为实际的行为、癖好和倾向，而且有些概念也是不可转译的；它的不可转译性恰恰就在于，概念总是表达了现实与潜能、现实与理想之间的张力与冲突。批判哲学就是要揭示这种冲突和张力，因而指向对现实的批判和对未来的谋划，这就是批判哲学的历史承诺。其二，围绕对未来的谋划，马尔库塞描述了一种不同于当下工业社会的未来。当然，这种描述不是对具体社会制度的描述，而是对社会理念的描述。在这个描述中，马尔库塞主要是围绕科学与形而上学的关系来展开的；在马尔库塞看来，科学合理性的继续应用将会到达一个终点，那个时候，科学与形而上学的传统关系将发生颠倒。如果说在传统工业社会中，科学致力于把形而上学从科学中清除出去，那么这种关系的颠倒则意味着科学把形而上学作为科学本身的目的，即把人的自由解放、和平生存等价值准则作为科学技术的目的。如此一来，科学意识将成为政治意识，科学事业将成为政治事业。实际上，在工业社会中，当人们把科学技术作为中立因素时，科学技术并不是真正中立的，它实际上不过是从属于并服务于工业社会的政治意识、政治事业和政治工具。它之所以要把形而上学从科学中清除出去，并据此自我标榜为中立的，就是为了巩固工业社会本身的统治。传统科学合理性的终止，乃是还原科学技术的政治性质，并把人的自由解放与和平生存公然作为科学技术的目的。

（一）哲学的历史承诺

在第八章“哲学的历史承诺”中，马尔库塞继续沿着对分析哲学、实证主义语言分析与批判哲学语言分析的对比这个思路，展示了突破思想一体化，进而突破社会一体化的思想路径。他表达了这样一个重要思想，即任何一种哲学都是对历史的谋划，但只有批判哲学才能真正开辟出历史的向度，从而提供一个超越工业社会的历史替代性方案。

1. 普遍性的地位问题居于哲学的中心，如何对待普遍性表明一种哲学在思想文化中的立场及其历史作用（第 185 页）

马尔库塞所说的“普遍性”，是一个概念或陈述所表达的全部意义，这个意义是不可以转译为具体的操作、行为、癖好和技巧的。比如，当有人说“工资太低了”时，这个陈述是不可能转译成由于他爱人生了孩子因此钱不够花了。这样的转译就遮蔽了这个陈述的普遍性，即这个人实际上是工人，他通过出卖自己的劳动力谋生，工资实际上是他作为工人出卖自己劳动力的报酬。因此，这一陈述的普遍性体现在阶级关系中，是对阶级关系和阶级剥夺状态的日常语言表达。但是，在分析哲学和实证主义哲学的语言分析中，它们则试图对语言做如此操作性的分析，把它转译成具体的操作、行为、感受、能量、癖好和技巧等，从而抛开做出这一陈述的经验环境，或者是基于经过裁剪的经验环境，遮蔽它内在包含的普遍性意义，消除它内在包含的与当下工业社会之间存在着的张力，即对当下工业社会的批判意识。正是在这个意义上，马尔库塞认为分析哲学的语言转译是具有欺骗性的——“转译之所以是欺骗性的，正是因为它把概念忠实地转译成实际的行为、癖好和倾向的种种方式，而这样一来，它便把经过剪裁和整理的现象（它们本身是够真实的！）当成了现实”（第 186 页）。

为此，我们所需要的乃是一种与此不同的语言分析，这种语言分析毋宁说是“超语言的分析”——“对未经裁剪的经验环境进行分析”。“如果这种超语言的分析受到排斥，如果日常语言被信以为真，即是说，如果人们之间虚假的普遍理解领域被引起误解并受到管理的流行交流领域所取代，那么，遭到指责的普遍性就的确是可以转译的，它们‘神话般的’实质可以被融化在行为和倾向的种种方式之中。”（第 186 页）

2. 有些普遍性的概念是不可转译的

面对一些普遍性概念，比如民族、国家、政党、英国宪法、牛津大学、苏格兰等概念，它们就无法转译成相对应的特殊实体。它们所指代的似乎既是一些个人，但又不是单纯的个人。当然我们依然可以说“‘民族’被动员起来，‘英格兰’已经宣战，我曾在‘牛津大学学习’”等，但如何“对这些陈述进行任何还原性转译”？似乎任何转译“都会改变它们的意义”。大学——正如政党与国家等一样——并非高踞于其各个学院、图书馆等之上的特殊实体，而是它们的组织方式；这种组织方式又是通过组织、统一和管理的人来运作的；这些人又并不是作为各个个人，而是作为民族、公司和大学的“代表”来执行裁决的。在国会会议中聚集起来的个人，是具体化在各个组织中的机构、权势和利益的代言人。他们的决定（投票、主张和宣传）本身就是各种机构和利益竞争的结果，这些决定又使民族、政党、公司和大学作为一种凌驾在从属于它的那些特殊机构和人之上的最高的、普遍的实在而不断运转、得到维护和再生产。（第 187 页）

因此，把普遍性概念转译成特殊实体是语言分析面临的巨大困难；实际上，普遍概念是不可转译的。

然后，马尔库塞援引了佩鲁《和平共处》一书中的一段话，给我们展现了强行把普遍概念转译成特殊实体的状况：

“他们相信他们是在为本阶级而死，结果是为党徒而死。他们相信他们是在为祖国而死，结果是为实业家而死。他们相信他们是在为人的自由而死，结果是为利息的自由而死。他们相信他们是在为无产阶级而死，结果是为官僚们而死。他们相信他们是在为国家的神圣使命而死，结果是为支持国家的金钱而死。他们相信他们是在为民族而死，结果是为压制民族言论自由的恶棍而死。他们相信——但为什么他们在如此黑暗之中要相信呢？相信死亡？——当问题是学会怎样生活的时候？”（第 188 页）

很显然，在这个强制性的转译中，我们并没有能够瓦解普遍概念，反倒证明了普遍概念的实在性和不可转译性，即不可以把普遍概念转译成特殊实体。正如马尔库塞指出的：“这一真正的幽灵具有强有力的实在性——即总体凌驾于个人之上的独立力量。它不单单是一种知觉到的完形（像在心理学中那样），也不是一种形而上学的绝对（像在黑格尔那里那样），更不是一个极权主义国家（像在贫乏的政治科学中那样），它是决定各个个人生活的已确立事态。”（第 189 页）

3. 普遍性的不可转译性根源于现实与潜能之间的张力

马尔库塞指出：“普遍性同特殊性之间不可归约的区别，看来植根于对潜能和现实之间、即一个被经验世界的两种向度之间不可克服的区别的基本经验。普遍性从观念上把握着种种既在现实中实现、又在现实中受到阻碍的可能性。”（第 191 页）

比如，当我们说到男朋友和哲学家、艺术家和殡仪员时，我们可以很明确地确定它的特定状态，即把它转译成一种特定的工作或职业。但是，当我谈到一个漂亮的姑娘、一处美丽的风景、一幅优美的绘画时，浮现在我心头的肯定是很不相同的东西。它既是一个特定的个体，一个漂亮的或者美的姑娘，又是一个普遍性的概念——“美”。那么，什么是美呢？当我们这么追问的时候，“美”就不再可以转译成一个姑娘的特殊形象；但是，分析哲学却正是竭力试图把作为普遍概念的“美”转译成一个特殊的实体。因此，马尔库塞指出：“美学中存在着一些多少令人满意的美的‘技术性’定义。但似乎只有一种维护美的经验内容、因而极少确切性的定义。该定义把美当作一种‘幸福的希望’，它使人联想到人和事物的状况，联想到人和事物的关系；这些事物在消失过程中时隐时现，其出现形式也多种多样，就像个人的面目形形色色一样；但在消失过程中它们却显示了可能存在的东西。”（第192页）

因此，作为普遍概念，它实际上包含了否定性的向度。正如当我们说某个姑娘是美的时，它既包括肯定，也包含了否定；但我们说某个姑娘是美的时，我们说的是某个姑娘是“美的”，但我们没有说她是“美”。因此，一个普遍概念总是指称个别实体“所是”与“所不是”的矛盾状态。而分析哲学的语言分析则试图把“美”本身具体化，把“美”本身转译成某个姑娘的“美”，从而消除“美”本身所包含的否定性向度，即消除某个姑娘不是“美”的向度。

因此，一个概念总是表达了现实与潜能、现实与理想之间的张力与冲突。对此，马尔库塞的如下分析是很清楚的：

概念则想方设法地表达潜能和现实之间的差异和紧张及这种差异中的同一。它出现在诸性质（白的、硬的、美的、自由的、正义的）和相应概念（白、硬、美、自由、正义）之间的关系中。抽象性的概念把更具体的性质当作在具体中所经验到的更普遍……性质的部分实现、显露及具体化。

“由于有这层关系，具体性质既表示普遍性的否定，又表示普遍性的实现。雪是白的，但不是‘白’；某姑娘可能是美的，甚至是一个美的实体，但不是‘美’；一个国家可以是自由的（与其他国家比较而言），因为它的人们拥有某些自由，但它并不是自由的体现。”（第194页）

换言之，作为一个普遍概念，一个不可转译成特殊实体的概念，它意味着“美的概念包括一切尚未实现的美；自由的概念包括一切尚未达到的自由”（第195页），意味着对直接现实的否定性，意味着对未来的谋划和期许。

4. 批判哲学是对历史的谋划

普遍概念面向未来而存在，因此普遍概念既是现实的，又是历史的；同时，由于普遍概念的不可转译性及其抽象性、虚幻性和幽灵性，它似乎既是历史的又是超历史的。分析哲学和实证主义哲学的分析就是要清除它的超历史性，但同时也清除了历史的可能性，即清除了超越不合理社会的替代性选择方案的可能性，因而以理论或学术的方式捍卫着工业社会的合理性。

批判哲学则是对历史的谋划，批判哲学对历史的谋划并非是想象的、混乱的和神秘的东西，而是基于在已有的物质文化和精神文化水平上开展出来的实际可能性，为人的和平生存提供更大的机会。

因此，马尔库塞在本章的最后指出：“在当代，一切历史谋划都势必在两个对立的总体——资本主义和共产主义——之间分化，结果看来要取决于两组对立的因素：（1）更大的破坏性力量；（2）更大的没有破坏性的生产能力。换言之，更高的历史真理将属于那种提供更大和平机会的制度。”（第204页）

(二)解放的大变动

批判哲学对历史的承诺，乃是思想的承诺，是对传统的科学与形而上学之关系的思想颠覆与倒置，是把被分析哲学从科学中清除出去的形而上学再度引入科学之中，从而公开宣布科学的形而上学性质，公然把科学意识视作政治意识，把科学事业视作政治事业，即把人的自由解放和和平生存作为科学的本来目的。把人的自由解放和和平生存作为科学的本来目的，马尔库塞称之为“价值的物化”；“价值的物化”也将因之而开放出一个与工业社会根本不同的人与人、人与自然的关系领域”，即开启出人与人、人与自然的“和平生存”。在这个过程中，马尔库塞认为必须注意两点：其一，要避免陷入“技术拜物教”的陷阱。其二，人与自然之间的和平生存实际上乃是一个社会问题；只有首先解决人与人之间的和平生存，才能真正实现人与自然的和平生存。其三，把和平生存作为目的，既不能延续发达工业社会的发展模型，也不是要回到健康和强壮的贫穷状况、道德纯洁和单纯愚钝的状况中去。其四，必须划清虚假需求和真实需求的界限，认识到人的需要的历史性和真实性。只有当真实需求成为人的需求时，它才是个人自己的需求，而不再是工业社会的需求。而“需要和满足愈是变成个人自己的需要和满足，对它们的压抑就愈显得几乎是致命的剥夺。但正是借助这种致命的特点，它可以为质变、即需要的物质化创造基本的主观条件”。其五，这种主观条件就是思想的觉悟与解放，因此解放的大变动首先乃是思想的觉悟和解放。在马尔库塞看来，工业社会的发展已经为“价值的物化”奠定了必要的物质基础。

1. 科学合理性的发展必将达到一个终点：科学将对形而上学开放，形而上学的观念将成为科学的专门目的

马尔库塞给自己提出了一个问题："在工业文明的发达阶段，已转化成政治力量的科学合理性……会造成它自己的否定——即是说，会带来'生活艺术'的发展吗?"（第210页）

对此，马尔库塞的回答是："在已确立社会的范围内，随着一切社会必要劳动而不是个别强制性劳动的机械化……科学合理性的继续应用将会到达一个终点。工业文明的这一阶段，还将是科学合理性的终点和限度……进一步的发展将意味着裂变，即量变向质变的转化。它将展现一种本质上新的人类现实的可能性——即以实现了的根本需要为基础的处于自由时间中的存在。在此条件下，科学谋划本身将对超功利的目的、对远非统治必需品和奢侈品的'生活艺术'开放。"（第210页）

那么，如何理解"科学谋划本身将对超功利的目的、对远非统治必需品和奢侈品的'生活艺术'开放"呢?简单地说，这一开放意味着"科学与形而上学传统关系的颠倒"（第210页）。

在对思想领域的一体化的分析中，马尔库塞已经说明了科学与形而上学的传统关系，即在工业社会中的关系，那就是通过对形而上学的清除，科学凌驾于形而上学之上，因而否定性因素被融合进肯定因素中，或者肯定要素把否定要素吸收了。在第九章一开始，马尔库塞就举例说明了这个问题：

"我乘坐一辆新型轿车。我感到它的特点是漂亮、光洁、能量大和方便——但随之我又逐步意识到如下事实：在一段相对而言不长的时间里它就会损坏并需要修理；它的漂亮的外观是虚伪的，它的能量是不稳定的，它的大小是笨拙的；而且我也找不到一个停车

场。于是我开始把我的轿车作为‘三大’汽车公司的产品来考虑。该公司决定了我的轿车的外观，使它既美观又虚伪，既有能量又颠簸，既好派用场又已过时。在某种程度上我感到受骗上当。我相信，这车并不太好，而且用不了这么多的钱就可以买到更好的车。但是，另一方（指卖方。——译者）也必须生存下去，而工资和税收又是那样的高，还必须补充工人。我们现在的情况已非昔日可比。现象与实在之间的紧张就这样消失殆尽了，二者融合进一种相当愉快的感情之中。”（第 206 页）

在这里发生的是一个日常生活中的日常心理事件；它的理论表现形式就是传统的科学与形而上学的关系，即科学把代表着反抗意识的形而上学因素看作不可证实的理想化、荒诞性因素，把它清除出去，或者把它融合进科学理性中，从而巩固着、推进着作为科技理性之现实形式的大工业的发展。

如果说随着工业社会的发展，“科学合理性的继续应用将会到达一个终点”，那么它就同时意味着“科学与形而上学传统关系的颠倒”，意味着“科学谋划本身将对超功利的目的、对远非统治必需品和奢侈品的‘生活艺术’开放”。

那么如何理解这种关系的颠倒或者科学对超功利目的的开放呢？马尔库塞指出：它不“是用技术术语把价值准则重新定义为技术过程中的要素”，不是让形而上学的价值准则“在其应用中发生作用”，而是把这个价值准则“作为技术目的的新目的”，把价值准则体现“在谋划和机器的建构中”，即“新的目的甚至在科学假设的建构中、在纯科学理论中也可以坚持有一席之地”（第 211 页）。换言之，不是把价值目的技术化，而是把价值目的作为技术化的目的，即作为科学技术本身的目的。

对此，马尔库塞做了如下说明：对劳动的最小量是可以计算的，这是一个技术性的工作。但是，这种技术性的计算工作本身不是目的，它的目的是确定一个最小量，“有了这个最小量，社会一切成员的基本生存需要都可以得到满足”，是为了确定一个“摆脱匮乏的有效范围”，“是在同一条件下可以为年老病弱者提供治疗的程度……是减少焦虑的可能程度，是摆脱恐惧的可能程度”（第211—222页）。

如此一来，科学与形而上学关系的颠倒关系就被颠倒过来了，即形而上学所意味着的对当下社会现实的批判和对更合理社会状态的诉求，已经成为科学本身的目的。

2. 科学意识将成为政治意识，科学事业将成为政治事业

如果形而上学的价值准则成为科学本身的目的，那么看起来科学技术不再是像我们通常认为的那样，它是中立的、非政治的、非意识形态的，而是非中立的、政治的和意识形态的，它是一个旨在实现人类解放的事业，是“人作为人的合理事业，是人类的合理事业”。对于常规意识而言，这似乎是很不愉快的。

正如马尔库塞指出的：“这种发展使科学面临逐渐政治化的不愉快任务——即把科学意识视为政治意识，把科学事业视为政治事业的不愉快任务……但是，在有步骤地将自己规定为政治事业的过程中，科学和技术将超过它们曾因其中立而从属于政治的那个阶段，并反对它们作为政治工具的专门功用……换言之，它是人作为人的合理事业，是人类的合理事业。”（第212—213页）

但是，正如马尔库塞在“导言”中已经指出的那样，“技术本身不能独立于对它的使用；这种技术社会是一个统治系统，这个系统在技术的概念和结构中已经起着作用”（导言第7页），“技术的

合理性已经变成政治的合理性”（导言第8页）。实际上，在工业生活中，所谓的科学技术的中立性不过是一种假象，它并非中立的，而是服从于工业社会的政治工具。当科学本身把人的解放作为目的时，科学意识将成为另一种政治意识，科学事业将成为另一种政治事业。也就是说，当科学技术把形而上学的价值观念即把人的自由解放作为目的时，它将“超过它们曾因其中立而从属于政治的那个阶段”，即超过工业社会的阶段；它将“反对它们作为政治工具的专门功用”，即反对它们作为工业社会政治工具的专门功用，从而成为谋划一种新的历史可能性的政治工具，并发挥促进人类自由和解放的专门功用（第213页）。

对于科学的这个新的功用，马尔库塞做了如下表述：“对终极因的技术再规定和技术控制，是摆脱了妨碍满足人的需要并发展人的才能的特殊利益之后对（物质和精神）资源的建设、开发和利用。换言之，它是人作为人的合理事业，是人类的合理事业。”（第213页）

3. 价值准则的物化是一个双重过程

马尔库塞把形而上学成为科学本身的目的，称为“价值的物化”（第211页），或者称为“把价值准则转化为需要”（第213页）。他认为：价值准则的物化或者价值准则转化为需要是一个双重过程，即“（1）物质的满足（自由的物化）；（2）在满足基础上需要的自由发展（非压抑的升华）”（第213页）。就第一个条件而言，马尔库塞认为，科学技术和工业社会的发展已经为之奠定了基础，“科学和技术的历史成就已经使价值准则转化为技术任务成为可能，亦即使价值的物化成为可能”（第211页）。也只有在需要满足的基础上，才会有对自由发展的诉求。

在这里出现的是对科学技术的期待，不仅基本需要的满足需要科学技术，而且在满足基础上的需要的自由发展也需要科学技术；当把价值判断作为科学技术之目的时，“技术的逻各斯就将开放出一个根本不同的人与人、人与自然的关系领域”，因而会呈现人与人、人与自然的“和平生存”（第 214 页）。但是，在这里，必须提防“技术拜物教”。

4. 必须提防“技术拜物教”

所谓“技术拜物教”，是马克思主义对当代工业社会的批评；它批评的是“技术人、‘技术爱洛斯’等在未来具有万能作用的想法”（第 214 页）。对于如何避免“技术拜物教”，马尔库塞提出的思路主要是给技术设定特殊的政治方向，即施加政治的控制——人与人、人与自然界之间的和平生存，以及实现人的自由发展。

“摆脱剥削特征后的技术合理性愈是对社会生产起决定作用，它就将愈是依赖于政治方向——依赖于集体的努力以争取和平生存并实现自由的个人为自己设立的目标。”（第 214 页）

5. 和平生存

确立真正的“和平生存”理念是提防“技术拜物教”的基础。“和平目的在多大程度上决定技术的逻辑，它就在多大程度上改变技术同其主要对象即自然的关系。和平以控制自然为前提，自然是而且将继续是同发展中的主体相对的客体。不过存在两种控制：压迫的控制和解放的控制。后者导致不幸、暴力和残酷行为的减少。”（第 215 页）

在谈到对自然的“解放的控制”和“压迫的控制”的区别时，马尔库塞表达了一个很重要的思想，即自然不是单纯的自然，自然是社会性的自然。因此，对自然的“压迫的控制”，是工业社会的自然观念，是对自然的工业主义的控制；而对自然的“解放的控制”则是后技术理性时代的控制，是后工业社会时代的自然观念。因此，不能抛开社会状态单纯地讨论自然保护。

他举了一个例子：“当禁止残害动物协会求助于教皇时，教皇拒绝给予支持，理由是：人类对较低级的动物并不负有义务，虐待动物是无罪的。因为动物没有灵魂。”（第216页）工业社会的自然观实际上就是这种宗教观念在现代社会的体现，它把人的生存与解放，或者把“和平生存”理解为对自然的控制，以消除匮乏和贫困——“一切欢乐和幸福都导源于超越自然的能力——在超越之中对自然的控制本身服从于生存的解放与和平”（第216页）。

因此，“在文明的进程中，当人们根据自由来理解和掌握同野蛮势力的斗争时，自然就不再是单纯的自然了”（第215页）。如果不清楚这一点，不意识到自然问题绝非单纯的自然问题，而是与工业社会的基本理念相一致的问题，那么“对自然的事物的颂扬（就）是保护一个不自然社会、反对解放的意识形态的一部分”（第216页）。

在马尔库塞看来，“凭借理性的认知能力和改造能力，文明创造了种种使自然摆脱它自己的兽性、不足和蒙昧的手段”。但是，“理性只有作为后技术合理性才能实现这一功能，这时，技术本身就是和平的手段和‘生活艺术’的原则”（第216页），即只有把人的自由发展作为科学技术本身的目的，只有首先解决人与人之间的和平生存，才能真正实现人与自然的和平生存。

正是基于这一思想，马尔库塞进一步分析了科技理性的功能和艺术功能的内在一致性，即艺术本身也必须摆脱技术合理性的统治，回归艺术的批判或批判的艺术，而开启出对当下工业社会的批判和对未来生活的谋划。

同时，关于和平生活的路径，马尔库塞指出："如果和平是目的的话，最发达的工业地区所达到的生活水平就并不是合适的发展模型。"（第220页）

同时，对工业社会的超越，"从富裕社会中解放出来，并不意味着又回复到健康和强壮的贫穷状况中去，并不意味着又回复到道德纯洁和单纯愚钝的状况中去"（第220页）。

马尔库塞还谈到必须超越人的贪欲，认识到人的需要的历史性和真实性，即"在超出动物的水准上，一个自由而合理的社会中的生活必需品……不同于一个不合理不自由的社会中的生活必需品，不同于为了该社会而生产的生活必需品"（第219页）。在一个不合理、不自由的社会中，生活必需品是工业社会通过种种手段所唤醒的人们的贪欲，是为了工业社会的持续存在而生产的所谓必需品，是满足人的贪欲的必需品，是虚假需求。只有当真实需求成为人的需求时，它才是个人自己的需求，而不再是工业社会的需求。而"需要和满足愈是变成个人自己的需要和满足，对它们的压抑就愈显得几乎是致命的剥夺。但正是借助这种致命的特点，它可以为质变、即需要的物质化创造基本的主观条件"（第223页）。

这个所谓的主观条件，实际上就是思想的觉悟和解放。

"举一个（可惜是幻想的）例子：如果没有一切广告、没有一切灌输性的新闻媒介和娱乐媒介，就将使人陷入创伤性的空虚之中；在那里，他会有机会去惊奇、去思考、去了解他自己（毋宁说他自己的否定）及他的社会。失去他那些虚假的父亲、领导、朋友和代表之后，他就一定会重新学习他的ABC。但是，他将构成的那些语词和句子可能大不一样，他的愿望、担忧也会大不一样。"（第223页）

六、结论

基于对发达工业社会一体化症候与根源的分析，马尔库塞大致表述了如下基本结论：

首先，工业社会“社会整体日益增长的不合理性；生产率的浪费和限制；对侵略扩张的需要；经常的战争威胁；剥削的加剧；人性的丧失”等，为“一种历史的替代性选择”方案提供了基础与现实的可能性。作为一种替代工业社会的方案，它将“有计划地利用资源并花费最小量的劳动以满足根本的需要；把闲暇时间变为自由时间；并使生存斗争和平化”。（第 230 页）但是，马尔库塞在这一时期（《单向度的人》一书是1964 年出版的）对于历史性替代方案的可能性在总体上还处于比较悲观的时期。因此在他看来，“这些事实和历史替代性选择像一些没有联结在一起的碎片；或像一个缄默的对象世界，没有主体，没有在新的方向上改变客体的实践”。当法国“五月风暴”于 1968 年爆发之初，马尔库塞一度非常兴奋，他似乎从中看到了革命的主体力量和革命意识终于走向现实斗争的舞台。但随着“五月风暴”的戛然而止，他再度陷入悲观失望之中。因此，从总体上看，马尔库塞虽然坚信一种替代工业社会的方案一定会到来，但对于催生这一社会替代方案的主体力量和“与辩证理论相呼应的实践”（第 230 页）行动，他一直是比较悲观的。

其次，由于工业社会的一体化，“‘人民’，即先前的社会变革酵素，已经‘上升’成为社会团结的酵素”（第 233 页）。因此革命的主体力量已经发生了变化。他倾向于认为只有那些“生活在底层的流浪汉和局外人，不同种族、不同肤色的被剥削者和被迫害者，失业者和不能就业者”（第 233 页）才具有革命的诉求。“他们的生活就是对结束无法容忍的生活条件和体制的最直接、最现实的要求。因此，即使他们的意识不是革命性的，他们的反对也是革命性的……他们开始拒绝玩游戏这一点，可能标志着一个时期终结的开端。”（第 233—234 页）当“五月风暴”爆发之际，马尔库塞似乎发现了中产阶级的革命性，认为中产阶级显然也是具有革命意识和革命诉求的。但是，在“五月风暴”迅速平息之后，马尔库塞是非常失望的，转而继续认为只有那些生存在民主进程之外、最少分享到工业社会财富和处于社会最底层的流浪者、失业者、妓女和受到种族歧视的人才是革命的主体。

再次，尽管如此，马尔库塞依然对未来充满期待。尽管“已确立的社会的经济和技术能力大得足以考虑调解和迁就失败者，而其武装力量也训练和装备得足以照顾各种紧急情况”，但是，只要在发达社会的边缘地带存在着与这个社会格格不入的“幽灵”，那就一定预示着“进行替代性选择的机会”。他们对这个社会的“大拒绝”就是走向未来社会的希望。（第 234 页）

最后，社会批判理论就是旨在为那些献身于“大拒绝”的人提供思想武器。“社会批判理论并不拥有能在现在与未来之间架设桥梁的概念；它不作许诺，不指示成功，它仍然是否定的。它要仍然忠诚于那些不抱希望，已经并还在献身于大拒绝的人们。”（第 234 页）必须指出的是：马尔库塞为那些不抱希望的人所提供的思想武器乃是对工业社会的文化哲学批判，并旨在启发他们的革命意识，因而与马克思对资本主义社会的经济批判有着截然不同的差异。这可能是最终导致马尔库塞悲观主义情绪的主要原因。因此，马尔库塞最终也只能以如下方式无奈地结束他的社会批判理论：

“只是因为有了那些不抱希望的人，希望才赐予了我们。”（第234页）

《传习录》导读

《传习录》是一部哲学著作，作者为中国明代哲学家、宋明理学中“心学”一派的代表人物王守仁，字伯安，世称阳明先生。“传习”一词源自《论语》中的“传不习乎”一语。《传习录》包括了王学所有重要观点。上卷阐述了知行合一、心即理、心外无理、心外无物、意之所在即是物、格物是诚意的功夫等观点，强调圣人之学为身心之学，要领在于体悟实行，切不可把它当作纯知识，仅仅讲论于口耳之间；中卷有书信八篇，除回答了对于知行合一、格物说的问难之外，还谈了王学的根本内容、意义与创立王学的良苦用心，讲解“致良知”大意的同时，也精彩地解释了王学宗旨；回答了他们关于本体的质疑并且针对各人具体情况指点功夫切要；另有两篇短文，阐发阳明的教育思想。下卷的主要内容是“致良知”，阳明结合自己纯熟的修养功夫，提出本体功夫合一、满街都是圣人等观点，尤其引人注目的是四句教，它使王学体系齐备。

《传习录译注》，王守仁撰，王晓昕译注，中华书局

心物、知行与善恶

郭美华[1]

王阳明在中国哲学史上很重要，我这里对代表他思想的《传习录》的介绍是从哲学角度来说的。哲学思维有三个基本项，一是心或意识，这是每个人主观的东西；二是气或物，这是相对意识而言具有独立自在性的东西；三是理或精神，就是通常所谓理念、世界本质、绝对精神或客观规律与法则等。不过，这是基于西方近代认识论的一个区分，会遗漏中国哲学的一些问题。因此，我们将意识、物质、精神或心、气、理三项与中国哲学关于道德、意义和境界的追求相结合，在心与物、知与行、善与恶三个方面来介绍王阳明《传习录》的主要思想。简单来说，在中国哲学的视域内，心物关系涵摄认识论上主客体关系而指向意义世界的生成问题，知行关系包括认识论上理论与实践的关系而指向道德生存论的问题（其中主要是道德自觉与道德行动的相互涵融问题），而善恶关系则在涵

---

① 上海财经大学人文学院教授、博士研究生导师，华东师范大学现代思想文化研究所研究员，波士顿大学访问学者（2016—2017），中华孔子学会理事、中国哲学史学会理事。主要从事中国哲学的研究和教学，出版有《古典儒学的生存论阐释》《熊十力本体论哲学研究》《与朱熹和王阳明对话》《中国哲学十二讲》等多部著作。

摄认识论与伦理学问题的基础上指向境界问题。

一、我们为什么要读王阳明?

读书需要理由，就像我们活着需要理由一样。当然，并不是我们每个人活着都有理由。不过，没有理由地活着，到底是不是真的活着我们不太清楚，但如果按照哲学的要求来说，没有理由的事物是不存在的，那么对于人而言，没有理由，其实根本无所谓活着不活着。

读书是人作为人而存在的本质方式之一，它意味着人类自身作为整体的历史延续中内在的自身要求。作为有着内在本质的生存活动，读书当然是需要理由的。如果有人读了书而没理由的，那么，这个书肯定是白读了。在哲学上，一切都是要有理由的。如果说一切哲学都要承认一个“公理”的话，那只能是“无不能生有”，即没有理由就不能有主张。可是，哲学上的理由又不是现成的，所以，哲学对于理由的追求，首先体现为一种对于理由的期待状态，即对于理由的怀疑状态，这一般被称为“理性的怀疑状态”。对于阅读王阳明的特殊理由的寻求，使我们进入一个“一般理由的寻求状态”。换言之，我们要先行在内心唤起一种精神的觉悟状态，才能进入对于“阅读”理由的寻求，我们由此才能追问：为什么王阳明的《传习录》会出现在大学生阅读推荐书目里面?

世俗的理由是现实中大多数人行动的根据，尽管哲学并不与世俗完全绝缘，但哲学的理由一般都与世俗的理由相反。在阅读王阳明的理由中，有一个很大的世俗推动力，即政治人物的推崇（比如毛泽东、蒋介石以及今天的国家领导人都爱读），以及由此而来的世人的热捧。说起来，哲学也有着自身的悲哀，即有些从事哲学的人，并不从哲学而是从世俗出发来肯定阅读王阳明的意义。现在王阳明很热，“热”就是一种世俗现象。哲学的本质就是冷，要静下来理解其中的理由。在这个意义上说，我们阅读王阳明第一个理由，恰好不是因为我们陷身于世俗之热而迷失自己，而是我们想从热而迷人之中返回自己的冷静自得。

阅读王阳明的第二个理由，是一种力图把世俗理由与哲学理由融合起来的理由。中国传统思想对于人的成就，有一个“三圣功”的说法。所谓三圣功是针对圣人而言的，即圣人的功绩有三个层次不同的方面，而圣人是三个方面的统一：太上有立德，其次有立功，再次有立言。立德是说一个真正最完美的成就者，一个真正的自我实现者，他首先是成就了两个方面的德，一个方面是指对社会、对百姓做了什么善举，这是德行；另外一个是内在凝成了道德品格，这是德性。立德就是内在德性与外在德行的统一。立功主要是指政治、军事上的巨大功勋，如建立国家、征服异族、击退侵略、安邦治国等。其中，值得注意的是，周公制礼作乐而形成社会生活秩序，这是在孔子看来特出的功业。在中国历史与思想的展开中，立功与立德有一个悖论，即除开尧、舜、禹等远古圣人以及商汤、周文王、周武王等三代开国之君实现了立德与立功的统一，后来立德与立功就再也没有统一起来。比如秦始皇是有功的，但是没有德；而孔子是有德的，但是没有功。所谓立言，就是说出或写出影响深远的观点学说，即一般所谓对于道理的著书立说。孔子自称“信而好古述而不作”，谦虚地说自己没有创作什么新学说、新观点（后世却把很多思想学说都归诸孔子）。至于历朝历代的皇帝“奉天承运”所说之言，历史已经证明不是真的“立言”。有人认为，在中国哲学史上，真正实现了有道德、有功勋、有哲学思考深度三者统一的人只有一个，就是王阳明。世俗的人能理解政治军事功勋，视之为圣功，以此为基础来理解圣德与圣言。而我们阅读王阳明，恰好相反地从“言”寻“德”，以“言”和“德”的统一以观“功”。生于人世间，功本身并不能成为世界的本质，只有德和言才能成为世界的本质。

阅读王阳明的第三个理由，是一个历史性理由，即基于王阳明在中国思想史和哲学史上的地位。一般我们说，儒家是中国传统文化的主流。如果儒家只举一个人的话，这个人当然就是孔子。举两个人的话是孔子和孟子，举三个人的话就只能说孔子、孟子和荀子。但是，后代不把荀子当儒家，很多人说他是法家。如果要在儒家中举四个人，那就是孔子、孟子、朱熹、王阳明。如果在儒学中举七个人，就是孔子、孟子、荀子、董仲舒、朱熹、王阳明、王夫之。儒家之外，从中国哲学史上看，王阳明也跻身于最重要的八位哲学家之列，即孔子、孟子、老子、庄子、荀子、朱熹、王阳明、王夫之。如果十个人的话，可以加上王弼和慧能。其实，哲学史有一个很有意思的现象，那就是，大哲学家凤毛麟角，而他们对于我们思想的滋生有很大的启发，但思想本身的扎根，则需要我们到历史深处去撷取更为幽微深邃的星火荧光。在一定意义上，如果要避免鸡汤主义的理解，王阳明恰好就是处于从大哲之触发迈向幽深之扎根的哲学家之一。

阅读王阳明《传习录》的第四个理由，就在于《传习录》这本书自身。近现代著名学者钱穆曾经推荐过修身七书，包括《论语》《孟子》《老子》《庄子》《六祖坛经》《近思录》与《传习录》。《论语》《孟子》与《大学》《中庸》，传统上称为四书。有三点值得说一下：其一，四书及朱熹的注释，在元、明、清三代，是所有读书人都要读的书，并且成为科举考试的专业用书，朱熹注被视为一个标准答案；其二，四书的内容非常少，《大学》《中庸》两本书加起来5 000多字，《论语》1万多字，《孟子》不到4万字，加起来5万多字。其三，四书的内容偏重于伦理道德训诫，知识范围比较狭窄。这几个方面合起来，其实对中国人的精神世界形成了严重的束缚与桎梏。某种程度上，我们可以说中国人读书很难，甚至可以说很多中国人是不太读书的——既是皇权制度不让人自由读书，也是士人不愿意自由读书。钱穆自认为是一个传统儒家，但他这个推荐还是逸出了单纯儒家的樊篱，列入了道家和佛家的书目。在一个典籍汗牛充栋而又缺乏读书习惯与读书自由的传统里，《传习录》是那种可以开启道德主体性与生存自主性的书，不以任何历史上的圣人为权威，而以自身为圣人，使得我们在怠惰中可能去触及生命的幽深之处。

所有理由之中，最为本质性的理由，当然在于阳明思想自身的魅力。从孟子开始，中国人把人具有良知当成自己的信仰。中国人常说“天地良心”，良心和天地一起构成了中国人信仰的根基，而且良知自身如其本质的实现，就能契合天地的精神。从信仰的角度看，良心是每个人都固有的，但每个人要在自己的世俗日常生活中让良知入其本质实现出来，让良知恒久而不间断地呈现自身，“造次必于是，颠沛必于是”，其实是很难的。所以，良知信仰的悖论就在于，人皆有良知而良知在现实生活却容易中断、湮灭自身。从孟子人皆固有的四端之心与求放心，到阳明的致良知，孜孜以求的都是在切己之行中，在真切的生命活动中，能够真实地将良知实现出来。王阳明强调，良知闪耀于天地之间。正因为如此，我们每一个平凡的人，作为一个禀赋着内在良知的人，要用自己内在的深邃与神圣，去拥抱历史上、哲学史上、思想史上、文明长河中那些熠熠生辉的深邃与神圣。只有自身深邃与神圣，我们才配得去寻找历史之中发光的那些伟大的人物。而在历史中真正发光的伟大的思想及人物，永远在那里熠熠生辉，总会让那些在思想的海洋里遨游和探索的人寻找到他们。我们读王阳明的《传习录》，不外乎就是通过自己良知的“跋涉”去寻找历史中前者良知闪耀的光明。在寻找光明的过程中，让我们自己内在的光明得以涌现。在此，我们要拒斥鸡汤主义式的阅读，好像王阳明的话语给予我们一种舒适的顿悟而免于良知艰苦卓绝的行进，从而轻浮地、不加思索地、不费脑子地以似是而非的虚假领悟，来宽恕自己日常生活中的懒惰与愚昧。世界上最痛苦的东西，不是肉体的劳作，而是能让自己的精神面对精神的那种坚韧。一个人想让自己的精神一直坚持在精神自身之中，这是世界上最为痛苦、艰难的生存状态。人生并非是闲适与轻快的，而是深邃与痛苦的。不要让自己的生命陷入无休止的低水平重复，而要让生命跃入不断的深邃化与广袤化。如此，才是良知的哲学性实现。简言之，阅读王阳明，可以在哲学上昭示我们一条“跃入深渊与跃入痛苦”的生存道路。

另外，顺便提一句，关于王阳明《传习录》的版本，我推荐著名学者陈荣捷先生的《王阳明〈传习录〉详注集评》（华东师范大学出版社 2009 年出版）。书中有很多典故的解释，尤其对四书以及传统六经的引用，都有解释。而且，陈荣捷先生对于日本学者的相关论述有很多征引，可以促进我们的理解。

我这里对王阳明《传习录》的引介，主要围绕心物、知行、善恶三个方面来展开。在心物关系上，通常大家知道心外无物，但是我更进一步讲物外无心，二者统一的基础在于行动，由此以建构一个人类生存的意义世界；知行关系上既要讲知行合一，还要进一步强调在知行合一中致良知的两个向度，一个是克制我们内心的邪恶，一个是推广我们内心的善念，关键在于“事上磨练”；善恶关系上我们既要注意到至善无恶与无善无恶在本体论上的统一，更要注意到善恶的超越是生存的更高境界。

二、心物关系与意义世界的生成

关于心物关系，《传习录》中有一个出名的讨论，即“岩中花树问答”或南镇观花：

> 先生游南镇，一友指岩中花树问曰：“天下无心外之物。如此花树，在深山中**自开自落**，于我心亦何相关？”先生曰：“你未看此花时，此花与汝心**同归于寂**；你来看此花时，则此花颜色**一时明白起来**，便知此花不在你的心外。”

王阳明一个基本主张就是“心外无物”，这点从常识上很难理解。他的朋友便是从常识角度对王阳明提出诘问：你说天下无心外之物，对面山上岩石中的桃花树，如此花树在深山中自开自落，我们看到它，它自己开自己落，我们没看到它，它仍然自己开自己落，与我心有什么关系？这个诘问从常识角度看，似乎是很有力度的。不过，这个力度是没有思想性的力度。思想的力度恰好就在于克服常识的束缚。王阳明回答说：当一个人未看桃花时，桃花与他的心同归于寂；当一个人看到桃花时，桃花与他的心就“一时明白起来”，由此可见桃花不在心之外。王阳明这个回答，实际上包含着一个哲学上的基本前提，即意识自觉是思想上讨论一切问题的前提。在这里，王阳明的朋友所犯的一个错误就在于，他以自己已经见过桃花来假设没有见到桃花时桃花自身的存在，实际上，没有见到桃花之前，桃花存在与否的问题都不存在。没有哲学思维训练的人，常常不能理解这一点，而从常识上认为一张桌子、一棵树、太阳和月亮在我们的意识之外，是客观自在的，不以人的主观意志为转移，为我们的主观意识所复写、摄影和反映。这也是列宁对于物质的定义。要注意，教科书式的列宁的物质定义是在极其有限意义上来说的，即针对消解世界自在性的主观唯意志论才有意义。实际上，马克思、恩格斯直接说过，所谓物质是纯粹的抽象，除了承认其自在性之外，我们不能说更多的东西。马克思、恩格斯在《德意志意识形态》里面专门批评过传统的机械唯物主义者或者庸俗唯物主义者，独断地肯定在人之外存在着一个广袤而自在的世界。马克思、恩格斯举例说，对于从来没去过澳洲的所谓唯物论者，他除了从报纸上看到在澳洲的海底下面有大面积大堡礁存在之外，他对这个澳洲根本说不出什么更多的东西。在哲学领域，不存在一个物质决定意识的问题。马克思主义作为唯物主义，是历史唯物主义，它强调的是人类社会生活存在形成了人们的社会意识、社会性观念。人类的观念反映人类的社会生产劳动，脱离了人类的社会生产活动，去设想一张桌子、太阳、月亮、一棵树在人之外客观存在，这完全是一种理智上的虚构与造作。

那种将世界视为脱离人类活动的世界自身，其实是人类思想的简单化。如此朴素的唯物主义意识，在马克思主义哲学的发展过程中，是早就被扬弃了的东西。当我们用日常常识的方式无法准确而清楚地了解一句哲学话语意义的时候，就需要我们开动自己的思考，即让人身上最高贵、最昂扬的力量，也就是良心、良知、灵魂的能思的力量开动起来。当你不开动自己的灵魂的运作，不开启你自己精神的思考，而想理解一个跟常识相背离的哲学性观念，就会走向一种对哲学的拒斥，或者说走向一种理智的怠惰。让大学生摆脱日常生活常识的裹挟和束缚，而进入人文精神的深处，这是我们今天大学通识教育的重大任务之一。从幼儿园到小学、到初中、高中以至大学都弥漫着功利主义气息，使得大多数青年人乃至整个社会都缺乏一种纯净的人文社会风气，社会蝇营狗苟而物欲横流，每一个但凡有点思考的人都可以领会到这种反精神的糜烂性。

心外无物在岩中花树问答中展现出来的意味，首先逸出了日常生活的理智怠惰，它绽放出一种理解事物的新的境域。所谓未看此花时此花与汝心同归于“寂”，意思是说与人的认知毫无关联之物，或者人对其一无所知的东西，人不可能进行任何言说。与人类认知和行动毫无关联之物，其“存在不存在这个问题”都不存在。所谓看此花时汝心与此花一时明白起来，明白就是亮，亮就是心与事物一起呈现在有意义之域。

王阳明用岩中花树问答来解释心外无物，要求转换我们理解事物的视角。我们把日常食色生活的窗口关上，打开另外一个与食色不同的窗户。日常食色生活是灰暗无色彩的窗口，以为食色之外有着匿名的无穷之物，作为满足食色之欲的资料。只有关闭食色灰暗之窗，打开灵魂那扇熠熠生辉、照亮事物的窗户，心和物才能呈现应有的意义光芒。一切事物的存在都是有意义的存在，丧失意义的存在就不是真正的存在。我们常听到世俗对于人的“智慧教诲”——“没有你天地长存”“没有你地球照样转动、太阳照常升起”。常识教导我们，没有人类，地球存在——没有人类之前，地球已经存在；没有人类之后，地球继续存在。如此常识，不用一点心的反思，无法明白其悖谬——它忘记了地球在自然科学意义上存在于人的诞生之前，这本身就是一个人类的科学认识；它忘记了地球将在人类灭亡之后继续存在，这本身就是人类的一个科学假设。"人相信一个与人自身的无关的事物的存在"，这个表述本身就是逻辑上矛盾的。实际上，我们不必说没有我就没有世界，而是必须说，如果没有我，就没有属于我的世界；我们不必说没有人类就没有世界，而必须说没有人类，就没有属于人类的世界。对于有人类的世界而言，不是人类在一个自在世界的舞台上表演自身，而是人和世界、心和物，都在人与世界交互作用的舞台上表演、呈现自身。人和世界的交互作用的深度和广度，决定着人和世界二者，在交互作用的舞台上呈现自己的广度和深度。人和世界的交互作用，也就是心和物交融之境。心和物都呈现在心物交融之境，即一个充盈着意义的意义之境。在此意义之境，并没有脱离心之外的纯粹之物，也没有脱离物的单纯之心。

事物的存在都是有意义的存在。现代西方哲学家海德格尔说，所谓存在的问题就是存在的意义问题。某物存在，总是有某种意义的存在。而一切意义都是人类的主体性赋予。比如，你手触摸到这个东西，坚硬是一种意义；你看到墙壁的白色，白色是一种意义；你鼻子闻到一阵肉香，香是一种意义。简言之，我们的眼、耳、鼻、舌、身，我们的眼看、耳听、手触乃至于我们的第六感，所有这些东西都是意义的最原初的形式，最奠基性的形式。更深层、更复杂的意义，超越感性而走向理性的意义，比如哲学、宗教、文学、艺术等精神性意义，就更是体现了人类的主体性赋意。就强调良知是赋予事物以意义的主体而言，王阳明侧重于说"心外无物"。

在哲学上，有一个难题，即事物总是在人与事物的相互作用中呈现出来，那么，事物的性质究竟哪些是事物自身固有的？哪些是与人相互作用而衍生的？英国哲学家洛克说事物固有的性质是第一性的质，而事物与人相互作用渗透人之主观色彩的性质则是第二性的质。第一性的质只有重量和体积，色、声、香味、冷热等都是基于人的感觉而有的第二性的质。古希腊哲学关于人类认识事物的观点有一个流射说，人的眼睛有一种光流射出去，事物有一种光流射过来，两种光碰撞、交织在一起所形成的影像，就是我们眼睛所看到的事物。流射说与现代量子物理学有点相似。量子物理学认为，人类对事物的观测是一种光，被观察事物是一种光，两种光与光之间以粒子波动的形式相遇，会发生互相扭曲，使得人类无法观测到事物原本的样子。人类观看事物，只能通过人类充满色彩的眼睛去观看，使得世界显现出合于人类眼睛的色彩。

我们走在一马平川的草原上，并不是草原上每一事物都被我们眼睛所看到——并非任何一棵小草、任何一棵小树、任何一个小动物、任何一粒沙子，都进入我们的眼帘。我们只看到了靓丽的勿忘我花，只看到了挺拔的青松，我们只看到了巍峨的高山，只看到了皑皑白雪……简言之，我们只看到了自己想看到的东西。马克思说，美是人的本质力量的对象化。美妙的音乐只呈现给懂音乐的耳朵，美丽的绘画只呈现给懂艺术的眼睛。事物的美，是我们人心之美的投射。赋予事物以意义的主体就是人的心，而呈现在人类世界的每一事物，都是心赋予了意义之物，没有心赋予意义之外的事物。王阳明看到人类心灵是意义主体并突出这一点，这具有合理性与积极性。

不过，王阳明这样强调时存在欠缺，即他强调人心赋予事物意义，却忽略了物的自在性维度。王阳明所谓的意义，与我们今天所说的意义，具有一定的差异。其所谓意义，是指伦理道德意义，以及在与伦理道德一致基础上的政治意义。道德-政治一致化的意义世界，湮没了两个方面：一是自然世界的自在意义，二是社会中不同个体的差异性。近代以来，尤其自五四新文化运动以来，中国社会举起了德先生和赛先生（民主和科学）两面旗帜，实质上就是要将自然从道德—政治的束缚中释放出来，将个体性差异从普遍道德—政治秩序的囚禁中解放出来。王阳明“心外无物”的道德—政治意义世界，将一切道德—政治化，没有事物自身，没有天地万物之自在性，从而就显现为一个封闭的意义世界并丧失了向着可能与差异的开放性。

岩中花树问答从意义世界的生成讲心外无物，并不意味着王阳明简单地将物从属于心。实际上，王阳明突出物外无心，这一点常常被心学诠释者所忽视。王阳明常说心外无物、心外无理、心外无事，很多人就归结为一个“心外无大写字母 X”式的主观唯心主义论调，似乎人有一种天赋的心灵实体，脱离于天地万物、脱离于人的现实生存活动而无中生有地赋予事物以意义。如此理解，毫无疑问是错误的。实际上，人类意义世界的生成是心外无物和物外无心的统一。王阳明这方面的论述，常常被学者们忽视，所以我特地举几个典型的说法来加以提点。

首先，王阳明所谓心，并非是脱离具体事物、脱离行动的光秃秃的心，而是与事物和行动融而为一之心：

身之主宰便是心，心之所发便是意，意之本体便是知，意之所在便是物。如意在于事亲，即事亲便是一物；意在于事君，即事君便是一物；意在于仁民爱物，即仁民爱物便是一物；意在于视听言动，即视听言动便是一物。所以某说无心外之理，无心外之物。

尽管心是主宰，但主宰之心是在一个心—意—知—物—行的整体之中实现其主宰作用的。而且王阳明所谓物，并非今天自然科学意义上的自在之物，而是道德—政治之物，比如“事亲”“事君”“仁民爱物”“视听言动”等。正因为道德—政治之物本质上就是人的自觉性行动本身，所以事情以及事情之理都不能脱离行动本身具有的自觉性意识。如此，王阳明便很严厉地批评那种厌物静坐的修养方法：

刘君亮要在山中静坐。先生曰：“汝若以厌外物之心去求之静，是反养成一个骄惰之气了。汝若不厌外物，复于静处涵养，却好。”

静坐本身有其积极的意义，但以厌物脱离现实生活的方式去求一个虚渺的静，却是一种理智的骄惰——骄是自以为心高于物，惰是心疏懒于行。

其次，王阳明明确强调物外无心，强调不能脱离事物去求一个吾心：

夫物理不外于吾心，外吾心而求物理，无物理矣；遗物理而求吾心，吾心又何物哉？

事物之理需要人心之自觉性去理解，但是，没有对于日、月、星、辰、虫、鱼、鸟、兽的观看，吾心并不能闭目塞聪而给出一个日、月、星、辰、虫、鱼、鸟、兽之理，甚至没有日、月、星、辰、虫、鱼、鸟、兽跃入我们的观看之域，我们的心本身便根本呈现不出来。不读书不能明白书的道理，不侍奉父母不知道孝亲的道理，不努力劳作不知道生活的道理。我们只有在认真读书中，只有在行走中，只有在与父母共同生活中，只有在与朋友的交往中，只有在事情和心灵的水乳交融中，才可能呈现并领悟我们的心。根本上，眼睛只有通过对色彩的观看才成其为眼睛，耳朵只有通过对声音的倾听才成其为耳朵，鼻子只有通过对气味的嗅闻才能成其为鼻子，嘴巴只有通过对口味的品尝才成其为嘴巴，心只有通过对万物的感应才成其为心。在此意义上，物以及物之色声香味等性质是心以及感官感觉的根据或本体：

> 目无体，以万物之色为体；耳无体，以万物之声为体；鼻无体，以万物之臭为体；口无体，以万物之味为体；心无体，以天地万物感应之是非为体。

闭上眼睛并不能产生五彩缤纷的颜色，只有世界上不同的事物五彩缤纷地呈现于眼睛，眼睛才能看出色彩；塞住耳朵并不能产生声音，只有虫鸣鸟叫纷然天籁，耳朵才能听到声音；堵住鼻子并不能产生香臭，只有鲜花散发出芬芳，鼻子才能够闻到香味；合上嘴巴并不能产生味道，只有苹果、香蕉进入口腔，舌头才能品尝出百味；孤立心灵并不能产生意义，只有万物与心自然感应流通，心与事物才能灿然显现意义。

最后，王阳明对于物外无心的强调，一个根源就在于他秉持儒家的道义使命，即为天地立心、为生民立命的“治天下”情怀。他批评佛教养心却遗物离弃天下，儒者之养心是即物而顺天则（天理）：

> 或问:“释氏亦务养心,然要之不可以治天下,何也?”先生曰:“吾儒养心,未尝离却事物,只顺其天则,自然就是功夫。释氏却要尽绝事物,把心看做幻相,渐入虚寂去了,与世间若无些子交涉,所以不可治天下。”

天下的有序当然是人类意义世界的重要特征之一。佛教修养之所以离弃天地万物,因为它有一个世界万物缘起性空的根本主张。儒者却以亲亲仁民爱物之情作为生存的基石,亲人、同胞、天地万物都是与自身生命一体相连的实有之物,个体自我的完善与亲人、同胞及天地万物的完善是一体不分的。人类意义世界的生成,也正是生成在个体自我之完善与亲人、同胞以及天地万物之完善的一体实现中。这个意义世界的实现,在王阳明也就是万物一体:

> 夫圣人之心,以天地万物为一体,其视天下之人,无外内远近,凡有血气,皆其昆弟赤子之亲,莫不欲安全而教养之,以遂其万物一体之念。天下之人心,其始亦非有异于圣人也,特其间于有我之私,隔于物欲之蔽,大者以小,通者以塞,人各有心,至有视其父、子、兄、弟如仇雠者。圣人有忧之,是以推其天地万物一体之仁以教天下,使之皆有以克其私、去其蔽,以复其心体之同然。其教之大端,则尧、舜、禹之相授受,所谓“道心惟微,人心惟危,惟精惟一,允执厥中”,而其节目,则舜之命契,所谓“父子有亲,君臣有义,夫妇有别,长幼有序,朋友有信”五者而已。唐、虞、三代之世,教者惟以此为教,而学者惟以此为学。当是之时,人无异见,家无异习,安此者谓之圣,勉此者谓之贤,而背此者,虽其启明

如朱，亦谓之不肖；下至闾井田野，农工商贾之贱，莫不皆有是学，而惟以成其德行为务。

尽管王阳明与大多数以天下为己任的儒者一样有着忽略天下自在性与他者差异性的弊端，但从心物关系上说，万物一体的最终境界，无疑以“心外无物”与“物外无心”的统一为基石。万物一体的意义世界整体，其间有着厚薄不同的差序结构：

问：“大人与物同体，如何《大学》又说个厚薄？”先生曰：“惟是道理自有厚薄。比如身是一体，把手足捍头目，岂是偏要薄手足，其道理合如此。禽兽与草木同是爱的，把草木去养禽兽，心又忍得；人与禽兽同是爱的，宰禽兽以养亲与供祭祀，燕宾客，心又忍得；至亲与路人同是爱的，如箪食豆羹，得则生，不得则死，不能两全，宁救至亲，不救路人，心又忍得。这是道理合该如此。及至吾身与至亲，更不得分别彼此厚薄。盖以仁民爱物皆从此出，此处可忍，更无所不忍矣。《大学》所谓厚薄，是良知上自然的条理，不可逾越，此便谓之义；顺这个条理，便谓之礼；知此条理，便谓之智；终始是这个条理，便谓之信。”

如此厚薄不同的差序结构，与“致良知”的具体活动关联在一起。当然，厚薄差异的秩序结构有其内在的缺陷。不过，禽兽与草木的同异、人类与禽兽的同异、至亲与路人的同异等，作为心之仁爱的具体性实现，恰好表明物外无心。因此，理解王阳明的心外无物，同时要与物外无心结合起来。只有“心外无物”与“物外无心”两者统一起来，人类的意义世界才能真正生成。

三、致良知与知行合一

王阳明在心物关系上对“心外无物”与“物外无心”之统一的强调，落实为“致良知”学说。王阳明致良知学说，直接针对的是朱熹的格物致知说。朱熹格物致知说是对《大学》三纲领（明明德、亲民、止于至善）、八条目（格物、致知、诚意、正心、修身、齐家、治国、平天下）中“格物”的一个补充解释：

> 所谓致知在格物者，言欲致吾之知，在即物而穷理也。盖人心之灵莫不有知，天下之物莫不有理，惟于理有未穷，故知有不尽也。是以《大学》始教，必使学者即凡天下之物，莫不因其已知之理而益穷之，以求至乎其极。至于用力之久，而一旦豁然贯通焉，则众物之表里精粗无不到，而吾心之全体大用无不明矣。

朱熹这个理解，在阳明看来，就是将心与理分裂为二，即一方面是能知之心，一方面是所知之理，彼此外在。因此造成了物理与吾心的隔离，而无法合理地解释意义世界的生成问题。在王阳明看来，意义世界的生成是心物不二基础上的心即理，也就是良知即天理，而意义世界的生成，也就是致良知而使得万物得到秩序与良知获得呈现的统一：

> 朱子所谓格物云者，在即物而穷其理也。即物穷理，是就事事物物上求其所谓定理者也，是以吾心而求理于事事物物之中，析心与理为二矣。夫求理于事事物物者……若鄙人所谓“致知、格物”者，致吾心之良知于事事物物也。吾心之良知，

即所谓“天理”也。致吾心良知之“天理”于事事物物，则事事物物皆得其理矣。致吾心之良知者，致知也。事事物物皆得其理者，格物也。是合心与理而为一者也。

朱熹的格物致知说里面，蕴含着一个哲学认识论上的基本难题，即彼此隔离的心和物两者，在认识中，作为主体的心如何能跨越这个分裂的“天堑”去把握作为对象的“物”？哲学认识论上有经验论和唯理论两条不同的路径来加以解释。经验论认为人类的认识是外物给予人的经验印象，唯理论认为人类的认识是先天观念的自觉或回忆。二者都各有所得、各有所偏。马克思主义对心物二分问题的应对，是对此二分加以克服和超越，即强调革命的实践活动本身是认识的基础，在革命性的实践活动中，心和物二者一起被改造、一起被认识。革命的实践活动一方面是能动的行动本身，一方面是自觉的观念认识，二者统一在一起。人类自觉的观念认识，是对自身的社会生活生产活动的再现；而人类社会的生产、生活，是在观念引导下有计划、有目的的行动。观念之引导行动，与行动之生发观念，二者彼此交互为用、递相助进，并没有一个先天的心与物（人和世界）的分离状态。

比如，走路并不是人先有一个想走的自觉观念，而后才脚踩在另一个与人分离的大地上。而是“行走”这个活动本身，就是脚和大地的源始融合在一起的。恰好因为行走本身，大地才成其为大地，脚才成其为脚。比如，在教学活动中，书写是粉笔和黑板实现自身的本质方式，没有在黑板上板书的书写，粉笔不成其为粉笔，黑板不成其为黑板，根本就没有脱离书写活动的粉笔与黑板。人在这个世界上，辛辛苦苦地劳作，流血流汗地追求，这些劳动和追求的活动使得人成为人，使得世界成为世界，脱离了人在这个世界上的心灵和身体的劳作和追求，世界不成其为世界，人不成其为人。当然，王阳明并未抵达马克思主义哲学的实践观，马克思主义实践观可以让我们更好地看出王阳明哲学致良知论的深意。

所谓“致良知”，从形式上看，它不是“良知致”。一些人理解王阳明的良知学说，倾向于丢开这个“致”而理论，这是大有偏颇的。“致”是一个活生生的活动或行动，不能预先给一个行动的主体或实体，以此主体或实体作为“致”知活动的基础，相反，而要以“致”知活动作为良知呈现与生成的基础。“致”有两个方面的意思，即扩大、达到。相应地，“致”知活动的展开，有两个方面的内容，一方面是良知及其内在的秩序、意义倾向投射到事物上，赋予事物以规定和意义；另一方面，是良知经由对事物赋予规定和意义，而将抵达自身对自身的觉悟并呈现出来。在一定意义上，王阳明的“致良知”说，有点类似于近代西方哲学家康德所说的“人为自然立法”。康德认为感性所得是杂乱无章的材料，需要人用自身的先天形式来整理、规范，以获得有条理的知识，即人为自然立法。不过，康德的认为自然立法，主要是在认识论上讲的，而阳明致良知说主要是道德和伦理上的意义。

致良知以“致”知活动为根源性所在，里面有着人类生存的一些浅显却常被忽略的道理。我女儿读幼儿园中班的时候，有天突然问我：“爸爸你知道毛主席和中国共产党伟大吗?”我一听，大吃一惊，对于一个五岁的孩子来说，这个“伟大”来得太早了，乃至于根本不明白“伟大之为伟大”的意义。而不明白其意义的伟大，并不是真正的伟大。于是，我跟女儿解释了与伟大相关的另一个词语，即“重要”。从意义上跟女儿说重要性问题，比如对于作为爸爸的我来说，我的女儿最重要；对于作为儿子的我来说，父母最重要；对于作为丈夫的我来说，妻子最重要；对于作为老师的我来说，学生最重要……每个人在自己人生的任何一个阶段，都有一个相对的意义世界，在此世界中，我们安顿不同人和物，赋予它们不同的意义和重要性。人生是一个不断展开的过程，意义是一个不断生成的过程，因此，人根本不可能在人生之初就得到一个“凝固不变”的“伟大”，而是不断去努力“致”自己的人生，即不断去努力展开自己的人生，使得世界与人都不断生成自身，从而“重要”不断地深化，而“伟大”也就不断地生成。后来女儿读初中的时候，有一天给我推荐一个日本作家，叫作太宰治，她说太宰治很伟大，让我一定要读。太宰治我以前没有读过，现在忙专业，我也没有想过去读。女儿就很生气，说我学哲学的有些自高自大。我就赶紧给女儿解释说：你作为爸爸的女儿喜欢太宰治，你想让爸爸了解你所喜欢的这个作家，作为爸爸当然是愿意的，但这与太宰治伟大不伟大没有关系。女儿对我很重要，我愿意去了解女儿喜欢的作家，但我没有时间也没有意愿去赋予太宰治“伟大”。一部作品或一个人物之为伟大，并非某种自在的本质，而是必须基于我在思考与生命中的“自觉而能动的寻求活动”，也就是“致”之活生生的行动，与自己的生命水乳交融，才能呈现其意义。如果仅只是陷于人云亦云，“伟大”便毫无意义。

以“致”之活动为基础，反过来看孟子的“四端之心”，也就不会陷入现成良知或先天本心的窠臼。端的意思，是已然有所萌发、已然绽放状态，而不是一无所发的潜在种子或先天种子。孟子以一个具体生动的“乍见”（今人乍见孺子将入于井）或“见”（见牛而不忍杀之），来说明仁心以及四端之心的现实呈现，这是富于具体生命内容的、基于“必有事焉”而呈现的生存活动本身。

王阳明的心物关系学说走向致良知论，其间的深意有许多。就其简单而论，就是以“致”之活动为基础，扬弃先天良知或现成良知之说，以为有了一个完满无缺的良知，就一了百了而诸事不做。良知呈现的前提和基础是“致”之活动与工夫，并非有一个先天完满的自我实体，然后去行动。实情反倒是，只有先行具体生动地读书、思考、劳作、工作、养家糊口、孝敬父母、爱护儿女、尊敬老人、教学等，呈现出一个具体而生动的自我。没有这些实实在在的活动，良知就是虚无缥缈而毫无实在性的东西。行动优先而生成自我，这个观点是从致良知中有所引申而提出来的。其实，王阳明本身还有着先天良知的预设。无本体的行动以生成本体，这在黄宗羲“心无本体，工夫所至，即是本体”这一说法中，得到充分的体现。下雨并没一个雨神，打雷并没有一个雷公，闪电也并没有一个电母，这些道理，需要一些对于生存的哲学反思。

致良知以“致”知具体活动为基础，敞明了人类自身存在的一种源初状态。王阳明又把致良知展开为知行合一说。知行合一作为人存在的本真状态，针对着两种非本真的扭曲状态，即一种是什么都不知道就瞎做的胡作非为与冥行妄作，一种是明知当做而不做的知而不行的揣摩影响：

> 古人所以既说一个知又说一个行者，只为世间有一种人，懵懵懂懂的任意去做，全不解思惟省察，也只是个**冥行妄做**，所以必说个知，方才行得是；又有一种人，茫茫荡荡悬空去思索，全不肯着实躬行，也只是个**揣摩影响**，所以必说一个行，方才知得真。此是古人不得已补偏救弊的说话，若见得这个意

时，即一言而足。今人却就将知行分作两件去做，以为必先知了，然后能行，我如今且去讲习讨论，做知的工夫，待知得真了，方去做行的工夫。故遂终身不行，亦遂终身不知。此不是小病痛，其来已非一日矣。某今说个知行合一，正是对病的药，又不是某凿空杜撰。知行本体原是如此，今若知得宗旨，即说两个亦无妨，亦只是一个。若不知得宗旨，便说一个亦济得甚事？只是说闲话。

对冥行妄作和悬空思索的批评，在《孟子》就特别指出了。孟子说："必有事焉而勿正，心勿忘，勿助长也。无若宋人然。宋人有闵其苗之不长而揠之者，芒芒然归，谓其人曰：'今日疾矣！予助苗长矣！'其子趋而往视之，苗则槁矣。天下之不助苗长者寡矣。以为无益而舍之者，不耘苗者也；助之长者，揠苗者也——非徒无益，而又害之。""正"训为"止"，人的生存实情是"必有事焉而勿止"（人的生命总是处在具体生动的行事活动之中）。简言之，生命活动无一息之或止。离开如此生存之实而蹈虚的存在有两种样式，一种是心忘，一种助长。心忘就是冥行妄作，助长就是悬空思索或揣摩影响。所谓知行合一是知行的本体，克服或消解两种扭曲的生存状态。实际上，王阳明所谓"知行的本体"，或者所谓"知行合一"，就其揭示人自身生存的实情而言，也是对孔子"学而时习之"的进一步阐释。学的本意是觉，习的本意是行，时是不间断。"学而时习"的意思就是精神觉悟与生命活动融合为一：人的生存活动是自身觉悟了的行动，人类的精神觉悟以自身的具体生命为其内容；行动是觉悟了的行动，觉悟是对行动的觉悟。

知之真切笃实处，即是行；行之明觉精察处，即是知，知行工夫本不可离。

借用康德式的话语来说，没有清楚之知的行动是盲的，没有切实行动的知是空的。行动要不盲目，认识要有内容，它就意味着知和行两者的相互融合。只有知和行彼此融合，才能体现真正的人之生存的实情。

在知行本体的意义上来理解人的生存实情，首先要真切地理解人自身存在的开始。孔子说“吾十有五而志于学”，这作为他“哲学自传”的第一句话（后面是“三十而立、四十而不惑、五十而知天命、六十而耳顺、七十随心所欲不逾矩”），就是对生存之始的某种揭示。“志”是“心之所之”，心自觉地以学为自身之所指向，意味着生命存在开始于某种对自身觉悟的追求。当人以某种自我觉悟的状态而绽放自身之际，生存就真正开始了。这是一种哲学生存论上的开始，而不是生物学或医学的开始。如此以某种觉悟状态为生命存在的开始，因为觉悟总是在当前化的情景中不断深化着自身，这恰好就意味着人不断地重新开启我们的生命存在。人的生命存在可以无数次地重新开始，就是因为我们可以让自己生命展开的每一个环节都能够融入新的觉悟，而我们的觉悟又不断地回置到我们的生命存在活动中去。动物的生命只开始一次，它一开始之后，永远按照这个样子活下去，即依据其生下来就具有的本能而生。但人不是这样，人要通过自己一生的行动造就自己天生并没有的东西，并且在很大程度上，人要通过自己后天的学习劳作，克服自己先天的某些东西，克服自己的本能和欲望，才能把自己作为人的本质真正地造就、生成与实现出来。因此，生命的开始不是生物学或医学意义上，从胚胎孕育或者呱呱坠地开始；也不能以某种无时间性的先天实体作为生命的开始，更不能以某种天赋本能作为生命的开始。

在这个意义上，王阳明所讲的知行本体，就是知、行二者本来就不分离，即知蕴含着行，行本身内含着知；没有知而不行的人，也没有行而不知的人；如果是知而不行，那就是没有真正地知；如果是行而不知，那也不是真正的行。真知就一定行动，真的行动一定有着觉悟之知。知行合一或真知与真行的内在一如，王阳明举《大学》中“好好色、恶恶臭”为例来说明：好色或美色之目睹与对好色之喜好，是当下一体不分地呈现的；臭味之鼻闻与对臭味之厌恶，是当下一体不分地显现的；见、闻与好、恶之间，并没有一个先后时间的间隔：

> 未有知而不行者，知而不行，只是不知。圣贤教人知行，正是安复那本体，不是着你只恁的便罢。故《大学》指个真知行与人看，说‘如好好色，如恶恶臭’。见好色属知，好好色属行。只见那好色时已自好了，不是见了后又立个心去好。闻恶臭属知，恶恶臭属行，只闻那恶臭时已自恶了，不是闻了后别立个心去恶。如鼻塞人虽见恶臭在前，鼻中不曾闻得，便亦不甚恶，亦只是不曾知臭。就如称某人知孝、某人知弟，必是其人已曾行孝、行弟，方可称他知孝、知弟。不成只是晓得说些孝、弟的话，便可称为知孝、弟。又如知痛，必已自痛了方知痛；知寒，必已自寒了；知饥，必已自饥了。**知行如何分得开？此便是知行的本体，不曾有私意隔断的**。圣人教人必要是如此，方可谓之知；不然，只是不曾知。此却是何等紧切着实的工夫！如今苦苦定要说知行做两个，是什么意？某要说做一

个，是什么意？若不知立言宗旨，只管说一个两个，亦有甚用？

知行合一或知行本体之不分，着实在“行”或“工夫”上。做人的道理或生存的道理，就是切实做人或切已生存本身，而不是一些话语的知晓。这是王阳明说知行合一的宗旨。如果由于理智的穿凿或者欲望的裹挟而使得知识和行动之间有了缝隙，这便是私意间隔。私意间隔背离了知行合一的宗旨。知与行彼此不间隔，就是工夫与主意的统一：

知是行的主意，行是知的功夫；知是行之始，行是知之成。若会得时，只说一个知已自有行在，只说一个行已自有知在。

知总是作为意识自觉性与精神主宰性内在于行动之中，而行动总是精神与意识实现自身的切实工夫；作为内在于行动之中的觉悟之知，标志着生命存在活动的开始；切实而具体的生命活动的展开，则实现自身为觉悟之知的内容；领悟知行之合一不分，则只说行也是行中有知，只说知也是知中有行。《中庸》有所谓“博学、审问、慎思、明辨、笃行”之分，似乎博学、审问、慎思、明辨是知，先知而后才有笃行。王明阳明确说学问思辨行都是即学即行：

夫学问思辨行，皆所以为学，未有学而不行者也。如言学孝，则必服劳奉养，躬行孝道，然后谓之学，岂徒悬空口耳讲说，而遂可以谓之学孝乎？学射则必张弓挟矢，引满中的；学书则必伸纸执笔，操觚染翰；尽天下之学无有不行而可以言学者，则学之始固已即是行矣。笃者敦实笃厚之意，已行矣，而敦笃其行，不息其功之谓尔。盖学之不能以无疑，则有问，问即学也，即行也；又不能无疑，则有思，思即学也，即行也；又不能无疑，则有辨，辨即学也，即行也。辨既明矣，思既慎矣，问即审矣，学既能矣，又从而不息其功焉，斯之谓笃行。非谓学问思辨之后而始措之于行也。是故以求能其事而言谓之学；以求解其惑而言谓之问；以求通其说而言谓之思；以求精其察而言谓之辨；以求履其实而言谓之行；盖析其功而言则有五，合其事而言则一而已。此区区心理合一之体，知行并进之功，所以异于后世之说者，正在于是。今吾子特举学问思辨以穷天下之理，而不及笃行，是专以学问思辨为知，而谓穷理为无行也已。天下岂有不行而学者邪？岂有不行而遂可谓之穷理者邪？明道云："只穷理便尽性至命。"故必仁极仁，而后谓之能穷仁之理；义极义，而后谓之能穷义之理。仁极仁则尽仁之性矣，义极义则尽义之性矣。学至于穷理至矣，而尚未措之于行，天下宁有是邪？是故知不行之不可以为学，则知不行之不可以为穷理矣。知不行之不可以为穷理，则知知行之合一并进，而不可以分为两节事矣。

即学即行的强调，无疑是对"学而时习"的深化。博学、审问、慎思、明辨、笃行只是同一个生存活动的五个环节，"合其事而言则一也"，即都是有觉悟之行动本身的不同展开；"析其功则有五"，即学、问、思、辨、行只是表达生存活动各个环节的相对独立的意义。王阳明强调即学即行，缺乏对于纯粹思辨的突出，这可能有所缺失。但王阳明在传统儒家哲学的范围内，侧重的是人的道德生存本身。因为道德生存的一个基本维度就是道德行动本身的自觉性，所以强调以行为中心，就是对道德生存“行动”维度的彰显。而道德行动的展开，主要涉及去恶行善。在此意义上，王阳明甚至强调追求善的纯粹性，认为“一念发动处即是行”，要求在念头萌发之际克治恶念，并认为克恶念是其强调知行合一的一个宗旨：

> 此须识我立言宗旨。今日学问，只因知行分作两件，故有一念发动，虽是不善，然却未曾行，便不去禁止。我今说个知行合一，正要人晓得一念发动处，便即是行了。发动处有不善，就将这不善的念克倒了、须要彻根彻底，不使那一念不善潜伏在胸中。此是我立言宗旨。

一念发动处即是行，与上面“好好色恶恶臭”一样，有着将意识活动当作道德行动的倾向。不过，王阳明的主旨却是清晰地指向作为道德生存目的与本质的善。善作为道德生存的本质与目的，奠基于道德行动与道德自觉的深刻统一。只有在切己行动与切身觉悟的统一中，人的行动才能在自为肯定的意义上展开自身而为善（善就是生存活动的自为肯定的展开）。

王阳明要求从念头萌发处克治恶，这是一个很高又很纯粹的要求，体现出儒家的道德理想主义与精英主义倾向。这对于一般人来说，是过于严苛了。其实有时候，人不必孜孜以求将些微之恶消除殆尽，那样过于艰苦卓绝而又不现实。近代德国有一个哲学家叫马克思·舍勒，他有一本小册子叫《人在宇宙中的地位》，其中提出一个“勿抗恶”的思想，意思是说，有限的人不必将全副身心放在对抗恶上，而是有时候需要转换一下视角，将身心注意力从恶移开，而一力从事善的行动与创造，这样遗忘恶就造就了善。这样的说法，可能更为平和而实际。所以，王阳明“克治恶念”是一种极端的道德要求。其实，王阳明自己也知道，真正的道德生存是一方面克恶念，一方面推善心，是克恶与行善的统一：

> 盖心之本体本无不正，自其意念发动，而后有不正。故欲正其心者，必就其意念之所发而正之，凡其发一念而善也，好之真如好好色，发一念而恶也，恶之真如恶恶臭，则意无不诚，而心可正矣。然意之所发，有善有恶，不有以明其善恶之分，亦将真妄错杂，虽欲诚之，不可得而诚矣。故欲诚其意者，必在于致知焉……良知所知之善，虽诚欲好之矣，苟不即其意之所在之物而实有以为之，则是物有未格，而好之之意犹为未诚也。良知所知之恶，虽诚欲恶之矣，苟不即其意之所在之物而实有以去之，则是物有未格，而恶之之意犹为未诚也。今焉于其良知所知之善者，即其意之所在之物而实为之，无有乎不尽。于其良知所知之恶者，即其意之所在之物而实去之，无有乎不尽。然后物无不格，吾良知之所知者，无有亏缺障蔽，而得以极其至矣。

克恶念与行善心都要在行动中切切实实地做工夫，那就意味着人自身生存活动自为肯定的展开过程之善，并不是一个直线式的行程，其中也有自为否定的曲线式行进。在某种意义上，自为肯定与自为否定的统一，意味着经由否定而实现的肯定，是更深刻的善。人的道德生存从来不是简单直接的事，那种妄图轻松悠闲地跃入王阳明思想世界的想法，是一种鸡汤主义的毒瘤。

当然，从根本上说，王阳明坚持了儒家性善论的基本主张。中国哲学史从孟子开始，性善论就成为传统儒家主流的一个基本信仰，不可置疑。荀子提出性恶论，后世儒家说他大本已失，不是儒家正统。主流儒家强调人性皆善，人皆可以为尧舜。这一方面是道德理想主义，高扬人的尊严与高贵；但另一方面，它解释不了现实中的恶的问题，从而引向神道设教与圣人教化，将一般人视为圣人实现自身的材料。这是儒家精英主义内在的某种欠缺。

四、善恶与境界

道德生存有着理想的纯粹之善与现实善恶混杂之间的紧张关系。王阳明论善恶，不单单从道德生存上立论，而是更进一步在本体论与境界论上立论。在道德生存上，现实的善恶对峙是无法彻底消解的，单个个体只有在自身具体的生命活动过程中，不断地去恶行善而完善自身，却永远不能抵达纯粹而完满的善；在人类整体的历史过程中，也只能不断抑恶扬善而逐渐改善社会生活，却永远不能抵达绝对理想之善。人在自身现实而有限的存在中不能抵达的绝对善，转化在期望之思或思之期望中。从充满希望的纯粹思辨角度看，现实中的善恶对峙，根源只是一个绝对善的两种体现：

> 善恶只是一物。至善者，心之本体。本体上才过当些子，便是恶了。不是有一个善，却又有一个恶来相对也。故善、恶只是一物。善、恶皆天理。谓之恶者，本非恶，但于本性上过与不及之间耳。

现实之善恶都源自同一个根据，即作为心之本体的至善。至善作为心之本体，一方面是它如其自身而实现自身为现实之善，一方面是其背离自身而实现自身为恶。如此背离自身而为恶，在其本质上却是至善之所为。所为“谓之恶者本非恶”，是说确定现实恶之为恶者那个根据本身并非是恶，而是善，即至善。所为善，即是一物之自为肯定地展开自身；但是恶却不能自为肯定展开自身，因此，恶只能从善之自为否定展开自身得到确定。简言之，善可以自身确定自身为善，而恶却不能自身确定自身为恶，恶只能经由善以自身欠缺（过或不及）的方式而确定自身为恶。使得现实之善能被确定善，是现实之恶能被确定为恶的那个根据，就是至善之本体。

从现实的角度看，似乎如此至善本体只是一个理念预设；但从思想的角度看，至善却是现实之善与恶的绝对根据。就此而言，王阳明明确说：

> 至善者，心之本体也，心之本体哪有不善？

心之本体至善而无不善，这一方面是为现实的善奠定根基，也为解释现实之恶提供依据，另一方面也昭示出一种生存论的希冀。如此生存论希冀，不能执定现存状态的善恶之分，而要敞开一个完满的未来可能性。为此，尽管王阳明赞成“生之谓性”，但他对告子执定性无善无不善之说提出了批评：

> 告子病源，从性无善无不善上见来。性无善无不善，虽如此说，亦无大差。但告子执定看了，便有个无善无不善的性在内；有善有恶，又在物感上看，便有个物在外。却做两边看了，便会差。无善无不善，性原是如此，悟得及时，只此一句便尽了，更无有内外之间。告子见一个性在内，见一个物在外，便见他于性有未透彻处。

现实地看，相对经验性环境与教育，人之本性无所谓善与不善，这具有一定的合理性。但告子的问题在于将无善无不善之性视为内在坚凝不变之物，而现实的展开又是经验性的、受外在境域（物感）影响而偶然不定的或善或恶。如此，坚执内外两边，就拒绝了具体生存活动迈向未来完满之善的可能性，而这种未来可能性恰好是人自身生存活动本身的本质之一。

在现实的具体生存活动中，自为肯定地实现自身而善，总不免于自为否定的方面而有恶。绝对善之心体，如何而有现实之善恶二分，或者善的本体如何演变出恶的现实，这在道德哲学上一直是一个难题。在王阳明自己的学生中，就产生了严重的分歧：

> 丁亥年九月，先生起复征思、田，将命行时，德洪与汝中论学。汝中举先生教言："**无善无恶是心之体，有善有恶是意之动，知善知恶是良知，为善去恶是格物。**"德洪曰："此意如何？"汝中曰："此恐未是究竟话头。**若说心体是无善无恶，意亦是无善无恶的意，知亦是无善无恶的知，物亦是无善无恶的物矣。若说意有善恶，毕竟心体还有善恶在。**"德洪曰："心体是天命之性，原是无善无恶的。但人有习心，意念上见有善恶在，格、致、诚、正、修，此正是复那性体功夫，若原无善恶，功夫亦不消说矣。"是夕，侍坐天泉桥，各举请正。先生曰："我今将行，正要你们来讲破此意。二君之见，正好相资为用，不可各执一边。我这里接人，原有此二种。利根之人，直从本原上悟入，人心本体原是明莹无滞的，原是个未发之中。利根之人，一悟本体即是功夫，人己内外一齐俱透了。其次不免有习心在，本体受蔽，故且教在意念上实落为善去恶，功夫熟后，渣滓去得尽时，本体亦明尽了。**汝中之见，是我这里接**

> **利根人的；德洪之见，是我这里为其次立法的**。二君相取为用，则中人上下，皆可引入于道；若各执一边，眼前便有失人，便于道体各有未尽。”既而曰：“以后与朋友讲学，切不可失了**我的宗旨**。**无善无恶是心之体，有善有恶是意之动，知善知恶是良知，为善去恶是格物**。只依我这话头，随人指点，自没病痛，此原是彻上彻下功夫。利根之人，世亦难遇。本体功夫，一悟尽透，此颜子、明道所不敢承当，岂可轻易望人。人有习心，不教他在良知上实用为善去恶功夫，只去悬空想个本体，一切事为俱不着实，不过养成一个虚寂。此个病痛，不是小小，不可不早说破。”是日德洪、汝中俱有省。

钱德洪和王汝中是王阳明的两个高足，从心学的工夫修养倾向来说，钱德洪偏于实修，王汝中偏于顿悟。关于善恶，王阳明有一个四句教：“无善无恶心之体，有善有恶是意之动，知善知恶是良知，为善去恶是格物。”如果从本体论上说，无善无恶心之体实质上就是至善无恶心之体，即预设一个绝对善作为现实善、恶的根据。不过，钱德洪和王汝中从工夫论上（道德生存论上）来理解，则有一个无善无恶心之体或至善无恶心之体，如何衍生出现实的有善有恶的。钱德洪认为，人的存在都展开在现实之中，都是有善有恶的，因此需要后天教育、修行的渐修工夫，即切实地在现实中进行存善去恶的工夫，经过漫长的积累，最后回到至善无恶之心体。王汝中则认为，只要领悟生命存在的本来状态就是无善无恶或至善无恶，那么，现实生命存在也就纯善无恶。表面上，在儒学工夫论或道德生存论视野内，钱德洪重实修工夫，王汝中重精神顿悟。王阳明对二人的调和，即是从工夫论或道德生存论之教育辅助角度来理论，认为现实中的人分为资质上乘的上根之人，有资质平庸的下根之人，钱德洪的理解是用来教导资质平庸之人的，王汝中的理解则是用来教导上根之人的。如此理解，导致本体与工夫的背离，即工夫陷于善恶之分，而本体纯善无恶。其实，我们可以换一个角度来理解，即王汝中关于“心—意—知—物”都无善无恶的“四无”说，尽管可以在现实里体现出某种异样气象，但本质上是一种精神性境界；钱德洪的“心—意—知—物”强调现实的物、知、意都是有善有恶的，更多地体现为预设了心作为本体的现实道德生存论。

作为道德生存论的善恶，在社会习俗与教育中，有一个普遍主义的向度。但是，作为精神境界的善恶，则指向具体生存中的差异性与个体性。在一定意义上，境界往往是个体性的。关于境界意义上的善恶，王阳明与其学生薛侃有一个很有意义的对话：

> 侃去花间草，因曰：“天地间何善难培，恶难去！”先生曰：“未培未去耳。”少间，曰：“**此等看善恶，皆从躯壳起念，便会错**。”侃未达。曰：“天地生意，花草一般，何曾有善恶之分？子欲观花，则以花为善，以草为恶；如欲用草时，复以草为善矣。此等善恶，皆由汝心好恶所生，故知是错。”曰：“然则无善无恶乎？”曰：“**无善无恶者理之静，有善有恶者气之动。不动于气，即无善无恶，是谓至善**。”曰：“佛氏亦无善无恶，何以异？”曰：“佛氏着在无善无恶上，便一切都不管，不可以治天下。圣人无善无恶，只是无有作好，无有作恶，不动于气，然遵王之道，会其有极，便自一循天理，便有个裁成辅相。”曰：“草既非恶，即草不宜去矣。”曰：“如此却是佛、老意见。草若是碍，何妨汝去？”曰：“如此又是作好、作恶。”

曰:“不作好恶，非是全无好恶，却是无知觉的人。谓之不作者，只是好恶一循于理，不去又着一分意思。如此，即是不曾好恶一般。”曰:“去草如何是一循于理，不着意思?”曰:“草有妨碍，理亦宜去，去之而已。偶未即去，亦不累心。若着了一分意思，即心体便有贻累，便有许多动气处。”曰:“然则善恶全不在物。”曰:“只在汝心，循理便是善，动气便是恶。”曰:“毕竟物无善恶。”曰:“在心如此，在物亦然。世儒惟不知此，舍心逐物，将‘格物’之学错看了，终日驰求于外，只做得个‘义袭而取’，终身行不着，习不察。”曰:“如好好色，如恶恶臭，则如何?”曰:“此正是一循于理，是天理合如此，本无私意作好、作恶。”曰:“如好好色，如恶恶臭。安得非意?”曰:“却是诚意，不是私意。诚意只是循天理。虽是循天理，亦着不得一分意。故有所忿懥、好乐，则不得其正；须是廓然大公，方是心之本体。知此，即知‘未发之中’。”伯生曰:“先生云‘草有妨碍，理亦宜去’，缘何又是躯壳起念?”曰:“此须汝心自体当。汝要去草，是什么心?周茂叔窗前草不除，是什么心?”

现实的人都是气性存在物，有着躯壳的欲念。从躯壳欲念的喜好出发，容易将欲念所好视为善，将欲念所厌视为恶。欲念之善恶，是真正善恶的反面。它遮蔽了两个方面，一方面是遮蔽了无欲无念天地生意之理，一方面遮蔽了与气相杂而又自纯的思之明觉。因此，只要一循于理而自然为之，则是善；但只要是徇欲念私意而性，则是恶。花间之草除与不除并不是关键，关键是自然顺理与否。循理自然而行事之意，就是诚意，诚意则不动于气性之躯，而无往不是善之实现；如果是私意作好，以自身欲念所好为善、所厌为恶，则所行无非都是恶。如此理解的善恶，已经逸出单纯道德生存论，而具有生存境界的意味。

总体来看，从心物关系上的意义世界建构，到知行关系上的道德生存论实现，再到善恶关系上的生存境界论指向，这就是王阳明《传习录》哲学思想的主要方面。其他许多方面，都可以视为以这三个方面为中心而有的展开，更多丰富具体的内容则有待每个读者自己阅读体会。

《史记》导读

《史记》，二十四史之一，最初称为《太史公书》或《太史公记》《太史记》，是西汉史学家司马迁撰写的纪传体史书，中国历史上第一部纪传体通史，记载了上自上古传说中的黄帝时代，下至汉武帝太初四年间共三千多年的历史。太初元年（前104年），司马迁开始了《太史公书》的创作，前后经历十四年，才得以完成。

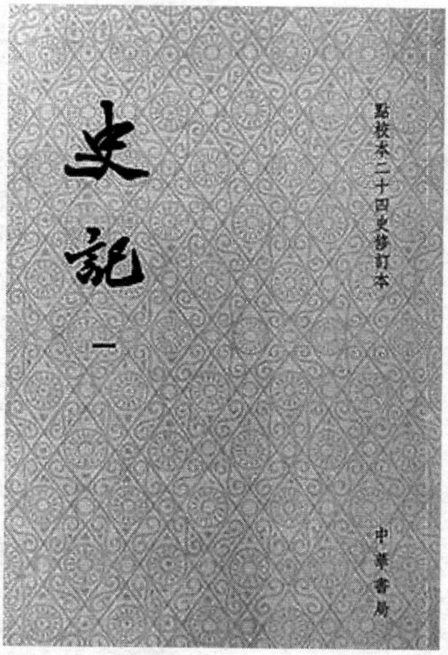

《史记（点校本二十四史修订本）》，司马迁著，中华书局

《史记》全书包括十二本纪（记历代帝王政绩），三十世家（记诸侯国和汉代诸侯、勋贵兴亡），七十列传（记重要人物的言行事迹，主要叙人臣，其中最后一篇为自序），十表（大事年表），八书（记各种典章制度，记礼、乐、音律、历法、天文、封禅、水利、财用），是研究先秦至汉代政治、经济、思想及文化的珍贵文献。《史记》规模巨大，体系完备，对此后的纪传体史书影响很深，历朝正史皆采用这种体裁撰写。

《史记》被列为“二十四史”之首，与《汉书》《后汉书》《三国志》合称“前四史”，对后世史学和文学的发展都产生了深远影响。其首创的纪传体编史方法为后来历代“正史”所传承。《史记》还被认为是一部优秀的文学著作，在中国文学史上有重要地位，被鲁迅誉为“史家之绝唱，无韵之《离骚》”，有很高的文学价值。刘向等人认为此书“善序事理，辩而不华，质而不俚”。

《史记》与史观

张　谦①

人们能够理解将历史视作一面镜子，但从什么角度来看这面镜子则更为重要。人们强调将历史事件与人物置于当时的环境中去认识，但人们自己所处的环境对于如何将历史事件与人物置于当时的环境则更为重要。

人是历史的主体，是现实社会的人，是群体或组织的人。人们所处的各种社会关系及其所拥有的认知框架往往决定着他们看待历史的角度。如果将历史这面镜子作为媒介，我们可以反过来，从人们认知历史的角度来分析他们所处的社会关系及其所拥有的认知框架。

2020 年是第二次世界大战结束 75 周年，令世人震惊的是，美国等西方国家却肆意歪曲历史，美国白宫的推特于 5 月 8 日发布了一段特朗普关于欧洲第二次世界大战胜利日的讲话视频，声称："1945 年 5 月 8 日，美国和英国战胜了纳粹！美国精神战无不胜，

---

① 上海财经大学人文学院经济新闻系副教授，复旦大学历史学博士，复旦大学新闻传播学博士后。

最后终于迎来了胜利。”

这种言论在世界政坛引起了轩然大波，俄罗斯各界激烈批评美国歪曲历史；中国外交部也对此表示不满，坚持公认的第二次世界大战史观，强烈反对这种篡改历史的行径。

法国著名思想家让·鲍德里亚（Jean Baudrillard，1929—2007）对于美国曾经发动的海湾战争竟然公开声称：“海湾战争并没有发生。”这种后现代主义的思想观念决裂于现实之外，令人费解而又深思。其实，鲍德里亚是从媒介技术与传播的角度出发，认为海湾战争实际上是没有发生的虚拟的“媒介战争”，是有着各种政治意图和意识形态倾向的摄影师和记者在拍摄和剪接的过程中传播出来的结果。

如此一来，“历史事实到底是什么”也许并不重要了，而“历史事实为什么会是这样或是那样”反倒更让我们着迷，也更值得我们去探究。

学习历史、研究历史的人应当具备一些基本的素养，同时培养并提升自身的素养。唐代史学家刘知几提出史学研究的“才、学、识”的观点，至清代章学诚又增添“史德”一项。简言之，“才”指的是组织史料和文字表达的能力，“学”指的是渊博的学识，“识”指的是对历史的判断与鉴别能力，“德”指的是研史著书的心术。史识与史德二者关系密切，章学诚言：“能具史识者，必知史德”。这些对于我们当下阅读历史，关照现实尤为重要。

刘知几在《史通·鉴识篇》中有言：“夫人识有通塞，神有晦明，毁誉以之不同，爱憎由其各异。”章学诚在《文史通义·史德篇》中称道：“史之义出于天，而史之文，不能不藉人力以成之。”

历史是客观发生过的事实，但人们对于历史事实的叙述与评价不同，毁誉各异。由此，我们可以反观导致这些差异的“识”与“德”及其差异，进而提升自身的“识”与“德”。这算是读史的最基本的功用吧？

当今世界，大局动荡，欲立浪潮之巅，须当观史为鉴，明史立志，为中华复兴之伟业追踪溯源。

中国历史源远流长，史家著述汗牛充栋。但国人观史明史，无论如何也回避不了鲁迅先生所言之“史家之绝唱”——《史记》。透过《史记》，我们可以穿越至汉武之朝，感受司马迁的史家观念与情怀。

一、《史记》的成书与司马迁的历史观

《史记》位列“二十四史”之首，最初称为《太史公书》或《太史公记》《太史记》，是中国历史上第一部纪传体通史，上迄上古传说中的黄帝时代，往下止于作者同时之汉武帝太初四年，共约三千多年的历史，耗时十四载得以完成。全书包括十二本纪（记历代帝王政绩），三十世家（记诸侯国和汉代诸侯、勋贵兴亡），七十列传（记重要人物的言行事迹，主要叙人臣，其中最后一篇为自序），十表（大事年表），八书（记各种典章制度，记礼、乐、音律、历法、天文、封禅、水利、财用），全书一百三十篇，五十二万六千五百余字，规模巨大，体系完备。该书对后世纪传体史书影响很深，此后历朝历代正史均以此种体裁撰写。

一直以来，人们阅读《史记》，必定会联系司马迁个人的生活经历与治史生涯。其中，最让人扼腕叹息的事件便是司马迁惨遭宫刑。

回顾历史，总有一些不被人知晓的小人物与小事件却能导致看似没有直接关系的大人物与大事件的出现。司马迁遭受宫刑一事即可为证。一个不知名的小人物导致了李陵事件的产生，进而又使得司马迁遭罪。

这一惨痛受辱的经历对司马迁产生了极其深刻的冲击与影响。受刑之后的司马迁不是以前的司马迁了，作为一个男人，作为一名仕人，这些角色已经不复存在。在现在的我们看来，刑后的司马迁对于如何定位自己的社会角色与社会关系，一定十分痛苦。因此也就不难理解司马迁对于此事的痛悟："是以肠一日而九回，居则忽忽若有所亡，出则不知其所往。每念斯耻，汗未尝不发背沾衣也！""人固有一死，或重于泰山，或轻于鸿毛，用之所趋异也。"痛苦之中，司马迁发现不少先人都在磨难之后终成大名。"古者富贵而名摩灭，不可胜记，唯倜傥非常之人称焉……此人皆意有所郁结，不得通其道，故述往事、思来者。乃如左丘无目，孙子断足，终不可用，退而论书策，以舒其愤，思垂空文以自见。"于是，效仿前人著书立说便成为司马迁的人生追求。"究天人之际，通古今之变，成一家之言"（《史记·报任安书》）由此而来。

一个人经历了濒死之难与羞辱之耻，内心深处必定会有比常人更为透彻的领悟。这种领悟辅以游历寻迹的实践和渊博的学识，内化成司马迁著书立史的学术勇气，表现出司马迁开创性的历史观念。司马迁书笔华夏与边疆，评述政治、经济、军事与文化，帝王将相、英雄文豪、各色人等；他谈古论今，在宏大叙事中将大小轻重虚实物事穿插编织，感叹历史规律与人物命运之瓜葛；他条分缕析，探究历史表象与内在本质。在司马迁的历史观念中，有两个创新之处是特别值得深思的。

一是司马迁开创了人物传记为中心的史书体例——纪传体。

阅读《史记》当中各类人物，难免不让人去思考这种以人物为中心的历史观念的卓越之处。显然，在司马迁眼里，人是历史的主体，是历史的创造者与体验者。历史书写中的人物，除了君主之外，必定还有其他许许多多司马迁所列的其他人等。《史记》虽以帝王将相为中心，但司马迁认为任何一个成功的统治者都不能自以为是，而是必须广泛集中百官群臣的智慧。所以，书中为侠客、医卜、商贾、俳优、博徒、渔夫、猎户、妇女等下层人物创立类传，使《史记》具有丰富的人民性。从社会学的视角来看，司马迁的《史记》也是一部综合社会阶层的社会学著作。但是，受时代局限与个人传统教育的影响，以人物为中心的历史考察仍然跳不出人治观念的束缚，对历史发展的内在动力缺乏社会关系方面的思考。

二是司马迁的大一统历史观。

从时、空两轴来看，华夏民族（中华民族）的形成历经夏商周到秦汉已基本形成，并且同时突破了中原的空间界限，实现了大一统局面。这一历史过程历经孔子、董仲舒等诸多古代思想家的感悟，到西汉一朝，便由司马迁首次做了完整构建。这种大一统的历史观念影响深远，对于我们认知民族国家的形成有着重要的作用。

西汉至汉武时期，可以称得上是中国封建社会第一个兴盛时期。虽然此前没有类似的历史时期与经验总结，但是司马迁敏锐地感受到这一时代不同于此前的历史阶段，在自身渊博知识的积累当中，能够把握历史发展的趋势与规律，进而总结出大一统的历史观念。

二、史观与史识的当代意义与培养路径

历史的进程由于地缘、人文、制度等差异成就了人类文明的纷繁复杂，先后孕育出不同的民族与国家。如何辨识民族身份，如何强化国家认同，成为每个民族每个国家的文化核心。明白了“我是谁”，才能定位“我在哪”“我去哪”。这些问题的解决在很大程度上有赖于对自身历史与世界历史的理解程度与未来潮流的把控能力。正如前述所言，历史真实的还原可谓千姿百态，而无限接近真实的“逼真”追求应是整个人类文明发展的内在要求与规律。于此，科学正确的史观与史识就显得意义非凡。

历史经验与现实一再证明：天下潮流，顺昌逆亡。司马迁之所以执着于自己的史观与信念，就在于他志在身后，告诫后人：“原始察终，见盛观衰。”（《太史公自序》）

前观司马迁所受的遭遇，体察我们自身所处的环境，史观与史识之养成无外乎如下路径。

首先，树立“真”的观念，用科学的态度去怀疑，去验证。

历史事实与真实是两个完全不同的观史维度，前者是唯一的，后者却不是唯一的。事实是已经发生或正在发生的过程，真实往往停留在不同的认知维度当中。

20世纪初，美国著名实用主义哲学家杜威认为，“社会不仅由于传播而存在，并且在传播中存在着”。套用这种说法，历史不仅是通过传播而存在，而且历史也存在于传播当中。可是，通过主观

加工过的客观历史，一旦经过传播，就会暴露出它的主观的本质。如果没有尊重事实的信念，没有“真”的观念，史观与史识就毫无意义可言。

电影《罗生门》里，一宗发生在竹林里的杀人案件，从所有在场的生与死的人的口中表达出来，各不相同。原因在于每个人对案件描述的背后，都隐藏着各自内心的主观倾向。武士的荣誉、女人的贞洁、强盗的枭雄想象、砍柴人的贪婪害怕，分别从不同的社会维度构建了客观唯一的事件事实，表现出多重的事件真实。

还有一个关于郑板桥的传说，也能提醒我们保持对于历史或现实的客观态度。在这个故事里，郑板桥和他老师一起外出，路经一座小桥时看到桥下有一个溺水而亡的小姑娘。老师心生怜悯，吟诗一首：“二八女多娇，风吹落小桥；三魂随浪转，七魄泛波涛。”郑板桥听了之后，认为老师写得不对，过于主观想象。于是自己也作诗一首：“谁家女多娇，何故落小桥；青丝随浪转，粉面泛波涛。”

对于《史记》，我们同样需要运用求真的态度去阅读，同样需要运用怀疑的眼光去体会。司马迁将远古至汉武三千多年的历史浓缩于五十二万余言，并分十二本纪、三十世家、七十列传、十表、八书。我们能否就认为这些就是司马迁认为的真实的历史事实呢？事实上，《史记》当中存在着大量后世学人对司马迁本人及该书史料真伪辨考的问题。更让我们深思的问题是，司马迁的这种史书撰写体例由何而来？能真实地反映历史事实吗？

其次，阅读与学习，培养多维并存的知识结构与认知框架。

日常生活中，人的价值观念及其在不同人生阶段的体现往往是唯一的，至于其合理性倒不在个人情感认同之中。唯心主义的思想家柯林伍德曾经说过：要问哪一个观点是正确的，那是没有意义的。每一种观点对于采用它的人来说，都是唯一的可能。说来是个笑话，奉劝男生就不要与自己的女朋友吵架了，对于她来说，她的想法就是唯一的可能；反过来，也是如此。所以包容就显得特别重要了。而要做到包容，就必须具备多元多样的知识结构与认知框架。

对于历史的认知与理解，由于人们知识结构与认知框架的不同，势必表现出不同的标准与判断。比如，给十个人一模一样的积木，这十个人拼搭出来积木构造肯定是完全不一样的。因为十个人拼搭的思路与方法都不一样。所以，每个人都要敢于把自己的知识结构保留下来，同时也尝试解构已有的框架，敢于另构或重构。当你的知识结构与众不同的时候，任何历史的事件和素材和我们当下的社会现实，在你的不同的知识结构里的形象是完全不一样的。而这些都和我们既有的历史观念是相关的。

司马迁通过当时能够看到的典籍，结合师承所学的各类学说，寻访历史遗迹与当时所得，最终成就了《史记》一书。由此，我们不难理解“大一统”历史观念是如何产生于作者的知识与史料当中。历史观念在司马迁这里，来自各类知识的共时锻造，才能历经历史长河的冲刷。

在当今媒介技术与传播日新月异的环境中，人们史观与史识的形成面临着越来越多的障碍与挑战。“后真相时代”、疫情形势当中，人们对历史与社会现实的认知越来越屈从于情感，媒体传播越来越多的是观点。在现在的网络传播中，情感和个人的信念深刻地影响着我们对客观事实、对社会的认识，这是一种令人细思极恐的现象。

从我国的教育机制来看，年轻人目前的知识结构从小到大都是单一性建构起来的。难道每个人只有一种知识结构吗?我们在地球上看北斗七星，像勺子一样。这是我们从地球这个点与角度观测的直观感受。如果我们跨越时空，穿梭于几十万年或几十亿光年外的星球上，还能看到这七颗星的话，这七颗星还是勺子形状吗?同理，阅读史书的时候，观察现在历史的时候，同时也要思考一下自己的知识结构，能否通过多种知识结构与认知框架来分析历史与现实，这才是真正的阅读历史。至此，科学的史观与史识自然而然就形成了。

《国史大纲》导读

《国史大纲》是中国现代历史学家钱穆于抗日战争时期撰写的一本通史。抗日战争爆发前，钱穆任北京大学历史系教授；抗日战争爆发后，他随北大南迁，后任国立西南联合大学教授。在云南昆明岩泉寺，钱穆开始将主要精力放在中国通史的写作上。战时生活的窘困、物资的紧缺以及内忧外患的状况使钱穆将对中国命运的思考贯穿于全书始末。

《国史大纲》，钱穆著，商务印书馆

钱穆指出，“治国史之第一任务，在于国家民族之内部自身求得其独特精神之所在”，他希望广大国民能够从这样一部新国史里汲取力量前行。

1939 年 6 月，《国史大纲》正式完成，1940 年 6 月由商务印书馆出版。一经面市，该书就以其独特的见解成为不少大学的历史教科书，在学生与知识分子中起到了积极的民族文化凝聚作用，同时也奠定了钱穆史学大家的地位。昆明岩泉寺现在仍保留着钱穆教授著书处，并在此立碑纪念。2010 年该书入选“中华现代学术名著丛书”。

此书五十余万字，富于情感和文采，读之荡气回肠。

以“温情和敬意”书写中国历史

徐国利[①]

今天我给大家讲钱穆的《国史大纲》，正标题是“以‘温情和敬意’书写中国历史”。为什么要“以温情和敬意”来书写中国历史呢？这个问题的提出既有重要的学术意义，也有深刻的历史背景，钱穆绝不是无缘无故提出这个问题的。

钱穆是江苏无锡人，1895 年出生，1990 年在台北去世。按中国传统的取名习俗，一个人除了有名，还要有字。他的名是穆，字是宾四。据钱穆讲，他是五代十国时期钱镠的后人。无锡钱氏出过不少历史名人，像钱基博、钱锺书和钱穆等。钱穆是自学成才，先是在无锡和苏州等地的中小学教书。1930 年经顾颉刚等推荐先在燕京大学教书，后转到北京大学教书。1937 年 7 月抗战全面爆发后，他辗转南下到昆明的西南联大教书。1940 年夏至 1946 年，先后到成都的齐鲁大学和四川大学任教。抗战胜利后，他没能回北京大学，先是到云南大学短暂任教，1948 年回到著名实业家荣氏家族在

---

① 上海财经大学人文学院历史系教授、博士生导师，中国现代史学会常务理事。主要从事史学史及史学理论、中国文化思想史和区域社会史等领域研究。

无锡办的江南大学任教。中华人民共和国成立之前，他到了中国香港。1950 年春，创办了新亚书院。新亚书院是很有名的，后来和另外两所私立书院合并，成为今天香港中文大学的前身。1967 年钱穆到中国台北定居，蒋介石给他很好的礼遇，给他建了一套别墅。别墅今天被辟为钱穆故居“素书楼”，在台湾地区东吴大学的校内。2010 年 10 月，我应钱穆故居和东吴大学邀请，赴台湾地区参加纪念钱穆先生逝世 20 周年的“钱穆研究暨当代人文思想国际学术研讨会”，参观了他的故居。如果同学们去台北市旅游，可以去参观，东吴大学不远处就是著名的台北故宫博物院。

《国史大纲》是中国现代最有影响的中国通史著作。什么是通史呢？史书内容从古代写到现代的，一般称为通史。通史是史书的一种体裁，或者说一种类型。《国史大纲》最常见的是商务印书馆出版的两册本。钱穆的书在商务印书馆出得比较多，另外中华书局、九州出版社、生活·读书·新知三联书店也出了不少。台湾地区著名的联经出版公司 1998 年出版了《钱宾四先生全集》。钱穆的著述很多，是中国现代史上真正做到著作等身的国学大师。下面来讲钱穆为什么要写这部中国通史？

我们知道，20 世纪初以来中国面临着内忧外患，特别是西方列强的入侵，民族危机特别深重。在这种情况下，中国学者开始反思中国的历史。由于中国在抵抗外来入侵的战争中屡战屡败，所以许多学者对中国历史和文化没有了信心。他们在反思时往往着眼于中国历史文化的黑暗面和不好的东西。这不能说完全不对，但是也造成了历史虚无主义和文化虚无主义，钱穆称之为历史文化自谴论。这是近代十分盛行的一股思潮。大家学过历史，都知道“五四”新文化运动。当时出现的一股最重要的思潮是什么？就是全盘西化论或者西化论。它的基本主张是，中国要想实现民族复兴，要想实现富强，就要全面学习西方，因为中国什么都不如西方好。新文化运动的领袖胡适曾说，中华民族为什么落后？就是因为有太监、小脚女人、吸鸦片等五鬼。他称为“五鬼乱中华”。总之，“五四”以来历史文化虚无主义十分盛行。

到了20世纪30年代，中国面临的民族危机越来越严重。1931年“九一八”事变，日本侵占东北。1932年，日本扶持末代皇帝溥仪建立了伪满洲国政权。1937年7月，日本发动了全面的侵华战争，中华民族面临生死存亡的境地。在这种情况之下，如果中国的史学家还只是对中国历史进行自谴，只看到中国历史的阴暗面，而看不到它有生命力的地方和值得骄傲自豪之处，那么呼吁民众树立自信心，说我们一定能够打败日本，一定能够取得抗战的胜利，老百姓是不会相信的。所以，如何写一部能鼓舞民族自信心的中国通史就十分重要了，《国史大纲》就是在这个时代背景下写的。

《国史大纲》是以民族文化生命史观为指导写的，这是我研究得出的基本观点。钱穆解释了中国历史文化演进的大势，从中国史前文明的孕育一直写到现代。他既写了中国悠久辉煌和富有生命力的历史，认为中国历史绝不是像“五四”以来很多学者所说的毫无是处和没有价值，也客观分析了中国历史发展的病态和曲折发展历程。可见，他并不是说中国历史都是好的，只是认为主流是好的，是有生命力的。他的宗旨就是，教导国民应该全面、正确和客观地认识中国历史和传统文化，使国民对中国历史文化产生“温情和敬意”，不能把我们祖先创造的历史文化说得一无是处，总是用虚无主义的眼光去看待。这部书在抗战时期产生了轰动性的影响，提升了国民的自信心，对于中国抗战的胜利发挥了积极作用。今天，这部书对于我们正确认识中国历史文化，特别是反对历史文化虚无主义仍然有积极意义。今天历史虚无主义仍然很有影响力，因此，这本书不仅有历史价值，还有现实价值。

选这本书给大家讲，也是因为研究钱穆是我学术研究的一个转换点。我读硕士时专业是中国近代史，研究的是近代皖北等地的捻军起义。1997 年到中国社会科学院研究生院攻读博士学位，最终确定以“钱穆史学思想研究”为题写博士论文，2000 年 6 月博士毕业。2004 年，博士论文《钱穆史学思想研究》在中国台湾出版，是海内外第一部系统研究钱穆史学思想的书。2011 年，又在湖北人民出版社出版了通俗一些的钱穆传记《一代儒宗——钱穆传》。钱穆是海内外公认的国学大师，是著名的文化保守主义者。所谓文化保守主义者，就是认为儒家文化是有生命力的，中国现代的文化复兴和民族振兴必须以儒家文化作为根本。这种学者一般也被称为新儒家或当代新儒家。选《国史大纲》来讲，也是因为我在钱穆研究上有自己的学术见解和独到认识。下面，我从十个方面来讲《国史大纲》。

一、民族危机的加剧催生了钱穆的中国通史研究

中国近代不断加剧的民族危机催生了钱穆的中国通史研究。20 世纪 30 年代初，钱穆到北京大学任教以后开始探索怎么研究中国历史。他的学生回忆说，钱穆在西南联大上历史课时，说自己研究中国通史，“是从‘九一八’事变后开始的，就是要探究我们国家民族还有没有希望”。“九一八”事变可以说使整个知识界和教育界感到民族危机的深重，必须对中国历史做新的研究。北大当时就

准备开一门中国通史课，系统来讲中国历史。这也是国民政府教育部的要求，要加强对学生特别是大学生的中国历史教育。由于北大历史系的名教授很多，原来是准备由各断代史的名教授分头来讲，如先秦史由研究先秦的教授来讲，隋唐史由研究隋唐的教授讲，宋史和明清史等也是如此。但是，钱穆反对这种做法，说这样教中国通史实际不是中国通史，因为，每位教授对中国历史都会有不同的看法，这样讲不能把中国历史演变给学生上下贯通地讲明白。他表示自己愿意独自承担中国通史的教学。北大历史系最终同意了他的请求和做法，1933 年秋聘请他单独教授中国通史。为了讲好中国通史，钱穆开始系统地研究中国历史。1936 年 9 月到 1937 年 1 月，他在报纸上连续发表了 4 篇文章论述中国新史学的创建问题。他所谓的中国新史学，就是探讨怎样研究和撰写符合时代需要的新中国通史。4 篇文章首次明确阐述了怎么研究和撰写中国通史的理论和方法。所以，《国史大纲》虽然是抗战爆发后写的，却是他长期思考的产物。

1937 年 7 月抗战全面爆发，北平和天津先后被日本占领了。北平和天津是近代中国教育的中心，有北京大学、清华大学、燕京大学、南开大学等。平津失守后，很多高校被迫南迁。8 月，国民政府将南迁到长沙的北京大学、清华大学和南开大学组建为长沙临时大学。10 月，钱穆离开北平，11 月底抵达长沙临时大学。1938 年 2 月，战火蔓延到长沙，长沙临时大学决定再迁昆明。4 月，迁往昆明的临时大学改称西南联合大学，这就是著名的西南联大。钱穆 4 月初抵达昆明，在西南联大继续教中国通史。在昆明期间，好友陈梦家劝他为全国大学青年和时代需要考虑，写一部中国通史教科书。在好友的两次劝导下，钱穆终于决定撰写此书。为了能够全力以赴和静下心来写《国史大纲》，1938 年 9 月，他来到昆明不远的小城宜良，在城西一座寺庙中租借了一栋幽静的别墅住下。因为住在昆明，经常有朋友来访，很难静下心来写作；而且，昆明还时常遭受空袭。除了每周有两天到昆明去上课，其余时间他就在别墅里写书。1939 年 1 月，初稿就写好了。此后，又对体例和文字做了认真修改，到夏天全书定稿。1939 年暑假，钱穆从昆明辗转到上海，将书稿交给商务印书馆。1940 年 6 月，《国史大纲》由商务印书馆出版。

书稿写成后，钱穆先写了几万字的《引论》发表在昆明的《中央日报》上。《引论》是全书的总纲，阐述了他的民族文化生命史学观。学者写书，一般会在书前写有引论、导论或序论等，对书的主题思想、写作方法、写作原因、基本观点和重要意义加以介绍和阐述。我们拿一本书来读，一般也是先看引论、导论或序论等，再看章节，这样就能知道该书的主题思想和基本内容了。所以，要真正读懂《国史大纲》，首先就要读懂《引论》，这样才能够把握全书的主题思想。读经典名著是不容易的，因为经典的思想内涵相当丰富和深刻。如果对它的主旨和思想没有把握，就难以读懂。不仅史学经典，文学经典也是一样；哲学经典就更难读，因为哲学最抽象深奥。所以，读经典要掌握正确的方法，不然是读不懂的。

二、历史是民族文化生命的演进

钱穆历史观的基本观点是：历史是民族文化生命的演进。在他看来，历史不是往事的简单堆积，而是一个民族的生命，是民族的文化生命，不同的民族有不同的文化生命。因为，人的生命和自然生命不一样。人类的历史发展在于什么？在于它是一种文化，会从低级向高级发展。历史就是一个民族文化生命不断演进的过程，这是他的历史观。我们读史家名著时，首先要了解史家有什么样的历史观。如果对其历史观没有把握就去读他的书，肯定是读不懂的，只能浮在表面上。钱穆并没有说他的历史观是民族文化生命史观，这是我研究后得出的观点，我的博士论文对此有专门的论述。

为什么说历史是民族文化生命的不断演进呢？钱穆说，历史就是过去发生的、人类所创造的各种事件和活动。历史记载的人事虽然过去了，但是并没有消失，史事的影响还是存在的，还是有生命力的。史事有持续性，有的持续数年数十年，有的甚至持续数百年乃至上千年。比如，谈到中国统一多民族国家的形成和发展，我们一般会从秦始皇统一中国开始讲起，秦大一统帝国的建立是这件历史大事的起始。这件历史大事从两千多年前的秦始皇时代便开始了，一直延续到今天，而且还在不断发展。在钱穆看来，人事就是历史，由过去穿透到现在，并且直达未来。具体到中国历史，我们民族国家以往的全部活动都是我们的历史。民族国家的活动很多，史家不能把它们全部记载下来，只能选择有意义的加以记载。

那么，什么是有意义的呢？钱穆说，历史的本质在于它是有文化的，没有文化的历史是没有意义的，也就是没有价值的。德国著名哲学家黑格尔也是这么说的。如果一个民族没有文化成就，它的历史就没有什么可写的，在世界历史中就没有地位。如果写世界史，这种民族的历史一般都不写的。比如说写人类文明史，非洲和美洲等原始部落的历史很少写，原因就在于它们没有多大的价值，没有创造出什么文化及文化成果。钱穆说，文化是民族和国家历史的发展根本，历史各方面的成就便是文化的展露，或者叫文化的表现。从开始写《国史大纲》到后来移居中国香港和台湾，他都在不断地阐述这一思想。《国史大纲》首次明确地把文化、民族和历史结合起来加以阐述。在中国现代史家中也有这么做的，但是没有钱穆阐述得这样系统和深刻。在中国现代史家中有这种观念并且写成中国历史的，只有钱穆和柳诒徵。柳诒徵写出《中国文化史》，但其影响不如《国史大纲》。钱穆说，一群人能否形成民族和国家，就看它有没有文化。有文化，就能形成一个民族，创建一个国家；否则，就形成不了民族，创建不了国家。而民族的形成和国家的传承，也有赖于文化在其中发挥作用。所以说，民族和国家都是人类文化的产物。

钱穆说，中国文化在世界上是最悠久和最有生命力的。这是事实。我们学习历史文化后，可以知道世界各大古文明延续到当代的只有中华文明。两河文明、古埃及文明、古希腊和古罗马文明、古印度文明等，今天都不存在了，都只是供人游玩的历史文化古迹而已。他说，这是我们先民创造有价值文化的真实凭据，“以我国人今日之不肖，文化之堕落，而犹可以言抗战，犹可以言建国，则以我先民文化传统犹未全息绝故。”因为，抗战时期中国抵抗的是强大的日本。日本在现代化方面走在了中国的前面，中国是以弱敌强。“五四”以来我们老是辱骂自己的祖先，要打倒孔家店。如鲁迅对中国文化的批判便特别激烈，说老祖宗写的书都是害人的，仔细看中国几千年的历史都是吃人的历史。在钱穆看来，我们这些子孙是很不孝的，骂老祖宗那么狠，把自己的文化看得一文不值。他说，这是一种文化堕落，是我们子孙的不孝。然而，即便这样，我们仍然可以奋起抵抗日本的侵略，我们仍然抱有胜利的希望。我们为什么能做到这点呢？原因就在于中国文化传统是很有生命力的，还没有死绝。如果中国文化已经没有生命力了，在日本全面侵华之后我们怎么还可以抵抗呢？他就以此来反证中国历史文化在当时仍然有很强的生命力。

1943年是抗战十分艰难的时期，也是光明即将到来的时候，是黎明前的黑暗。为什么呢？因为1945年抗战就胜利了。1943年1月，钱穆发表了一篇文章《中国今日所需要之新史学与新史学家》，对历史的生命性做了进一步的阐发。他说，历史是人类的大事业，不要把历史看成过去的和死的东西；历史有持续和有变动，是人类的一大事业，一大生命。同时，文化是内生的，不能由外部输入。一个民族的文化可以吸收其他民族文化优秀的东西，但是，如果完全把外来的文化拿来，则是荒谬的。他说，如果要这样做，那么新的文化就不是你的文化了。比如，如果我们把美国文化拿来，即使实现了中华文化的复兴，但这已经不是我们的文化了，而是美国文化了。当然，这不意味着不需要学习外来文化，而是说外来文化必须内化以后，才能转化为本民族的文化。因此，中国的现代复兴有赖于国人正确认识自己的历史文化。只有这样，才能真正树立起爱国情怀，人们才能为民族复兴贡献自己的力量。

概括来讲，钱穆把历史、文化、民族和生命四个概念结合起来，阐发了它们之间相互依存的关系，建构出一个独特的民族文化生命史观。我的提法被学术界所接受。大概是2002年至2003年间，我的博士生导师蒋大椿先生去台湾地区讲学，顺带与那里的出版商联系我博士论文的出版事宜。外审专家审读我的博士论文认为很有价值，没有提出修改意见。2004年，台湾地区的出版社很快出版了我的博士论文。这说明我的钱穆史学思想研究得到了学界的认同。总之，钱穆就是以民族文化生命史观为指导写中国历史的。在他看来，中国历史就是中华民族不断创造文化的历史；中国文化是有生命力的，是不断演进的。这就是他对中国历史的基本认识，是《国史大纲》的核心思想，是大家必须把握的。

三、新历史知识的获取与新通史的创建

钱穆所谓的新通史就是写一部新的中国通史。在当时已经有不少学者写出中国通史，但是他不满意。他认为，只有撰写符合时代需要的新中国通史，才能给国民提供所需要的历史知识，培养国民的爱国情感。这种通史应该具有系统性和客观性，能够阐明中国的文化精神和发展过程，使国民对中国历史抱有温情和敬意。

钱穆说，中国古代史学取得了了不起的成就，不断创造和完善各种体裁，特别是通史体裁，给中国人提供了新的历史知识。确实，中国史书体裁在世界上是最丰富的，没有哪个民族的史书体裁能够相比，其中，通史体裁最为典型。西汉史家司马迁的《史记》是纪传体的通史，北宋史家司马光的《资治通鉴》是编年体的通史。还有典志体的通史，如唐代杜佑的《通典》等。中国古代以"通"为书名的著作很多，不仅有史学的书，还有文学和哲学的书。钱穆认为，司马光主持撰写的《资治通鉴》是部了不起的著作。然而，从宋代到现代七百多年了，此后没有史学家写出一部能与之相媲美的通史著作。他说，这是中国史学衰微的征兆，由此导致国人对中国历史无法获得清晰和准确的认识。特别是到了现代，由于受西方历史观念的冲击，加上中国面临着深重的民族危机，因此急需一部理想的新中国通史。

那么，什么是理想的新中国通史呢？他说："今日所需之国史新本，将为自《尚书》以来下至《通志》一类之一种新通史。"此新通史应简单而扼要，且必须具备两个条件：一是，必须能将国家和民族以往文化演进的真相明明白白告诉人们，为一般有志要了解中国以往政治、社会、文化和思想演变的人提供必要的历史知识。二是，应该在旧史的统贯中映照出中国种种复杂难解的问题，为有志革新历史者提供必要的参考。也就是说，进入近代以来中国面临着千年未有之大变局。在这种情况之下，仁人志士都在思考中国的前途和命运，思考怎么去改革和复兴中国，因此亟须借鉴历史。这就需要中国史家写出一部能真实和全面讲述中国历史的书，否则，革新者就不能够很好地以史为鉴。

所以，钱穆说："此种新通史，其最主要之任务，尤在将国史真态，传播于国人之前，使晓然了解于我先民对于国家民族所已尽之责任，而油然兴其慨想，奋发爱惜保护之挚意也。"也就是说，新中国通史的主要任务就是要把中国历史的真相告诉国人，使之了解我们祖先对于国家民族已经尽到的责任，为民族创造了辉煌的历史。这样，我们才能对国家的历史油然而生爱惜保护之挚意。这就是新的中国通史应该起到的作用。从 20 世纪初以来，已有许多史学家撰写中国历史，特别是写了一系列中国历史教科书，其中有不少名著。但是，在钱穆看来，它们对中国历史传统和生命力的弘扬是不够的，所以有必要写一部新的中国通史。

四、新通史的任务

钱穆认为，历史研究的首要任务是探究国家民族历史发展的历史精神。他说:“治国史之第一任务，在能于国家民族之内部自身，求得其独特精神之所在。”中华民族的历史到底有什么样的历史精神？与西方的历史有什么不同？这个问题之所以重要，是因为国民如果对中国的历史精神和文化精神没有了解的话，就难以对我们国家和民族产生温情与敬意。

如何才能求得我们国家和民族的历史精神呢？钱穆认为，要抓住政治制度、学术思想、社会经济三大要素。这实际是现代历史观念。我们今天学习中国历史，可以看到一般的通史是分三大块来讲的，即政治、经济、文化。只是对于三者的关系，钱穆的认识与马克思主义史学家有同有异。他认为，社会经济是最下层的基础，这和马克思主义史家是类似的。其次，政治制度是最上层，而学术思想文化是中层基干。这和马克思主义史家不同，马克思主义史家认为学术思想文化是顶层。钱穆为什么把学术思想文化作为中层呢？在他看来，在国家民族的历史发展中，学术思想文化是最主要的。如果学术思想文化灭绝了，国家民族的历史发展就没有了文化引领。这是他一个基本观念。

不过，在中国历史发展的不同阶段，三个要素哪个起决定作用，不同历史时期是有差异的。不同时代所呈现的差异性，便体现了中国历史的精神所在。所以说，研究中国历史应当在客观中求实证，要看到它是怎么发展变化的。比如，春秋战国是个百家争鸣的时代，那时，经济上有很大发展，政治上也有许多变法。不过，对历史影响最大的还是诸子百家及其争鸣。因此，钱穆说，写春秋战国时期的历史，要着重把这个时代的学术思想变动写出来。如果某个时代的变动是政治制度，就要着重写这个时代政治制度的变化。钱穆著有《秦汉史》，他写秦汉史主要就是写秦汉的政治制度。确实，秦汉的政治制度奠定了中国两千多年的政治制度格局，如君主专制集权制和郡县制等。如果一个时代的变革是在社会经济方面，比如三国魏晋社会经济制度发生了很大变化，他就把重点放在考察这个时代社会经济的变化上。

不同时代的历史演化重点是不一样的，由此便体现出中国历史之精神所在，也是文化精神之所在。如果大家读《国史大纲》，可以看出钱穆对中国历史不同时代的着重点及其写法是不同的。如马克思主义史学的中国通史基本是按经济、政治、文化三大块来写，没有特别强调哪个方面。钱穆不一样，认为哪个方面变化就着重写哪个方面，这样才能把握我们国家的历史个性。不同民族和国家的历史确实是有个性的，像人一样。钱穆认为，只有确切知道中国历史的个性所在，才能够把握它，把握它的生存发展环境和它所创造的全部事业。

五、新通史的研究方法

新通史的研究方法，就是讲怎么研究中国历史的独特历史精神。钱穆认为，要探明国家和民族独特的历史精神，一是要去找国家和民族发展中的异和同，二是必须探明国家和民族历史演进的生力和病态。

首先，新通史研究要寻找国家民族历史发展中的异和同。在不同中看到相同的东西，在相同中看到不同的东西。在研究中要学会比较，因为比较是认识事物的基本方法。他说只有比较异同，才能考察国家民族历史的总进程，从而认识它的精神所在。比如看中国历史，就要把先秦和秦汉加以比较，看看它们有哪些不同，从春秋战国到秦汉发生了哪些变化，只有这样才能看清中国历史的变化。同时，又要看到历史变化中的一致性，否则就看不到历史的延续性。再如研究明清史，也要把它和宋元史加以比较，先看发生了哪些变化，再看哪些是相同的。只有不断去寻求历史的同和异，才能划分历史的阶段。反之，只有通过历史阶段的划分和时代的划分，才能看出历史的变化，才能明白历史是怎么演进的。

钱穆说，求同对于认识一个国家民族的历史精神是很重要的。讲中国的历史，如果只看到它的异而看不到它的同，我们就没有办法概括中国的历史精神。比如，中国历史有种奋进精神，《易经》说:“天行健，君子以自强不息。”这种精神在中国历史的各个阶段都有表现，不然很难想象中华民族经历了那么曲折和灾难，却能生存和发展下来。再如“和而不同”的精神，是儒家的基本思想。在文化上“和而不同”，就是容许各种文化存在和发展，不把自己的价值观凌驾于别人之上。所以，我们可以看到春秋战国时代的“百家争鸣”。汉武帝时开始“罢黜百家，独尊儒术”，儒家成为主流是不假，但是并没有绝对地排斥其他思想，中国文化中还有道家。中国历代统治者实行的是“阳儒阴法”，即兼采取法家的治国之术。再者，东汉后期佛教传入中国，在南北朝和隋唐时期得到很大的发展。今天讲中国传统文化，往往说是儒释道“三足鼎立”。如果中国文化没有和而不同的精神，佛教怎么能得到广泛传播呢？基督教往往将信奉其他宗教的视为异教徒，历史上爆发了许多宗教战争。其他宗教也存在这种情况。所谓宗教战争，本质上是反对其他宗教的存在。中国历史上基本没宗教战争，这与“和而不同”的精神有关。中国文化还有“天人合一”等许多精神从古流传至今。所以说，中国历史是有变，但又有许多不变，即“同”，也就是深层次的文化精神。钱穆认为，如果我们能够明了中国历史的变动和精神所在，就不会以为中国历史是停滞不前的，就能客观认识中国历史文化。钱穆的话是有所指的。因为，“五四”以来有个错误观念，认为中国两千多年来是封建君王专制，没有进步，全是黑暗。钱穆通过《国史大纲》告诉人们不是这样的，中国历史不仅一直在变，而且一直在进步。这就在理论上和历史事实上批驳了各种历史虚无主义和文化自遣论。

其次，研究中国历史，既要看到国家民族在历史演进中的生力，又要看到它的病态，可见，钱穆并不避讳讲中国历史发展中存在的问题。所谓生力，就是国家民族历史发展的推动力。民族国家的历史为什么会发展，就在于有一个动力。所谓病态，就是在历史演进中时常遭遇到的顿挫和波折。所以说，人类历史的演进常常像波浪般曲折演进。如果把两个国家的历史相比较，那么，有时候是我们发展得好，有时候是其他国家发展得好。比如，我们在古代比日本发展得好，日本学习我们，但是近代以来，日本通过明治维新迅速发展成为现代化强国，发展得比我们好；到今天，中国和日本可以说是齐头并进了。他说，只有通观历史才能做出全面的比较，得出全面的认识。如果只横切一点，只比较某一个时期，就很难得到真相。其目的是为了批判近代以来的历史虚无主义，钱穆说：“今日治国史者，适见我之骤落，并值彼之突进，意迷神惑，以为我有必落，彼有必进，并以一时之进落为彼、我全部历史之评价，故虽一切毁我就人而不惜，惟求尽废故常，以希近似于他人之万一。”在他看来，近代中国历史出现了病态，西方历史发展却很迅速，但是，你不能只拿近代来比，完全以西方近代的发展来衡量中国。这样的话，会把中国历史说得一无是处，导致一切毁我就人，我们什么都不好，西方什么都好。结果是，中国传统文化都不要了，只是想把中国变成西方。

所以说，研究历史一定要明白生力和病态，生力自古长存，病态随时忽起。钱穆说，我们一定要看到中华民族和中国历史的生命力，不能因历史一时出现了病态，就说我们的历史都是不好的，都是有问题的，看不到我们历史的生力所在。只有真正把握了中国历史发展的生命力，认识到生命力是主要的，病态是一时的，我们才能对自己的历史抱有信心。要做到这点，就要进行中国通史的研究和撰写，要把中国历史从古到今好好研究，客观地把它写出来。同时，还要把西方历史和整个人类历史好好研究，把它们写出来。钱穆身体力行，1944 年写出《中国文化史导论》。这本书看书名是写中国文化史，实际不是的。他采用比较的方法，把西方文化和中国文化相对照来写。其中一些观点未必正确，但是其研究和写作方法是正确的。

六、新通史的价值功能

中国传统史学认为，写史书是为了使史学发挥以古鉴今和经国济世的作用。钱穆继承了这种传统，认为新的中国通史应该有三方面的功用：一是历史知识贵在能鉴古知今。也就是说，历史知识旨在使人们通过了解过去，来认识和把握今天和未来的发展。二是，历史知识旨在培养国民的民族情感。国人要读中国历史，就是要培养自己的民族情感。虽然我们也读外国史，但是我们更要读中国史。三是为现实改革提供资鉴，为未来提供向导。以史为鉴，是政治家、改革家必须要做的事。毛泽东就特别喜欢读史，喜欢以史为鉴。他最喜欢读的史书是“两司马”的史书，即司马迁的《史记》和司马光的《资治通鉴》。毛泽东把《二十四史》都读了，这是很多史学专家，包括研究中国古代史的专家都做不到的。

钱穆主张写中国通史，就是为了批驳近代以来的历史虚无主义。在抗战时期，他更是要以此来提振国民的民族自信心。他写《国史大纲》时抗战正进入艰难的相持阶段，通过让国民读中国历史来培养民族情感十分重要。所以，钱穆在书的扉页上首先写下了“凡读本书请先具下列诸信念”：

一、当信任何一国之民，尤其是自称知识在水平线以上之国民，对其本国已往历史，应该略有所知。

二、所谓对其本国历史略有所知者，尤必附随一种对其本国已往历史之温情与敬意。

三、所谓对其本国已往历史有一种温情与敬意者，至少不会对其本国已往历史抱一种偏激的虚无主义，亦至少不会感到现在我们是站在已往历史最高之顶点，而将我们当身种种罪恶与弱点，一切诿卸于古人。

四、当信每一个国家必待其国民备具上列诸条件者比数渐多，其国家乃再有向前发展之希望。

上述思想是钱穆史学的基本思想。也就是说，作为一个国民不能对自己国家的历史一无所知，而应当略有所知，进而对自己国家的历史抱有“温情和敬意”。只有这样，才不至于对自己国家的历史抱有偏激的虚无主义；只有这样的国民比例不断增加，这个国家才有向前发展的希望。钱穆还从历史认识和心理情感方面来阐述这个问题，说，人必须首先对本民族的历史有认识，才能对本民族的历史产生情感；惟知深，故爱之切。如果一个民族对其历史无所了解，那么，其国民便很难对自己的历史产生很深的爱意，这样的民族是无法在竞争激烈的世界上生存发展的。所以说，如果国民蔑弃自己的历史，只会空喊爱国，这种爱就像一种商业之爱，一旦情况发生变化，这种爱国情感就难以持续下去。所以，要使国民对国家有深厚的情感，必然要使国民对国家的历史有正确的认识。

可见，在钱穆看来，史学的首要功用不是资政而是爱国。新的中国通史有三个方面的作用，但最重要的还是培养国民的爱国情感和民族情感。

七、传统通史观对钱穆新通史书写的重要影响

中国传统通史观和通识意识对《国史大纲》的撰写有深刻的影响，钱穆的新通史理论实际是围绕通史研究与撰著建构起来的。这种新中国通史理论即是其新学理论的核心所在。

钱穆认为中国传统史学是很优秀的，他继承了传统史学的通识观和通史观来写《国史大纲》，把司马迁和司马光的“通古今之变”思想作为新史学的宗旨。他说，宋代以后再没有人像司马光那样以“通古今之变”的思想写出好的通史，他把《国史大纲》的撰写视为继承两司马的事业，说：

> 昔有宋司马光，以名世杰出之才……退而著史……先后垂二十年而书成，以为可以“资治”，故名曰《资治通鉴》。其书衣被沾溉于后世，至今不能废。稍知从事于国史者，恣渔猎焉。自孔子、史公而下，以通史建大业，推司马氏，岂不伟

> 欤！今去司马氏又千年，史料之累积，又十、百倍于司马氏之时，而世局之纷纭错综，则更非司马氏当时所能相提并论……窃不自揆，避地来滇南，深惭偷生无补国难，独奋私臆，窃教课之余暇，闭居一室，妄自落笔，历时一载，成此区区六十万字。……欲于我先民以往五千年惨澹经营之史迹，幸有当于其万分之一二。以视往者司马氏之郑重其事，古今人度量相越，岂不足以愧杀人耶……而此书虽无当，终亦必有悯其意，悲其遇，知人论世，恕其力之所不逮，许其心之所欲赴。有开必先，若使此书得为将来新国史之马前一卒，拥彗而前驱，其为荣又何如耶！

此文最后说："有开必先，若此书得为将来新国史之马前一卒，拥彗而前驱，其为荣又何如耶！"也就是说，钱穆是将《国史大纲》作为现代史家写新的中国通史的马前卒，要做开路先锋。可见，他的立意是十分高远的，既不是把《国史大纲》当成一般教科书写的，也不是把它当成赚钱的书写的，而是将它当作"传之后世"的经典写的。这充分展示了钱穆的历史责任感和历史担当精神，这种精神也是中国史学的优良传统。

八、《国史大纲》出版引发的轰动和争鸣

《国史大纲》出版后，在史学界和文化思想界都引发了轰动。

首先，这部书的学术价值得到许多史学家的首肯。20 世纪三四十年代，不同流派的中国史家写出了诸多中国通史。20 世纪 40 年代末，著名史学家顾颉刚在介绍和评述现代中国通史时，称这些通

史多属“千篇一律，彼此抄袭”。其中，写得比较好的有吕思勉的《白话本国史》和《中国通史》、邓之诚的《中华五千年史》、陈恭禄的《中国史》、缪风林的《中国通史纲要》、张荫麟的《中国史纲》、钱穆的《国史大纲》等。最后，他说：“钱穆先生的书最后出而创见最多。”这句话很关键，说明顾颉刚对钱穆的《国史大纲》评价最高。

其次，这部书的出现具有时代意义。评价一部史著不仅要看它的学术价值，还要看它的现实意义。《国史大纲》在当时起到了唤醒和激发国人抵抗日本侵略，振兴民族自信心的作用，这是许多中国通史著作无法相比的。在日本和伪政权占据的北平，有许多人把《国史大纲》整书传抄。为什么要传抄呢？因为此书在敌占区是不能出版的禁书，只有传抄。有学者说：“滞留北平学人，读此书，倍增国家民族之感。”也就是说，读了此书使民族自信心倍增。可见，此书所产生的现实意义是十分巨大的。

最后，《国史大纲》还因其鲜明立场引发了一场大讨论。近代中国文化思想界的交锋是很激烈的，观点彼此对立的学者是很多的。《国史大纲》出版后，赞成的大有人在，批评者也不少见。围绕这部书写得好不好，观点对不对，在西南联大就有激烈的争论。他的学生李埏就说：“联大自播迁南来，学术讨论之热烈以此为最。”史学家的态度也是迥异的。有一天，钱穆的好友张其昀到昆明去拜访著名史家陈寅恪。陈寅恪最为人知晓的话是，倡导“独立之精神，自由之思想”，他认为这既是中国学者应有的精神，也是中国文化应有的精神。陈寅恪告诉张其昀，“近日此间报端上有一篇大文章，君必一读”。张其昀问是什么文章？他说，是钱穆《国史大纲》的《引论》。然而，当张其昀拜访著名史家傅斯年时，傅斯年却说，“向不读钱某书文一字”，意思是钱穆的著述没有什么价值。这与傅斯年在史学上主张西化有关。

九、《国史大纲》的当代学术地位和深远的影响

下面简单讲一下《国史大纲》的当代学术地位和深远影响。在中国现代史学史上，钱穆建构起民族文化生命史观，并以此为指导来撰写中国通史，既富有浓厚的道德理想主义色彩，又具有科学理性精神。可以说，《国史大纲》是传统史学与现代史学、中国文化与西方文化相融合的产物，为当代中国通史的研究和撰著提供新的范式。

在当时和此后的史学界和文化界，对钱穆的史学理论与著述褒贬不一，毁誉参半。但无可否认的是，钱穆史学思想及其著述的影响是十分广泛和深远的，对中国新史学理论的发展贡献卓著。在20世纪史学史上，像钱穆这样主张以中国传统通史和传统文化为根底来建构新通史理论并撰写中国通史名作的史家并不多见。1949年中华人民共和国建立后到改革开放前，《国史大纲》在内地是不给看的，因为他的通史观和马克思主义史学家的通史观是不同的。到了20世纪80年代之后，《国史大纲》在内地才得以重新出版，很快就产生了广泛的影响，这表明了此书有持久的生命力。随着时代的发展，特别是海内外对中西发展模式和文化观反思的不断深入，我们看到中国和西方的历史确实存在很大差异，中国文化是有强大生命力的，而这正是《国史大纲》力图要说明的观点。人们越来越看到近代文化保守主义者钱穆、梁漱溟和冯友兰等在中国文化认识上的深刻性。他们的思想在当代中国及海外学术界有了越来越多的认同。《国史大纲》的不断再版也是有力的证明！一部书有没有生命

力，就是看它能否不断再版。从这个角度看，《国史大纲》的生命力和影响力是近代以来大多数中国通史著作所无法相比的。

《国史大纲》阅读起来有些难处。它是繁体竖排，大家刚读时可能会不太适应。还有它是纲目体。这种体裁是编年体史书的变种。它纪事时，每事以大字提要为纲，以小字分注为目，纲简目详。在《国史大纲》中，重要的内容用大字写，次要的内容用小字写。纲是主要的，目是次要的。它的好处是，如果是想了解全书的梗概和主要内容，就看它的章节和大字，小字可以暂时不看。把《引论》和大字部分的内容看完了，这本书的基本观点和主要内容大体就把握了。然后，可以择要细读。

十、《国史大纲》的篇章目录

《国史大纲》分八编四十六章，为便于大家理解我讲的内容，现附录如下：

第一编　上古三代之部

第一章　中原华夏文化之发祥

第二章　黄河下游之新王朝

第三章　封建帝国创兴

第二编　春秋战国之部

第四章　霸政时期

第五章　军国战争之新局面

第六章　民间自由学术之兴起

第三编　秦汉之部

第七章　大一统政府之创建

第六编　两宋之部

第三十一章　贫弱的新中央

第三十二章　士大夫的自觉与政治革新运动

第三十三章　新旧党争与南北人才

第三十四章　南北再分裂

第七编　元明之部

第三十五章　暴风雨之来临

第三十六章　传统政治复兴下之君主独裁（上）

第三十七章　传统政治复兴下之君主独裁（下）

第三十八章　南北经济文化之转移（上）

第三十九章　南北经济文化之转移（中）

第四十章　南北经济文化之转移（下）

第四十一章　社会自由讲学之再兴起

第八编　清代之部

第四十二章　狭义的部族政权之再建（上）

第四十三章　狭义的部族政权之再建（下）

第四十四章　狭义的部族政权下之士气

第四十五章　狭义的部族政治下之民变

第四十六章　除旧与开新

《伯罗奔尼撒战争史》导读

《伯罗奔尼撒战争史》是古希腊史学家修昔底德创作的历史著作，讲述了以雅典为首的提洛同盟与以斯巴达为首的伯罗奔尼撒联盟之间的一场战争，几乎涉及当时整个希腊世界。

《伯罗奔尼撒战争史》的结构合理紧凑，文字简洁流畅，富有哲理和感染力，显示了作者的史才和文化素养，是西方古典史学的最高成就。伯罗奔尼撒战争被称为“古代世界大战”，修昔底德倾其毕生精力撰写成书，是希腊古典文明极盛时期的文化精品。

《伯罗奔尼撒战争史》，[古希腊]修昔底德著，谢德风译，商务印书馆

全书按编年体记事，共 8 卷。作为战争的亲历者，修昔底德详细地记录了伯罗奔尼撒战争事件，并分析了这场战争的原因和背景。

全书被后世学者分为 8 卷，严格按时间顺序展开史事，各卷之间保持着必然的联系。第一卷开头有一个序言，阐明作者的写作动机、方法，接着勾勒了战前希腊历史的轮廓，追溯了雅典人与拉栖代梦人之间矛盾的发展过程；第二、三、四卷至第五卷第 24 节，记载战争的前 10 年（所谓“阿奇达姆斯战争”），即自战争爆发至“尼基阿斯和约”的签订；第五卷第 25~116 节叙述“尼基阿斯和约”的签订至西西里远征，即所谓“和平”时期的史事；第六、七两卷叙述西西里远征始末；第八卷叙述战争最后阶段，即狄凯里亚战争和伊奥尼亚战争。按修昔底德自己的计划，他的历史著作将一直写到公元前 404 年雅典长城被拆毁和比雷埃夫斯港被占领为止。但是他的著作只写到公元前 411 年冬天，就突然中断了，最后一句话也是不完整的，说明他的著作尚未完成。

困顿中求真

汪丽红①

2019年底爆发持续至今的新冠病毒疫情在很大程度上改变了人们的生活模式，也改变了我们的教学模式以及与之对应的学习方式。然而病毒带来的不只有负面影响，它迫使人们困守家中的同时，给“熙熙利来、攘攘利往”② 的日常生活按下了暂停键，让我们不得不停下匆匆脚步，重新思考自身生活、工作和学习的意义。我们突然获得一整段难得的空闲时间，可以审视自己的内心是一方百花盛开的花园，还是一片寂寞苍凉的荒原？教务中心组织的系列读书活动恰如一个心田种花的过程。

当前，我们赖以获取信息的多数渠道，如微信、微博、网站等提供的信息确实多样化，但也存在碎片化、情绪化的问题，不能够帮助我们形成有效的知识体系以及与之配套的情感系统以应对生活的庸常与变故。从19世纪以来，大学的目标之一就是培养“能够本能地用科学的目光看待一切知识”“学会在思维中运用科学的基

---

① 上海财经大学人文学院副教授，复旦大学历史学系博士，专业方向为世界史。

② 司马迁：《史记》，中华书局1959年版，第3256页。

本法则，进而养成独立研究、发现和阐述问题的能力”[1] 的人，而读经典好书就是培养阅读习惯、形成独立思考、学会甄别真假优劣的最佳方式。修昔底德的《伯罗奔尼撒战争史》[2] 就是这样一本经典好书。

这是一本写于公元前5世纪的历史著作，我们为什么要读一本距今已有2 500余年的著作呢？近几年中美摩擦不断，对此，在2012年美国学者格雷厄姆·艾利森（Graham Alison）发表《修昔底德陷阱显现太平洋》[3] 一文，认为当前局势的变化正如修昔底德在《伯罗奔尼撒战争史》当中所分析的：雅典与斯巴达冲突的根本原因在于雅典的“崛起”与斯巴达的“恐惧”，两强相争，必有一决。之后他持续阐发这一观点，历数过去500年大约16个案例，由此“修昔底德的陷阱”作为一个当代国际关系的热词出现，修昔底德和他的《伯罗奔尼撒战争史》再现21世纪人们的视野。实际上，修昔底德这个名字不止一次回响于现代社会。冷战时代，西方的学者和政治家们十分推崇修昔底德，尊这位公元前5世纪的历史学家为国际关系中现实主义学派的鼻祖，美国国务卿马歇尔甚至认为不读修昔底德的著作无法理解当代国际政治。19世纪的历史学家利奥波德·冯·兰克（Leopold von Ranke），“如实直书”口号的提出者，宣称修昔底德是他的导师

---

① 陈洪捷：《德国古典大学观及其对中国的影响》，北京大学出版社2015年版，第46页。原句出自施莱尔马赫的《德国特色大学断想录》。

② 《伯罗奔尼撒战争史》目前主要有谢德风、徐松岩、何元国三个中译本，本文面向非历史专业学生，采用谢德风中译本，文中页码即该本页码。修昔底德：《伯罗奔尼撒战争史》，谢德风译，商务印书馆2018年版。

③ Graham Alison, “Thucydides’s Trap Has been Sprung in the Pacific”, *Financial Times*, August 21, 2012.

和治学榜样。而今，身处信息爆炸时代的我们又能从这本 2 500 年前的史书当中学到什么呢？

一、身处困厄的修昔底德

在开启书卷之前，我们首先得弄清楚修昔底德乃何许人也？这是一个笼罩在迷雾中的男人，除了《伯罗奔尼撒战争史》这本书以外，我们对他几乎一无所知，同时代的作家没有一个人写到他，他的第一本传记诞生于千年之后，可靠程度大大存疑。我们仅能从《伯罗奔尼撒战争史》一书获得作者自曝的一鳞半爪进行推测：他在公元前 424 年当选将军一职，根据雅典法律，年满 30 岁才能担任该职，由此推测他的出生日期可能在公元前 455 年前后；修昔底德担任雅典将军之前，很可能以士兵或其他军职身份参加过希腊的海军和陆军的战役，并且军旅生涯很顺利，才得以当选雅典将军，步入政坛。可是命运的转折来得猝不及防。

公元前 424—423 年的冬天，伯罗奔尼撒战争已经进行到第八年，斯巴达将领伯拉西达和色雷斯同盟军奇袭安菲玻里。安菲玻里是雅典人的一个殖民地，附近的阿吉拉斯人早就对雅典人十分不满，于是在一个空中飘着微雪的晚上，黎明之前，阿吉拉斯人为敌军引路，与郊区守军里应外合，占据了附近的乡村，安菲玻里告急。其时，修昔底德率军驻扎在距离安菲玻里大约半日航程的塔索斯。修昔底德接到守将攸克利的求援后，率领旗下七艘船舰起航，紧急驰援。伯拉西达担心一旦修昔底德成功驰援，城内守军会顽抗到底，于是采取分化政策，宣布投降者可以留在城内，享有财产，保证拥有完全的政治权利，不愿意留在城内的人，可以五天内，带着财产离开安菲玻里，于是安菲玻里城内的非雅典居民们不再听从攸克利的号令，投降伯拉西达。当天傍晚修昔底德率领舰队抵达爱昂，接收从安菲玻里逃出来的人，积极组织防御。伯拉西达腾出手后带着舰队顺流而下，意图继续攻打爱昂，由于修昔底德防御得力，伯拉西达没有得逞，退回安菲玻里。可是安菲玻里的失守引起了雅典本邦的恐慌，因为该城是雅典打造船舰所需木材的重要来源地，从地理位置上看该城又是“雅典帝国”的战略要地：斯巴达人夺得该地即可长驱直入，毫无阻碍地进攻雅典的其他城市。修昔底德记载当时一些隶属雅典的城市收到安菲玻里失陷的消息，又听说了伯拉西达的投降条件，争先恐后地叛逃雅典。无论从经济收益还是军事战略上看，安菲玻里的失陷都是“雅典帝国”的重大损失。修昔底德因为救援不力被雅典当局以叛逆罪放逐异乡长达 20 年，直到公元前 404 年才得以返回雅典。（第 371—376 页）

壮年遭逐，暮年返乡，修昔底德是不幸的。安菲玻里失陷的主要责任显然不在他，作为一个负责驰援的角色，修昔底德尽到了援军的职责。而放逐修昔底德所依据的“陶片放逐法”是雅典民主政治设计者之一克里斯提尼在公元前 510 年左右提出，本意是防止有人出于野心篡夺权力成为僭主，破坏民主制度，公元前 487 年付诸施行。推行 70 年后，公元前 417 年春，雅典公民大会以陶片放逐法放逐了平民领袖海柏波拉斯，海柏波拉斯被迫远走萨摩斯岛，惨遭支持寡头政治的激进分子杀害，至此陶片放逐法充分暴露出其负面作用，终被废止；也就是说，修昔底德放逐的第六年，惩罚他的法律取消了，而针对他的惩罚却在继续。据修昔底德的传记作者推测，这次陶片放逐很可能出自其时在雅典政坛很有影响力的克里昂的提议，他因安菲玻里失陷迁怒修昔底德，在他的鼓动下，盲从的民众投票放逐了修昔底德。如若再晚几年，陶片放逐法废止，修昔底德说不定能够逃脱放逐 20 年的命运？

与修昔底德的经历类似，太史公司马迁因为劝说汉武帝相信将军李陵投降匈奴另有隐情被迁怒，继而遭受腐刑。司马迁含羞忍辱，“网罗天下放失旧闻，略考其行事，综其终始，稽其成败兴坏之纪”，“亦欲以究天人之际，通古今之变，成一家之言”，最终写成《史记》。修昔底德虽为西贤，却具有同样的高尚人格，他没有沉湎于痛苦，亦没有堕落于流放，他说：“我在指挥安菲玻里的军事以后，曾被放逐而离开本国二十年；我看见了双方面的一切行动，尤其是伯罗奔尼撒人方面的行动，因为我流亡在外，闲暇的时间给了我特殊的便利，使我能够深入研究一切。”（第 420 页）无论作为身居高位的将军，还是成为流放的叛逆，修昔底德做到了不以物喜，不以己悲，不困于心，不乱于情，居庙堂之高则忧其民，处江湖之远则忧其邦。强大的心灵不论中西，别无二致。

修昔底德为什么要写这本书？据修昔底德在《伯罗奔尼撒战争史》第一卷中说他在战争刚刚开始爆发的时候就着手撰写该书，20 年的流放生涯则给了他更多的时间去研究和撰写著作。这意味着修昔底德在战争伊始就敏锐地意识到这场战争的重要性。他发现双方均竭尽全力来准备这场战争，希腊世界所有国家都被卷入，没有参加战争的国家也正在准备加入这场战争，因此他认识到这是希腊人历史上规模最大的一次骚动，影响了大部分非希腊人的世界，甚至可以说影响了全人类。他观察到伯罗奔尼撒战争的过程给希腊带来了空前的痛苦，过去从来没有这么多城市被攻陷，被破坏，有些是外族军队做的，有些是希腊国家自己做的；从来没有这么多的流亡者，从来没有过这么多生命的丧失——有些是在实际的战斗中，有些是在国内革命中，还有广大地区受到地震的影响；日食和月食比过去记载的都频繁些；在全希腊各地区有广泛的旱灾，继以饥馑；有严重的瘟疫，它所伤害的生命比任何其他单独的因素更多些。战争爆发后，所有这一切的灾难都一齐降临希腊。（第 21 页）伯罗奔尼撒战争深深影响了希腊世界，不论政治、经济，还是人们旧有的观念和日常生活，而修昔底德的个人命运与邦国兴衰紧密相连，这促使他搁置个人荣辱，身在异乡亦不忘深入探究这场战争的真相。

二、求真

强烈的问题意识促使修昔底德在众说纷纭中寻找事情的真相。修昔底德生活在公元前 5 世纪，那是一个迷信、轻信盛行的年代。他的前辈希罗多德（Herodotus，约公元前 484—425）撰写《历史》，开篇自陈:“在这里发表出来的，乃是哈利卡尔那索斯人希罗多德的研究成果。他之所以要把这些研究成果（historia）发表出来，是为了保存人类的功业，使之不致由于年深日久而被人们遗忘，为了使希腊人和异邦人的那些值得赞叹的丰功伟绩不至失去它们的光彩，特别是为了把他们发生纷争的原因给记载下来。”① 这段话宣告了西方历史学的兴起，希罗多德也因其开创性的历史书写被誉为西方历史学之父。西方对于“历史”一词

① 希罗多德:《历史》，王以铸译，商务印书馆 1985 年版，第 1 页。

语的最初理解即源于这段话，“Historia”从一开始就被赋予了探究之意。希罗多德认为历史就是对过去的研究，其中包括两个基本要素：一是“证言”，即对事实的忠实陈述，而不是史诗或戏剧中的神话传说；二是对事实真相的探究。他从各种渠道广泛地搜集各种文字的和口头的资料，包括祭司、旅行家、事件目击者等留下的记载和描述，也包括各种官方的和私人的文献，把一切他认为有价值的事情都当作历史写作的素材。这使得他的著作与《荷马史诗》等纯粹的文学作品区分了开来。

然而检视整本《历史》，我们会发现作者常常因为好奇心等各种原因宕开一笔，去描绘其他民族、奇异的风俗、奇闻怪谈，经常难分主次地记录所见所闻，他说“我的责任是报道人们所说的一切，但我自己不一定就相信这些全是真实的。我的这项声明适用于我的全部著作”①。因此我们会在他的书中看到比狐狸大的蚂蚁、每年都变成狼的涅乌利斯人；吕底亚人家的女儿无一例外地卖淫积攒钱以准备嫁妆；伊色多尼斯人将父亲杀死作为祭品，保存其头部以为圣像；西徐亚人在战场上痛饮杀死的第一个敌人的鲜血并将杀死的敌人的头皮剥下来做手帕、缝成外衣，头颅做酒杯……希罗多德不惜花费近一半的篇幅详细记叙和希腊世界对立的诸“蛮族”的历史传统和文化特征。因此虽然该书记录了导致希腊崛起于地中海世界的希腊和波斯帝国之间的战争，实则以希波战争为主线勾画了一个广袤的世界，读来十分有趣，极大地满足了读者的猎奇心理。

与希罗多德不同，修昔底德明确提出：“我认为我们不能相信传说中的每个细节。”他批评同时代的普通人常常容易不用批判

① 希罗多德：《历史》，王以铸译，商务印书馆 1985 年版，VII.152。

的方式去接受所有的古代故事——就是对那些和他们本国有关的故事，他们也是这样。例如，多数雅典人以为被哈莫迪阿斯和阿里斯托寨屯所刺杀的西帕库斯是僭主，却不知道西帕库斯只是真正的僭主昔比亚的弟弟。他批评希腊人不但对于记忆模糊的过去，而且对于当代的历史，也有许多不正确的猜想。例如，一般人相信斯巴达国王有两个表决权，事实上他们只有一个表决权，还有人相信斯巴达人有一个名叫彼塔那团的军队，然而所谓的彼塔那团根本不存在。修昔底德指出“事实上，大多数人不愿意找麻烦去寻求真理，而很容易听到一个故事就相信它了”。那他自己是怎么做的呢?“我确定了一个原则：不要偶然听到一个故事就写下来，甚至也不单凭我自己的一般印象作为根据；我所描述的事件，不是我亲自看见的，就是我从那些亲自看见这些事情的人那里听到后，经过我仔细考核过了的。就是这样，真理还是不容易发现的；不同的目击者对于同一个事件，有不同的说法，由于他们或者偏袒这一边，或者偏袒那一边，或者由于记忆的不完全。我这部历史著作很可能读起来不引人入胜，因为书中缺少虚构的故事。但是如果那些想要清楚地了解过去所发生的事件和将来也会发生的类似的事件（因为人性总是人性）的人，认为我的著作还有一点益处的话，那么，我就心满意足了。我的著作不是只想迎合群众一时的嗜好，而是想垂诸永远的。”（第 20 页）古希腊社会是一个公民社会，绝大多数作者撰写作品都希望在公众场合宣读以赢得听众或观众，希罗多德也不例外（据说修昔底德童年时就曾经听到希罗多德在奥林匹亚朗诵他的历史著作），这也是希罗多德记载诸多奇谈趣事的原因之一，可是修昔底德拒绝迎合流俗，以严格的标准评判寻找真相，垂范后世。那么一个公元前 5 世纪的历史学家在没有大数据、没有搜索引擎的情况下，如何寻找历史的真相呢？他的方法大体如下。

其一，运用理性审视他人的记录。《荷马史诗》于古希腊人而言，是大希腊区域多民族能够凝聚共识，形成“我们都是希腊人”这一认知的重要著作。希腊人奉为圭臬，对其内容深信不疑，希罗多德就是如此。修昔底德却说：我们没有理由不相信特洛伊远征是过去所有曾经发生过的最大的一次远征，但这次战争不是按照近代规模进行的。我们能否完全相信《荷马史诗》里的人物呢？他认为这里面很有问题。他分析荷马作为一个诗人，其笔下的人物可能经过夸张，即便这些人物真实存在，那么阿伽门农的军队似乎也比公元前 5 世纪的军队规模要小。为什么？修昔底德用数字来计算，荷马说希腊人一共有 1 200 条船，每条彼奥提亚船上有水手 120 人，每条法罗克提提斯船上有水手 50 人，这些人既是水手又是战士，船上没有甲板，还必须携带军需物资，横渡公海，将 1 200 人的船和 50 人的船取一个平均数来计算希腊盟军的人数的话，得到的数字不会很大。修昔底德没有就此打住，而是继续分析为什么希腊盟军实际参战人数不多。他说不是因为希腊人少，而是因为缺钱，给养不足，这样才能解释希腊盟军出征后发生的劫掠行为，以及部分人跑去耕种刻索尼苏斯半岛土地的迷惑行为，从而科学地解释了特洛伊战争何以持续整整十年。所以他认为特洛伊远征经不起事实证据的推敲，至少它并不像诗人想让我们相信的那么重要。

修昔底德始终用审视的眼光看待社会上流传的前人旧说。他警惕地意识到包括伟大的荷马在内的诗人常常夸大他们主题的重要性，散文编年史家关心的不是真相而在于如何吸引听众的注意，所以诗人也好，编年史家也好，其留下的记录往往经不起检查。他们的题材由于时间久远，迷失于不可信的神话境界当中。如果我们要研究古代历史的话，就必须只用最明显的证据，得到合乎情理的正确结论。这并不是说修昔底德对于流传下来的文献完全弃而不用，比如他也利用荷马史诗当中的阿波罗颂歌来证明远古时期，爱奥尼亚人和附近岛屿上的居民经常带着妻子儿女到提洛岛上举行大规模的赛会，举行节日庆祝，常常伴有诗歌和音乐比赛，修昔底德所主张的是用常识和理性进行批判后合理地使用。

其二，充分利用实物证据。公元前 514 年，阿利斯托斋吞和哈摩狄阿斯刺杀僭主希帕库斯，被雅典人尊为捍卫民主的英雄。修昔底德指出这说明雅典人和其他人一样对于僭主和自身的历史事实没有一个正确的认识。首先，老僭主庇西斯特拉图去世之后，执政的不是人们以为的希帕库斯，而是希帕库斯的哥哥希比亚，因此阿利斯托斋吞和哈摩狄阿斯的刺杀行为根本称不上保护民主。阿利斯托斋吞和哈摩狄阿斯是一对同性恋人，其中哈摩狄阿斯是雅典有名的美男子。希比亚的弟弟希帕库斯对其一见倾心，并试图诱奸，哈摩狄阿斯直言拒绝但又担心希帕库斯利用权势霸占他。希帕库斯确实做了一些小动作，据希罗多德说，希帕库斯拒绝让哈摩狄阿斯的妹妹在泛希腊节上担任献花少女。这对同性恋人愈发害怕希帕库斯利用手中权力报复，于是决定先发制人，密谋刺杀希帕库斯。修昔底德分析认为希帕库斯用另一种方式行使了他的权力，没有动用暴力直接迫害哈摩狄阿斯。

关键在于这对恋人密谋刺杀的根本不是僭主。修昔底德的证据之一是雅典市场上一个祭坛镌刻的铭文：希比亚的儿子庇西斯特拉图树立这个职位纪念碑，在彼提昂的阿波罗神的圣地上；证据之二是雅典卫城记载僭主罪行的石柱上记载了昔比亚有五个儿子，双重证据有力地证明希比亚作为长子，才是真正的僭主。阿利斯托斋吞和哈摩狄阿斯刺杀的不过是僭主的弟弟，这两人当然也配不上雅典人赋予的捍卫民主的英雄称号。在僭主问题上，修昔底德也有自己的判断："事实上这些特别的僭主们长期以来表现他们的政策有高度的原则和智慧。他们对雅典人征收的税不过财产的二十分之一，但是他们大大地改善了雅典的面貌，在战争中取得了胜利，举行了一切正当的宗教祭祀。在其他一切方面，城邦还是依照过去的法律管理，他们只是注意他们自己的家族中一个成员总是居于公职"。继而评价阿利斯托斋吞和哈摩狄阿斯刺杀行动：他们因为伤了一个爱人的情感而引发阴谋，他们冒失的行动出于一时恐慌，结果却导致僭主希比亚处死了许多公民，大大增加了雅典的恐怖气氛，也促使希比亚将女儿嫁给了另外一个与波斯王大流士关系密切的僭主的儿子。修昔底德还抄录了其女的墓志铭：长眠在这里的阿基狄斯，父亲是当代希腊最伟大的人物希比亚，父亲和丈夫，兄弟们和儿子们都是僭主，但是她心中毫无敬意。（第 517—524 页）

其三，戳破神谶的虚妄性。绝大多数古希腊人相信神迹、预兆、预言、梦兆和占卜，历史学家也不例外，比如，希罗多德的《历史》一书当中提到征兆的地方有 35 次之多，多次提及德尔斐神谕。即便时至今日，科学昌明，依然有很多人将生活的幸与不幸归结为风水、八字、水逆等。修昔底德的理性精神在一定程度上超越了他的时代。他记载公元前 413 年 8 月叙拉古人准备海陆两军同时进攻希腊，雅典的将军们看到敌人增加了援兵，不再负隅顽抗，准备撤军。27 日当一切准备就绪、正要航行撤退时，突然天空中的满月发生了月食。大多数雅典人很认真地对待天兆，劝说将军们等待。雅典将军尼西阿斯过于相信占卜和其他类似的事情，依照预言家们的说法，必要等到三个 9 天之后，再讨论如何移动军队，结果雅典人错失撤退的最佳时机。（第 600—602 页）

对希腊人普遍信奉的德尔斐神谕，修昔底德也不以为然。斯巴达国王普雷斯托安那克斯的敌人控告他和兄弟为了解除流放，多次贿赂德尔斐神庙的女祭司，要求她们向前往访问的斯巴达代表们作出神谶，命令他们将宙斯的半神儿子的种子从国外携带回来，否则他们会用银的犁头耕田，意即他们就会用很高的价格购买粮食，就如同用银子做的工具耕田一样，半威胁地怂恿斯巴达人用体面的方式将他们接回城邦。（第 411 页）可见，被雅典人视为神的指引的德尔斐神谕在理性务实的修昔底德眼里既不神圣也不神秘。

三、求因

希腊世界为什么会爆发全面且持久的伯罗奔尼撒战争？这是修昔底德这本书要论述的核心问题，与希罗多德写希波战争旁及甚广不同，修昔底德全心全意围绕这一问题展开追问，叙述过程几乎从未离开过他的核心问题和观点。

这场令所有希腊城市都卷入的战争究竟因何而起？当时希腊人中间流传着各种各样的说法，比如，公元前 425 年古希腊著名剧作家阿里斯托芬的喜剧《阿卡奈人》在雅典上演，此时雅典和斯巴达两大集团的战争已经打到第 6 年。剧中狄凯奥波利斯说，我们现在所受的苦难不能全怪斯巴达人，我要为斯巴达人说我认为该说的话，这些农民的脾气，有什么骗子，他们都看不出来自己受了骗。他说，糟糕的是，一些年轻人玩酒喝醉了跑到末加拉去，抢来了妓女西麦迈塔，这时末加拉人人苦难中发了火，作为报复，过来抢走了阿斯帕西亚（伯里克利的情妇）的两个丫鬟，就为了三个娼妇，一场烧遍全希腊的战火爆发了。于是奥林匹克英雄（指伯里克利）大发雷霆、大放闪电，震动了全希腊。他颁布了一道法令："不论田野里还是市场上，不论海上还是路上，禁止末加拉人停留！"于是末加拉人挨饿了。他们要求斯巴达人出面转圜，求雅典人取消为了娼妓而做出的这个决定；他们多少次请求，我们不应允，从此干戈四起。[①] 这意味着相当一部分希腊人认为伯罗奔尼撒战争的起因在于争夺女人，一如特洛伊战争。

也有人认为是麦加拉（即上文的末加拉）禁令导致了这场希腊内战。罗马时代的希腊史家普鲁塔克（Plutarch）曾提到，在伯罗奔尼撒战争爆发前夕，麦加拉向斯巴达提起控诉，说自己被雅典排除在其控制下的所有市场和港口之外。斯巴达国王阿尔基达摩斯遣使雅典进行调解。在交涉过程中，伯里克利指责麦加拉人占用埃琉西斯圣地，派出传令官前往麦加拉和斯巴达进行谴责，传令官却惨遭杀害。雅典人认为麦加拉指使了刺杀，于是雅典另一位政治人物卡利诺斯提出一项针对麦加拉人的法令，规定与麦加拉人为敌，绝不缔结休战合约，断绝传令官往来；任何麦加拉人一旦踏上阿提卡领土即被处死；每年将军们进行就职宣誓时，要加上每年必须两次

---

① 阿里斯托芬：《阿卡奈人》，见《古希腊悲剧喜剧全集》第 6 卷，张竹明、王焕生译，译林出版社 2007 年版，第 28—44 页。

入侵麦加拉领土的誓词；要将被杀死的传令官安特摩克利托斯埋葬于特里亚细亚城门（Thriasian gates）。

修昔底德没有满足人云亦云的说法，也没有将当前偶发性事件当作战争起因，而是将战争的起因分为直接原因和根本原因。所谓直接原因，即双方公开互相指责的内容，包括：伊庇丹努争端（第23—28页）、科林斯和科西拉的辩论（第28—39页）、波提狄亚争端（第46—52页）等。修昔底德继而从这些表面纷争背后去探寻更深层次的原因。《伯罗奔尼撒战争史》第一卷非常鲜明地亮出了观点，开篇追溯了早期希腊史，除说明海权的发展外，另一个重要意图是指出古代战争的不足道和伯罗奔尼撒战争的伟大之处，进而引出关于当前战争根本原因的著名判断："当雅典人和伯罗奔尼撒人破坏了攻陷优卑亚后所订立的三十年休战和约时，战争就开始了。至于他们破坏和约的原因，我首先要说明双方争执的理由和他们利益冲突的特殊事件，使每个人都毫无问题地知道引起这次希腊大战的原因。但是这次战争的真正原因，照我看来，常常被争执的言辞掩盖了。使战争不可避免的真正原因是雅典势力的增长和因而引起斯巴达的恐惧。"（第21页）

斯巴达人的政治体制与雅典的民主政治不同，属于贵族政治，重要的是他们几乎全民皆兵，孩子一出生就要抱到长老那边检查是否健康，如果体质不合格很大程度上会被抛弃，孩子稍长，就必须送到军营里过集体生活，进行军事训练，长大后直接投入战场，履行士兵的职责。这种全民皆兵的体制保证了斯巴达人的战斗力，其重装步兵和士兵人数的优势使之成为希腊诸邦中的最强者。希波战争结束之时，雅典开始重建并扩张城市和要塞，斯巴达人一开始没有太在意，雅典人又修建了拥有3个天然良港的庇里犹斯的城墙，奠定了海上优势的基础，“雅典人就这样建筑了他们的城墙，因此他们的地位一般地加强了”（第 71—75 页）不久斯巴达派出的希腊联军总司令骄横傲慢，遭到盟军控告被召回国，斯巴达没有再派遣其他司令官，“这样雅典就取得了领导权……同盟国也愿意雅典取得领导权。于是雅典人规定各同盟国在准备对付波斯战争中所应缴纳的各种捐助，确定哪些国家是给付金钱，哪些国家是贡献船舰的……在这时候，所称为‘希腊财政官’的官吏第一次由雅典人任命”（第 76—77 页）。雅典人的势力持续扩张，“在这些年代中，雅典人使他们的帝国日益强大，因而也大大增加了他们自己国家的权势。斯巴达人虽然知道雅典势力的扩大，但是很少，或者根本没有制止它；在大部分的时间内，他们仍然保持冷静的态度，因为在传统上，他们如果不是被迫而作战的时候，他们总是迟迟作战的；同时也因为他们自己国内的战争，他们不能采取军事行动。所以最后，雅典的势力达到顶点，人人都能够很清楚地看见了；同时，雅典人开始侵略斯巴达的同盟国了”（第 91—92 页）。随着雅典帝国的扩张，与斯巴达及其盟国不断发生摩擦，科林斯多次向斯巴达控诉并鼓动盟主发动战争，“过去我们多次告诉你们，我们将受到雅典的祸害，你们每次总是不关心我们对你们所说的话，反而疑心我们的动机……你们的迟疑不动，已经造成了许多祸害”（第 53—57 页）。“至于那个在希腊已经建立起来了的暴君城市，我们深信它是想同样地统治全希腊的，它现在正在计划征服那些还没有被它征服的国家。让我们进攻它，毁灭它，让我们将来能够安全地生活着，让我们解放那些已经被奴役了的希腊人！”（第 97 页）最终斯巴达的监察官在公民大会上呼吁：“斯巴达人啊，表决吧！为着斯巴达的光荣！为这战争！不要让雅典的势力更加强大了！”伯罗奔尼撒大

战正式爆发。（第 69 页）

修昔底德叙述了双方冲突层层升级、主战言论如何逐渐占据上风，最终斯巴达及其同盟做出宣战决议。如上文所言，促使斯巴达及其同盟的宣战这一进程中充斥着各种言论、主张，冲突性事件频发，希腊人往往引以为战争爆发的原因，没有多少人愿意深度思考希腊世界的这次内战或者说灾难究竟根源于何处。修昔底德撰写《伯罗奔尼撒战争史》开门见山地宣布了这场希腊内战的历史意义和根本原因，直言“斯巴达人之所以议决和约已经被破坏，应即宣战，不是因为他们受了他们的同盟者发言的影响，而是因为他们恐怕雅典的势力更加强大，因为他们看见事实上希腊的大部分已经在雅典控制之下了”（第 70 页）。随后紧紧围绕这个论点展开他的论述或者说论证。第二卷到第五卷第二章记载了战争的头十年，第五卷第三至七章记载了尼西阿斯合约和西西里远征之间的 5 年半的历史，雅典和斯巴达之间虽然订立了合约和 50 年同盟条约，但是矛盾的根源没有消除，局部地区仍有战争，第六卷至第七卷记载公元前 415 年到公元前 413 年雅典人的西西里远征及其全军的覆灭，第八卷记载战争最后阶段的历史。修昔底德叙述严谨、逻辑严密，将战争原因划分为表面借口和深层原因，无论相对于喜欢说故事的希罗多德，还是道德哲学家普鲁塔克，似乎都意味着更严肃的思考和更客观的历史撰述。

尽管修昔底德分析伯罗奔尼撒战争爆发的深刻原因在于希腊世界雄主斯巴达对后起之秀雅典崛起的害怕、恐惧、抑制，点燃伯罗奔尼撒战火的既不是伯里克利的情妇，也不是一纸麦加拉禁令，而是这些冲突事件背后古代希腊世界政治势力此消彼长的客观形势。那么，修昔底德是一位古代希腊的“世界公民”吗？也未见得。根据他的叙述，在战争爆发之前，斯巴达人不断地派遣代表团到雅典去，提出各种抗议，第一个代表团要求去除那些被神诅咒的人，第二个代表团要求撤销麦加拉禁令，最后一个代表团带着最后通牒到了雅典。雅典人召集民众大会，商讨怎样答复斯巴达人。伯里克利分析了斯巴达和雅典势力对比后提出解决方案，说：我们不会发动战争，但是我们将抵抗那些实际发动战争的人，这是一个正当的答复，同时也是我们这样一个城市所当作的一个答复。我们要知道，战争是强迫加在我们身上的，我们愈愿意接受挑战，敌人向我们进攻的欲望将愈少。（第 116 页）由此可见，是斯巴达及其盟友而不是雅典打响了伯罗奔尼撒大战的“第一枪”，修昔底德通过伯里克利的演说指明了这场希腊大战的责任者。

作为一名深受雅典文化浸润的学者以雅典为立场可以理解，可敬的是，修昔底德没有一味为雅典唱赞歌。他没有掩饰雅典对本国公民和盟国的压榨，在讲到雅典势力扩张时，评论说“他们对于那些不惯于牺牲，也不愿意牺牲的同盟国进行了严重的压榨，因此他们丧失了人心。”（第 78 页）对盟国的压榨引起了普遍不满，最终导致盟国的反抗和叛逃，“雅典帝国”内耗严重。与此同时，修昔底德也没有一味地贬低敌人，而是给予优秀的对手充分的尊重，比如占领安菲玻里、直接导致其流放 20 年的斯巴达将军伯拉西达，他“对于伯拉西达极其崇拜（其崇拜的程度仅次于伯里克利），花了很多篇幅来描写他的才能”[①]。后世评价《伯罗奔尼撒战争史》“相当客观，既不媚俗也不媚上，也不曲笔讳言，简直客观到冷峻无情的地步”。

---

① 谢德风：《伯罗奔尼撒战争史 译者序言》，商务印书馆 2018 年版，第 7 页。

四、雅典瘟疫

作为伯罗奔尼撒战争的亲历者，修昔底德在分析战争缘起、战场此消彼长之际，也记载了或贤或愚的古代希腊人和一个精彩复杂的古代希腊社会，其中就有一场空前的瘟疫，这也是人类历史上第一个被详细记载下来的人类疫病。当前世界正饱受新冠病毒之苦，2 500年前，人们又是怎么认识和对待瘟疫的呢？瘟疫对他们的生活造成什么影响？

雅典瘟疫爆发在伯罗奔尼撒战争第二年即公元前430 年夏天。修昔底德描述了患者感染瘟疫的症状：患者还健康的时候，表面上没有任何原因，就突然病倒了。首先，头部出现严重的高烧，眼睛发红、灼热；在体内，喉咙和舌头立即变得血红，并且发出奇怪而难闻的气味。之后，患者打喷嚏，嗓子变得沙哑。没多久，疼痛转入胸部，同时出现剧烈的咳嗽。当它转入胃部时，会使人感到恶心，接着呕吐出全部的胆汁（医生们对其有专门的称呼），这个过程伴随着巨大的痛苦。大多数人到了吐不出东西后还会干呕，并出现强烈的抽搐——有的不久后会减弱，有的则要持续很长时间。在身体表面，碰上去并非特别热，也不显得苍白，而是淡红或乌青色的，伴有小脓疱和疮口在溃烂。但在体内，强烈的灼热感使患者对很薄的衣服和细布都难以忍受，不得不保持着裸体，跳入冷水中能让他们感到最大的舒爽。许多人甚至在无人注意时跳入了井里；他们处于无休止的口渴状态之中，以致喝很多的水也和只喝了一点感觉一样。在整个过程中，人都饱受难以休息和失眠之苦。当病情发展到剧烈的时候，患者的身体并未衰弱，而是出乎意料地承受着痛苦，以致大多数人会在第七天或第九天时死于这种内热——他们这时仍还有一些体力。如果他们逃过这一劫，那么病情还会向下转移到腹部，出现严重的溃疡，伴随着水泻，之后许多人会死于由此而导致的虚弱。病痛就这样首先从头部开始，自上而下发展到全身。

大批人口就像“羊群般地死去”。公元前5世纪没有技术能够治疗这种疾病，“任何技术或科学都毫无办法。向神庙中祈祷，询问神谶等等办法，都无用处。”（第155—156页）患者只能依赖自身免疫力。修昔底德也不幸染上此病，侥幸活下来后说，人一旦染上此病，无论体格强弱，都很难抵御，这导致人们的绝望。修昔底德还提到当时一些得过此病幸存下来的雅典人觉得自己安全了，不会第二次得病，或者觉得即便第二次得病了，也不会致死。“这样的人得到各方面的祝贺；在他们复原的时候，他们自己也很得意，以致他们愚蠢地以为他们以后也不会因其他任何疾病而死亡的。”事实上，患者即便幸存下来，还可能伴有后遗症，例如，四肢上留下疾病侵袭过的痕迹，失去阴部、手指或脚趾，有的还会失明。还有些人康复后完全失忆，不知道自己是谁，也无法辨认亲友。随之而来的是巨大的心理创伤，一些幸存者会陷入短暂的歇斯底里状态——“在一阵狂喜之后会幻想自己再也不会死于其余的疾病了”（第158页）。这次疫病持续长达4年，据推算疫情过后大约1/3的重装步兵和骑兵死亡，雅典其余人口的死亡比例应与军队状况近似。

公元前430年的这场瘟疫传染性极强。据说该疾病出自埃塞俄比亚，随后蔓延到埃及、利比亚和波斯帝国的许多地区，不久降临雅典，首先得病的是庇里犹斯的居民，继而出现在上城。当然它还传播到了其余人口稠密的地区，只不过雅典的情况尤为严重。因为适逢伯罗奔尼撒战争开战，伯里克利为了作战将阿提卡乡间的居民迁入了雅典城内，拥挤的居住条件加速了瘟疫的传播。“他们没有房屋住，事实上他们在炎热的季节里，住在空气不流通的茅舍中，他们像苍蝇一样地死亡着。垂死者的身体互相堆积起来，半死的人在街上到处打滚，或者群集于泉水的周围，因为他们想喝水。他们所居住的神庙中，充满了死者的尸体，这些人是在他们中间死掉的。”（第 159 页）瘟疫的烈度也非比寻常，“虽然有许多死者的尸体躺在地上，没有埋葬，吃人肉的鸟兽不是不跑近尸体，就是，如果尝了尸体的肉的话，后来就因此而死亡。关于这点，从下一事实可以得到证明：所有吃肉的鸟类完全绝迹；在尸体附近或其他地方，都看不见有这类的鸟。”（第 157 页）

这场空前的瘟疫对雅典的影响必然是深远的。其一，战局因此改变。雅典士兵持续患病死亡，伯罗奔尼撒人从雅典逃兵口中听到城内疾病传染，看到雅典人在建造坟墓，于是提前撤退回国。雅典将军哈格浓率军费尽心思攻打波提狄亚，却因为士兵感染瘟疫被迫中止，“就是那些从前在这里的军队，过去是完全健康的，现在也从哈格浓的士兵那里得到了这种疾病”（第 144 页）。哈格浓被迫撤军，出征时重装步兵 4 000 人，40 天内，死亡人数达 1 050 名。其二，雅典政局因此改变。雅典人必须同时与瘟疫和战争作斗争，主战的雅典民主政治领袖伯里克利因此备受谴责，在战争爆发两年六个月时不幸感染瘟疫去世，此后他所代表的温和民主派渐渐失去民众支持，善于煽动民众情绪的激进派克里昂等人趁势崛起，“他们忙于个人的阴谋，以图获得对人民的领导权”，“由于他们的不和，开始使国家的政策发生紊乱”

(第 169—171 页)。雅典民主政治、外交和军事路线从此转向。其三，公民社会的传统价值秩序崩塌。“雅典开始有了空前违法乱纪的情况。”生命、金钱在瘟疫面前都显得如此短暂而苍白，一些突然继承死者财产的人开始公开地冒险放纵，迅速地花掉金钱，以求及时享乐。向来被雅典人珍视的“荣誉观”土崩瓦解：一个人是不是能够活到享受荣光的名号都成问题的时候，又有谁愿意遵守塑造荣誉的那些品德呢？奥林匹斯诸神面对瘟疫亦退避三舍：人们发现好人和坏人毫无区别地一样死亡，敬神和不敬神都是一样，于是不再畏惧神灵，自然也不愿意继续接受法律的约束，因为触犯法律的人觉得不一定能够活到接受审判的时候。(第 159—160 页)

修昔底德记载的到底是什么疾病呢？学者们根据 1994—1995 年在古代墓葬区凯拉米克斯挖掘出的一批瘟疫时期的尸骸，通过现代科学手段从这批尸骸的骨骼和牙齿中检测出伤寒杆菌的 DNA 序列，由此有学者推测这场在雅典肆虐近 4 年之久的瘟疫系古人难以应付的伤寒。

修昔底德以客观而细腻的笔触记录下了瘟疫的传播、患者症状、后遗症、患者心理、社会心理，以及疫情影响下的军队和政坛。如此严重的瘟疫在古代社会通常被归结为神罚，修昔底德却说：“至于这种病症最初是怎样产生的，为什么这种病症对于身体有这样剧烈的影响等问题，我将留给那些有医学经验或没有医学经验的人去考虑。我自己只描述这种病症的现象，记载它的症候；这些知识使人们能够认识它，如果它再发生的话。”（第 156 页）1975 年，威廉・麦克尼尔写道：“同样的疫病在熟悉它并具有免疫力的人群中流行与在完全缺乏免疫力的人群中爆发，其造成的后果差别巨大。”① 相隔2 500年的时空，两句史家良言交相呼应，也映照着2020年已然全球蔓延的新冠肺炎疫情，我们每一个人都不可幸免地置身其中，然而身居斗室，面对纷乱而破碎的信息世界，更需我们运用常识和理性从芜杂中披沙拣金，反思求真。

最后，阅读《伯罗奔尼撒战争史》不得不提到书中大量的演说辞，包括公民大会上的辩论、战场演说、仪式演说等，几乎占全书的1/4，这些演说辞帮助修昔底德推进战争的叙述和分析，也从一个侧面证明演说是希腊公民社会政治生活的重要特色。但是从写作角度而言，修昔底德不可能全部在场亲笔记录如此大段长篇的演说辞，怎么办呢？他坚持一贯的严谨：“在这部历史著作中，我利用了一些现成的演说词，有些是在战争开始之前发表的，有些是在战争时期中发表的。我亲自听到的演说词中的确实词句，我很难记得了，从各种来源告诉我的人也觉得有同样的困难；所以我的方法是这样的：一方面尽量保持实际上所讲的话的大意，同时使演说者说出我认为每个场合所要求他们说出的话语来。”（第19页）因此文中所载的精彩演说词是演说者和修昔底德共同创作的结果。

研究历史的学者津津乐道于伯里克利在阵亡战士国葬典礼上的演说词，因为其中谈到了雅典人对其民主政治制度的认识，成为历史上的经典段落之一：“我要说，我们的政治制度不是从我们邻人的制度中模仿得来的。我们的制度是别人的模范，而不是我们模仿任何其他的人的。我们的制度之所以被称为民主政治，因为政权是在全体公民手中，而不是在少数人手中。解决私人争执的时候，每个

① ［美］威廉·麦克尼尔：《瘟疫与人》，余新忠、毕会成译，中信出版集团2018年版，第4页。

人在法律上都是平等的；让一个人负担公职先于他人的时候，所考虑的不是某一个特殊阶级的成员，而是他们有的真正才能。任何人，只要他能够对国家有所贡献，绝不会因为贫穷而在政治上湮没无闻。正因为我们的政治生活是自由而公开的，我们彼此间的日常生活也是这样的。”（第 147 页）

然而对于年轻的朋友，我更想介绍同一演讲中的另一段：“我们爱好美丽的东西，但是没有因此而至于奢侈；我们爱好智慧，但是没有因此而至于柔弱。我们把财富当作可以适当利用的东西，而没有把它当作可以自己夸耀的东西。至于贫穷，谁也不必以承认自己的贫穷为耻；真正的耻辱是不择手段以避免贫穷。在我们这里，每一个人所关心的，不仅是他自己的事务，而且也关心国家的事务。”（第 149 页）

《八月炮火》导读

本书用生动、直接的语言，暴露人类愚蠢却真实的细节描写，详细描画第一次世界大战首月战局与战事进程的清晰思路，让第一次世界大战的故事引人入胜，从高层的每一步设计到士兵真实感受，从各国战略到军官个人对战争的影响，丝毫不漏，娓娓道来，还原一个真实而有血肉的八月。

《八月炮火》，［美］巴巴拉·W. 塔奇曼著，张岱云等译，新星出版社

它以1910年英王爱德华的葬礼为引子，叙述了德皇威廉的野心，以及和英法等国的矛盾。接着分“计划”“爆发”和“激战”三部分，生动地展开了对这场大战的描画。由于作者有高度的文学修养，对英、法、俄、比等国的历史、民族性和当时的社会情况又有较深刻的了解，在写作时还参考了大量有关第一次世界大战史的文献和著作，并实地访问了第一次世界大战的一些战场，因而文笔生动，所述事件、人物栩栩如生，对事实的分析、人物的刻画和评价也较客观。据作者自述，“书中有关气候状况，思想感情，以及公众舆情，个人见解，都有所本”。

作者运用了夹叙夹议的笔法，在叙述、分析初期战役交战双方在战略和战术上的错误，协约国之间的矛盾，以及德军的残暴，人心的向背等时，必然引申出这些情况对战争的进程所起的深远影响，预示了大战的结局。因而本书虽非一部完整的第一次世界大战史，但它通过这段历史时期中的一个重要阶段以及一些事件的内在联系、互为因果，反映了这个历史时期的概貌，使人读后并无片段、孤立的感觉。

这个世界会好吗？还是会突然崩坏？

章益国①

今天和大家交流一下学校这次开列的经典阅读书单中一本可读性比较强的书——当然“经典性”也就相对没有那么强：巴巴拉·塔奇曼的《八月炮火》。我起了一个题目，叫做“这个世界会好吗?”。有些同学可能知道，有位老先生叫梁漱溟，这是他晚年口述的书的题目。这里借用一下，我在后面加了一句“还是会突然崩坏?”。特别说一下，这不是对当前疫情或者国际时局有感而发，而是针对《八月炮火》这本书谈的，希望不要让人感觉太悲观，我是挺乐观的。

一、为何要读经典?

因为本次报告是我们学校经典导读活动的一个组成部分，今天又是历史类著作导读这一环节的最后一次，所以我在切入主题之前，作为一个插曲，和大家探讨一个问题：为什么要读经典？我

① 上海财经大学人文学院教授，党委常委、宣传部部长。华东师范大学历史系博士，主要研究方向为史学理论、中国思想史。

2004年来到上海财经大学工作，当了16年的老师，确实体会到我们学校的学生在经典阅读方面的氛围是比较弱的，这当然是相对而言、整体而言的，我也见过不少同学读了很多书。得益于学校的发展，上海财经大学生源优异，同学们非常聪明。如此出类拔萃的头脑，不去和人类历史上那些已经证明了非常优秀的顶级头脑对话，不去试着理解人类智慧所曾经到达过的高度，有点对不起自己的资质，对不起上天赋予的智商。

当然，我很爱这个学校，所以我也给大家找一些依据，任何现象都是有原因的。我校经典阅读氛围较弱，这里有一个原因，实际上是跟人文学科、社会科学和自然科学不同的传承方式有一定的关系。我们学校以财经学科为特色，专业多少跟经济有关系，而经济学是人文社会科学里面比较不强调经典阅读的一门学科，它的知识传承不那么依靠经典，所以我给大家不大读经典找了一个托词，这个现象有一定科学社会学的依据。

我们知道自然科学里的情况，极端地说，大家是不读书的——大家读论文，知识传承则靠教材而非经典著作。这个道理已经被很多的科学哲学或者自然科学史研究者说过了，科学哲学研究领域有一个学者叫库恩，他就说自然科学的教育是依靠教科书的，是收敛式的教育，自然科学并不鼓励学生去阅读本专业的历史经典。就像牛顿的名著《自然哲学的数学原理》，现在物理系的学生并不需要去读它，据说全世界每年卖出大概几百本，但这几百人主要不是物理系的，而是科学史系的，或者是哲学系的。我们今天大二物理学的本科生，其见识一定程度上可以说是超过牛顿了，因为大二物理学已经讲到相对论。自然科学知识的增长是替换式的。有了爱因斯坦，牛顿就部分地失去意义；有了哥白尼，托勒密就部分地失去意义。自然科学的学习并不需要依次读亚里士多德、托勒密、哥白尼、牛顿、爱因斯坦，它的传承通过教科书来进行，它的前沿研究则需要读当下的论文。但是人文领域完全不是这样。艺术和文学都不存在替代。有了莎士比亚，不能说荷马就失去意义；有了杜甫，我们仍然要读《楚辞》。现在大二的物理系学生，在见识上超过牛顿的，但是大二的中文系学生无论如何不敢说：我超过莎士比亚或者超过鲁迅。我们一般认为自然科学领域是对的观点不断战胜错的观点（当然现代科学哲学已经不是这样看了），对的书出现了，错的书自然不用再去看了。但人文学科领域不是这样。荷兰有个历史哲学家叫安克斯密特，他讲人文领域的进步在于“意义的增殖”，自然科学里大牛一出，常常就是终结者：终结了某个话题的争论，给出最终答案。人文学科的经典，却多半不是终结了某一领域的争论，而是开启一个新的热点、一个新的论说系统，相关论说不是减少了而是随之增多了。不是说荷马写过这个东西你就不能写了，荷马写过人类的孤独，鲁迅写过人类的失望，你还可以写，但是你写出来的应当跟他们的不一样，你写出来的如果到他们的水准，那么你在人类整个文化大厦上也是添砖加瓦，多了一份意义，叫“意义的增殖”。当然人文领域也有模仿和竞争。例如“题写名胜”，李白到黄鹤楼写不出诗来，“李白罢笔”，因为“崔颢题诗在上头”，当然李白后来不服气，在其他地方又写了一篇。换句话说，人文学科的增长方式是“意义的增殖”，所以，它的训练就强调读经典。

近代以来，科学这种研究典范在以自然界为对象的领域获得巨大成功，于是一些研究社会领域的人就哀叹：为什么我们还没有自己的牛顿？他们尝试以自然科学的这种研究典范去征服其他知识领域，其一个突出特征就是“数学化”，我们知道有个词，叫“数学帝国主义”，经济学是比较早、比较彻底被数学殖民的。可以说，科学方法在人文社会领域最早得以立足的殖民地就是经济领域，以经济学为跳板、为租界、为模范，再向其他人文社科领域进发。于是另有一个词叫“经济学帝国主义”，这两个“帝国主义”，表现出自然科学对社会人文科学的入侵。这种入侵的一个表征、一个副作用就是经济学科的人较少读经典而较多读论文，社会科学领域的科研考核体系对著作的鄙视和对论文的推崇都可以在这样一个学科架构当中呈现它的意义、得到理解。这个领域是较早出现“论文文化”对“著作文化”的替换的，“核心期刊拜物教”的氛围比较浓厚。大学里的学科鄙视链一直是存在的，自然科学的人会觉得社会科学的研究科学化不够、数学化不够；文史哲的学者觉得政经社的人读书少，后者觉得前者的成果没有统一的衡量标准，前者觉得后者的论文学术寿命短，传不下去；我最近看北京大学中文系一个青年学者的新作，说自己本科时去历史系听课，被历史系的说中文系读书少——这都写进序言了，可见当时挺受伤。斯诺在《两种文化》中说，人文学者觉得科学家连莎士比亚都没读过，怎么能当教授？科学家觉得人文学者连热力学第二定律都不懂，不也当教授了吗？鄙视别的学科是不对的，但“鄙视”就是“比较”，有比较的视野比坐井观天要好，比以为自己学科的那种状态是唯一正确的状态、是典范要好。所以，在商科见长的这样一个学校里面，经典阅读的氛围弱一点，是有原因的。但是，我也记得叔本华在《充足理由率之二重根》中非常清晰地阐述过一个道理：原因不等于理由。商科读书少是有科学原因的，但这不是理由。人家说你“读书少”，你回敬一句“你不科学”，这是可以的，因为这种回击是有科际比较的视野的，但是你回一句“你读书那么多有什么用”这种反智论、实用论，那就鄙俗了。希望我们的讲座、希望很多领导和老师对经典阅读的推动，能够在一定程度上改变上海财经大学这种较薄弱的阅读经典的文化氛围，能和其他本校特色校园文化倾向构成有益的均衡。

我推荐大家看一篇文章，写得文采飞扬，叫《为什么读经典》，卡尔维诺的。卡尔维诺给经典下了个定义，他说经典是那些你经常听人家说“我正在重读”，而不是“我正在读”的书。这个定义就很有意思，我们学校这次列举了100本书，我大概2/3看过，但是我确实不敢说“读过”，经典就是反复读却不敢说“读过”。卡尔维诺切入的角度非常好，他说“我爱司汤达，因为只有在他那里，个体道德张力、历史张力、生命冲动合成单独一样东西，即小说的线性张力。我爱普希金，因为它是清晰、讽刺和严肃。我爱海明威，因为它是唯实、轻描淡写、渴望幸福与忧郁”——这些形容词都挑得非常棒，看过这些人的书就有体会。“我爱契诃夫，因为他没有超出他所去过的地方。我爱简·奥斯汀，因为我从未读过她，却只因她存在而满足”——这很有意思，有一些经典，它的存在就能让人感觉到这个世界充满意义，哪怕你没有读过它。“我爱巴尔扎克，因为他是空想者。我爱卡夫卡，因为他是现实主义者。我爱莫泊桑，因为他肤浅”——你看，“肤浅”在这里并非贬义词，是很妙的用法。

下面，我们切入《八月炮火》。《八月炮火》在我们学校这次推荐的100本书里面，它的经典性其实并没有那么高，在历史篇推荐的四本书中，《八月炮火》的经典性也是最弱的。当然这是相对而言。《八月炮火》应该在这100本书里面属于最好读的一批，它不是一本思想性很深的书，但它开创了写作的一个品类，叫做“非虚构写作”。学校在讨论经典阅读的选目时，挑这100本书的时候有一个原则，不收录文学书，比如刚才说的司汤达等那些小说我们都没有收录。让一个应试教育系统里拼杀出来的大学生去阅读与教科书、与考试无关的书，养成阅读习惯，这是需要有意识的锻炼和引导的。容易让人静下来认真看的，当然是小说。因为小说毕竟比较好看（近一百年的有些小说除外，像我最近看的《风格练习》，就和好看不沾边，我这里单指经典小说）。但是文学性的东西，思想上的挑战是较弱的，一定程度上可以说它的学理深度是不够的。所以要循序渐进，继小说之后再寻找其他书籍来看，来养成自己的阅读思考习惯。我以前曾经把《八月炮火》在内的一些非虚构写作的书，推荐给学生。好多学生对我讲，《八月炮火》是他们认认真真坐下来读的第一本教科书和小说之外的书，这让我很欣慰。我们把《八月炮火》放在这100本里面，因为我们不能全列一些一本正经而拒人千里之外的书，让大家开头两页就看不下去。比如说康德的《纯粹理性批判》，这本书我相信以正常人的智商，看它十页，脑子就负荷到极限，需要休息了。但是《八月炮火》这本书，一口气看个30页是没啥问题的，对我们财大学生这么聪明的脑袋，它不会构成挑战和负荷。所以这100本书里面，像《八月炮火》这样的书是一个入口，有它在，不至于老师开出100本晦涩的书把人吓跑，学生实际上一本都没看，那就没任何意义了。所以，为了培养出我们阅读经典的习惯和兴趣，把《八月炮火》列进去，这是一个教育策略。

二、巴巴拉·W.塔奇曼

简单说一下作者巴巴拉·W.塔奇曼。她本人没有特别可说之处，因为《八月炮火》不像其他思想性的书籍，需要从作者入手了解。塔奇曼出生于1912年，哈佛毕业，但是她在哈佛的毕业论文只得了一个“了无特色”的评价，这是一个比较平庸的评价。她的第一本书叫《圣杯与利剑》，遭到了三四次退稿。哈佛毕业之后去做记者，她舅舅曾经做过美国的财政部部长，祖父曾经是美国驻土耳其大使，家境不错，她毕业后的第一份工作是《国家报》的记者，后来这个报社一度濒临破产，到最后是她父亲把这个报社买下来了。后来塔奇曼做家庭主妇，丈夫是个医生。作为三个女孩的母亲，带小孩的同时，开始业余写作。凭借着这本1962年出版的《八月炮火》一“炮”成名，第二年就拿了普利策奖。她还有一本书与中国相关，叫《史迪威与美国在中国的经验》，也获得过普利策奖。史迪威我们知道，是第二次世界大战时，美国派到中国战区的司令，后来跟蒋介石发生了比较大的冲突而被召回。通过这本书能看出，塔奇曼毕竟是处于英美文化系统的，对中国了解比较弱，所以中国人去读，总觉得“隔”了一层，我曾跟好几个历史学的老师交流，大家都觉得《史迪威与美国在中国的经验》远比不过《八月炮火》。塔奇曼还有其他一些书，我在亚马逊上买了全套的电子书，笔头都很好，但感觉最好的还是这本《八月炮火》。我家藏的是新星出版社的，我大学时读的更早的一个版本现在已经买不到了，但新星出版社的版本其实就是翻印张岱云先生等人所译的本子，这位老先生，我并没有查出很多的背景资料，应该是上海外国语大学一位已经过世的老教师。他的译文非常典雅，在琢磨文字上下过功夫。

三、《八月炮火》中的第一次世界大战

接下来我们讲一下这本书的内容，“八月的枪声”指的是第一

次世界大战开始的一个月，1914 年 8 月。我接触过好多同学，大家对第二次世界大战都比较熟，相关电影也比较多，书也多。但是讲第一次世界大战的就不多了，这几年还多一些，十年前更稀罕。讲第一次世界大战的书，《八月炮火》可以说是我推荐的第一本。

回到我们今天的题目，“这个世界会好吗？”这个感慨，其实是针对 1914 年欧洲的情况。第一次世界大战为什么发生？其实人类对“第一次世界大战为什么发生”的探究比对“第二次世界大战为什么会发生”深入得多，也有趣得多。因为第二次世界大战有一个魔鬼——希特勒，人们对某件不好的事情探究原因时，如果找到一个“坏人”，好像原因就被找到了，原因追寻可以止步于坏人幽暗的人性，所以对第二次世界大战起源的研究相对来说是少的。第一次世界大战是人类历史上少有幅度的真正的“L 形下坠”。第一次世界大战之前，欧洲正处于它历史上最辉煌的黄金时代。塔奇曼另外有一本书写第一次世界大战前的世界，叫《骄傲之塔》，我另外还推荐一本书，可以跟《八月炮火》做一定比较，就是著名文学家茨威格写的一个回忆录，叫《昨日的世界》。第一次世界大战之前总共有 40 年的和平，从德国统一到 1871 年仗打完之后，欧洲基本上就没有发生过大的战争。《昨日的世界》里面写道：“40 年的和平使欧洲各国的经济充满活力，技术设备加快了生活的节奏，科学发现使那一代人的精神状态感到不胜自豪，在我们欧洲所有的国家普遍感觉到繁荣也已开始，城市一年比一年美丽，城市人口一年比一年多，1905 年的柏林已经不能跟我们 1901 年见到的柏林相比，柏林已经从一个首都变成一座世界性的城市，而 1910 年的柏林又大大超过 1905 年的柏林。维也纳、米兰、巴黎、伦敦、阿姆斯特丹这样的一些城市，只要我每去过一次就会感到惊讶和欣喜。”茨威格确实是个非常出色的作家，大家可能看过《一个陌生女人的来信》《一个女人的一生中的24小时》和《人类群星闪烁时》，文采非常好。他对第一次世界大战前充溢全欧洲的那种喜悦的光荣，描绘得非常真切，他说："整个世界处处呈现出一派无忧无虑的美好景象……欧洲从来没像当时那样强大、富足和美丽，欧洲从来没有像当时那样对更美好的未来充满信心。"欧洲在全球的优势地位，就是在那个时期奠定的，第一次世界大战前的一个世纪，是欧洲发展最快的一个世纪。那个时候谁也不知道，绝大部分知识精英都没有预料到，就这么一个月内，1914年的8月，欧洲的历史会堕入极低点。人类突然就卷入了一场共有35个国家和15亿人口，占当时世界2/3人口的战争。战线长达4 000千米，双方动员参战军队总共接近7 000万人，军人死亡871万人，平民因战争死亡1 200万人，直接用于战争的经费达到1 863亿美元，相当于自1815年拿破仑战争以后到1914年这一百年时间里，全世界所有战争开支总和的10倍。所以欧洲人真的没有想到，那么美好的世界戛然而止。更关键的是这场战争发生得莫名其妙，驱使7 000万人在战场上殊死搏杀的原因谁也说不清楚，那是一场荒诞的、不必要的、非理性的战争，茨威格说："（第一次世界大战的爆发）与理念毫无瓜葛，甚至与边界也关系不大。"与此前长久以来，人类对自己力量的自信，对理性和不断进步的信念是背道而驰的，从而留下了无法驱散的幻灭感，促使人们批判、反思并重新评估原有的所有价值。在1914年，那个奋发昂扬的19世纪，才真正画上了一个句号。

如此巨大的落差是怎么发生的呢？这是我们看《八月炮火》要思考的一个问题。是什么让帝王、政客和将领这些人中之杰未能预知这一场无人希望发生，且大多数人都认为没有必要发生的一场大战？就在 1914 年，不过一个多月的时间，事情就发生了。我跟大家简单讲一下，第一次世界大战根源于几个原因：第一个是德国的崛起与欧洲均势的破坏。德国 1871 年统一，之前的德国只是个地理名词，之后德国迅速崛起，打破了原来欧洲的平衡，我们知道德国的建国发生在把法国给“打趴下”之后，它甚至是在巴黎宣布建国的，所以首先德、法就结仇了。当时英国还是第一强国，德国在短短的几年之内工业产量已经超越了英国。上一次讲座，汪丽红老师给大家谈《伯罗奔尼撒战争史》，介绍最近有一个很红的词叫“修昔底德陷阱”，欧洲当时就是陷入了一个“修昔底德陷阱”。第二是殖民地的争夺。当时的说法是，德国也开始需要“阳光下的地盘”，但是这时好地盘差不多被英国和法国瓜分光了。第三是民族主义的兴起。奥匈帝国势力范围内有大量的塞尔维亚民族独立运动，导火索就在巴尔干点燃。

我们特别注意，还有一个原因，就是当时欧洲形成了一个联盟体系，《八月炮火》里讲，这“就像一束箭捆在一起，抽动任何一根就都会把其他的连根拔出”。为什么会形成这个联盟体系呢？我们看，德国这个国家从地缘战略上来说，它有一个与生俱来的毛病：它在欧洲的中间，左右受敌。因而对于德国国运攸关的一点就是要避免两线作战。两边都是强国，一边是法国，部分地方隔了几个低地国家；东边是波兰，波兰是缓冲，波兰过去就是庞大的俄国。简单地讲，德国是夹在俄国和法国之间的。所以对德国的政治军事精英来说，最大的问题就是如何避免两线作战。老奸巨猾的俾斯麦留给德国最重要的遗产就是他所做的一连串的政治布置，俾斯麦通过策划三场简短的战争完成了德国的统一，战胜法国之后德国才建国。我不知道现在高中课本还有没有《最后一课》，打败法国之后（当时俾斯麦本人是不想干这个事情），就把阿尔萨斯和洛林割过来，这两个地方虽然在语言上是德语占优，但是在精神上认同法国。这里能看到俾斯麦的克制，可惜这种美德很多政治家没有。法国和德国成了世仇。所以一旦要开打，德法难免一战。那么德国最好的策略就是跟俄国结盟。确实一度德国和俄国是结盟状态的，而法国和俄国倒是一贯相互看不上，这跟两国的文化传统有一定关系。我们听苏联的国歌和法国的马赛曲就知道，俄国和法国某些地方很像，但另一方面，法国人经过法国大革命的洗礼，而当时俄国是欧洲最为落伍的一个封建国家，所以俄法的政治体制相差甚远。法国人的自由劲儿俄国统治者也看不惯，所以俄法一开始是被德国离间的，威廉二世上台后看不惯俾斯麦，没过几年俾斯麦逝世后，对德国来说就是“世间已无俾斯麦”（另有一本非虚构写作的书，叫《万历十五年》，里面有很著名的一章标题叫做“世间已无张居正”）。后来国际格局变动，变成德国、奥匈帝国和意大利结盟，另外一边法国和俄国终于联盟在一起，然后又掺进了一个英国，英国的外交政策一直是高段位的奸猾，我们知道他们的外交官有句名言：“没有永久的盟友，也没有永久的敌人，只有永久的利益。”英国外交政策长期以来的要点就是在欧洲大陆上保持一个均衡，谁强我就打压谁，谁弱我就联合谁。这是一个保守主义、经验主义传统非常丰富的岛国。这个时候德国迅速崛起，特别是威廉二世一改俾斯麦的审慎，大力发展德国海军。我们知道英国以海洋立国，英国海军世界第一，它一直要维持一个标准，就是我英的海军应当是排名第二和第三的两个国家海军的总和，它要保持这个幅度的优势。1914 年前德国海军迅速扩张，毫无疑问触动到英国最敏感的神经，所以英国和法国、俄国掺和在了一起。于是 1914 年前，欧洲构成了两个体系，德国、奥匈帝国为一边，法国、俄国、英国为一边，这个“联盟体系”是理解第一次世界大战为什么连锁爆发的抓手。好像多米诺骨牌一样，一个月内欧洲主要国家全部卷了进去。

我们来看时间线，1914 年的夏天发生了什么？首先是萨拉热窝事件。6 月 28 日奥地利的王储斐迪南大公在巴尔干被塞尔维亚的民族主义者刺杀，然后奥匈帝国就开始对塞尔维亚宣战。奥匈帝国提出了一系列非常苛刻的条件，塞尔维亚几乎全单接受，只有一条不接受，奥匈帝国照样开战了。塞尔维亚背后是谁？是俄国，然后俄国就开始动员了，德国一看俄国开始动员了，也立刻动员，并且对俄国发出最后通牒，限令它 12 小时内撤销动员，并“向我们明白宣示已照办”。俄国人当然不理，然后德国就开始对俄宣战。德俄宣战之后，德国人的心态就是要打早打，因为要避免两线作战，如果跟俄国开战的时候，法国人那边打过来怎么办？所以，德国给法国最后通牒，要法国在 18 小时内答复在俄德战争中是否保持中立，如果保持中立的话，要求法国将土尔和凡尔登两地要塞交给德国占领，并作为保持中立的保证。换句话说，就是要法国把它的大门钥匙给交出来，连德国驻法大使都觉得这个要求太苛刻了，就没有传达这条，但是法国人其实破译了这个密码，知道德国人的想法，法国人当然不理，他们按外交辞令回答：将按自身的利益行事。德国人想，反正要打，那晚打不如早打，于是德国向法国宣战。德国向法国宣战之后，英国开始动员，再对德国宣战，因为德国开始破坏比利时的和平，比利时的和平是英国保证的。所以 40 天不到的时间里，欧洲主要的大国全部卷入，一个刺杀事件导致的一连串反应竟然毫无悬念地把所有大国卷入。

很有讽刺意义的一点是，当时绝大部分的政治精英和大部分的年轻人、民众都不知道这场战争要打得那么残酷。德皇对出征将士说，你们将在“叶落之前凯旋”，当时是8月份正值夏末，想着当年打完。茨威格记载，第一次世界大战刚爆发的时候，大家没有一种对战争爆发很害怕、很吃惊或者很痛苦的感情，相反，那是一种亢奋、喜气洋洋的气氛，“每个人都觉得得到了召唤，把渺小的我融化到火热的群众当中，以便克服其中的种种私心”，大家对这件事情有一种荣耀感，投身于对民族、对国家的战斗当中，“有一种尚不熟悉的力量，把他从日常生活当中推举出来”，相对战争来说我们所有的日常生活都很平凡，能从日常生活中投入崇高的、为了理想的火热状态当中，这能引起亢奋。比如你们马上要期末考试，这时候要打仗了，考试不用考了，可能反而有点开心，对不对？同理，人生平常多凡庸，战争到来时气氛是很热烈的。茨威格说，“纵然是母亲们的悲伤，女人们的害怕，在热情洋溢的最初时刻也羞于把这种最自然的情感表露出来”，“在普通人的想象中，一九一四年的战争被描绘成这样：一次浪漫色彩的短途旅行，一场热烈的、豪迈的冒险。甚至有一些年轻人真的担心自己可能会失去一生中这件美妙和令人兴奋的事情。因此他们急急忙忙地跑去报名参军，在开往葬身之地的列车上欢呼、唱歌。整个帝国的脉管里都激荡着鲜红的血液，头脑发热，希望急切。”

我们读历史有后见之明，回头看1914年8月他们的这种状态，都以为战争很快就会打完，而自己一方肯定会获胜，谁也没有想到，人类将要进入一场漫长的浩劫。当然也不是所有人都像茨威格写得那么狂躁、那么嗨，当时的英国外交大臣格雷有一句名言：“整个欧洲的灯光都在熄灭，我们此生将不会再看到它们亮起来了。”他不幸言中。所以说一战是场悲剧，是人类历史上一次L形下坠，而且多数人都没有预料到，这更加重了它的悲剧色彩。于是我们看《八月炮火》最感慨的就是一点，人类怎么会这样？

四、人类怎么会这样？

我们反思几点——要注意这里的反思跟我们财经商科学生思维的一般特点或者说常见的盲区有关。我想讲下“理性的虚妄”。

首先是“计划有用吗？”，我们一般是推崇计划性的。第一次世界大战当中的德军战争行动是根据史里芬计划改定的，《八月炮火》第一章就是讲这个史里芬计划的，第五章讲这个计划的实行。这份计划可以说是人类历史上最著名的战争计划，不仅第一次世界大战开始是按照史里芬计划打的（当然小毛奇对它有修订），后来第二次世界大战，德军的名将曼施坦因，纳粹三大名将之首，修改了德国的战争计划，基础也是这个史里芬计划，它是部分地对史里芬计划的反模仿。可以说，这个史里芬计划集中了德意志几代军事精英的最高智慧，谨慎备至，严密细致；德意志民族的谨严品格，全在这个几代德国军事智囊的接力般精心构置中完美呈现。我们说它是人类历史上最严谨的一个计划，完全符合我们对德国民族性格的想象。这一战争计划几乎对每一个步骤都做了详细的规定，犹如战舰的一纸蓝图，每个零件都有其位置、有其功用。这个计划只要付诸实施，动员的电钮一经按动，征召、装备和运送两百万人员的庞大机器就能整个自动地运转起来。后备役军人到指定的兵站集中，领取制服、装备和武器，先编成连，再编成营，然后加上骑兵、摩托兵、炮兵、医疗队、炊事车、修理车以及邮车，按照预定的铁路时刻表，被送到邻近国境的集结点。在那里，他们再编成师，再由师编成兵团，由兵团而集结军，待命出征。整个计划时间表制定得非常精密、详细，甚至对于“多少对火车轮子将在什么时间、通过什么桥梁”都做了具体规定。据说在此周密的计划指导之下，当时的德军参谋总长小毛奇开战当天应该可以悠闲地去看小说，因为没有需要他操心的事。这里我们稍微插一句，德国陆军对现代战争艺术的意义和价值。德国在现代军事革命当中确实一直领先，参谋本部制度是在德国最早产生的。拿破仑战争之后，欧洲的一些名将，如第一次世界大战时期的主角小毛奇的叔叔老毛奇，开始建这个参谋本部制度，后面几任参谋长，比如，大家比较熟悉的瓦德西，在八国联军侵华中扮演了对中国人来说非常不好的角色，接下来就是史里芬，再接下来是小毛奇。

史里芬计划的要点在于集中兵力，我刚才讲德国要避免两线作战，史里芬计划的要点是：集中 7/8 的兵力对付法国，留了 1/8 对付俄国，对付法国的兵力中，又以绝对优势的兵力集中到右翼，集中到靠近比利时、靠近海边的右翼。我们看这个书里标题就叫“右翼末梢袖拂海峡”。这个侵法计划甚至规定到每一天的日程表，精确到每一天德军的军事行动，它要求动员后第 12 天打开列日通道，第 19 天拿下布鲁塞尔，第 22 天进入法国，第 31 天到达提翁维尔—圣康坦一线，第 39 天攻克巴黎，这些都给算出来了。也别说，后来战争进程真的差不多就按照这个日程表走了。所以我们说这个计划是非常杰出的。

德国人就是在这样的严谨当中透露着自信，他们崇拜理性，相信规划。德国的军事思想界的祖师爷，也是老毛奇的导师，叫克劳塞维茨，他相当于经济学里的亚当·斯密、少林寺的达摩、武当的张三丰。我们现在学军事学，肯定第一本推荐看的经典就是克劳塞维茨的《战争论》。克劳塞维茨曾经告诫过，军事计划若不留有余地以防不测，将会导致灾难，但是战前的德国人认为意外仍然可以靠周密计划应对。德国的参谋人员在野外演习中，在军校课桌上，受过对特定情况做出正确决策的训练，料定他们对任何不测均可应付裕如，对各种变化都采取完全措施，这些变量是如此巨大，塔奇曼写道，德国人的考虑是如此周详，以至于脑子最灵的参谋军官都被派到铁路部门工作，耗费心力推演各种调整，最后常常死在精神病院。

德国的另外一边法国呢？法国人对付德国也有个计划，叫十七号计划，但是法国的计划就粗糙一点，法国人没德国人那么严谨，他们靠的是热情。法兰西对历史的控制感完全来自另外一种因素，这是一种自命高尚的情感。大家不妨看看法国第二次世界大战时的领袖戴高乐，他的《战争回忆录》的开头第一章，我大概高中的时候看的，当时就很意外，因为通篇是循环乱证，大概意思是“法兰西如果不伟大，它就不是法兰西，所以法兰西就是伟大”。这是一种自命高贵，胜利即意志，哲学基础是柏格森的意志论。塔奇曼写了一个故事，法军是穿红裤子的，在1830年之后这装备就没换过，但是1830年的时候步枪还只有200步的射程，现在武器好了，你这红裤子不就是活靶子吗？当时法国的国防部长想把法军红裤子给换掉，然后就有大量的反对声音，说这违背法国人的爱美观念，红裤子就是法兰西，怎么能换？所以你看德国和法国是两个极端，一个是严谨的理性，一个是热烈的感情，两个极端“砰”地一撞，就卡在八月，陷入一个战争的泥沼当中。《八月炮火》结束于马恩河战役开始之前，戛然而止。为什么这么写呢？第一次世界大战在1914年8月其实就进入一个静态，即渐渐进入停滞的胶着状态，之后双方为了争 50 米、80 米的土地展开堑壕战，但是死个成千上万人，推进不了几步。这个战争的格局在第一年的 8 月已经决定，所以她就写到了 8 月。

我的老师王家范先生曾经用一个词来描绘历史学的学科品性：冷峻。“冷峻”正是《八月炮火》难得的一点，它没有激愤的文字，甚至很少有道德的判断，只是把人类的荒唐呈现出来。回头看 1914 年夏天发生的事，我们正常的人都会迷惑于、惋惜于当时人类怎么会犯下如此荒唐的错误。塔奇曼的笔法一方面很生动，更厉害的一点是，没有一种愤世嫉俗，也没有一种作茧自缚式的自我哀伤。我刚才举的书像《昨日的世界》就有一种淡淡的哀伤，有一种挥之不去的怀旧，越写越深，把自己都卷进去了，茨威格后来就自杀了。人类的历史常常会有“非预期后果”。茨威格说：“我们的道路常常偏离我们的愿望，而且非常莫名其妙和没有道理，但是它最终还是会把我们引向我们自己看不见的目标。”茨威格讲得有点神秘，列宁讲出了它背后的历史合力关系，他说：“历史喜欢作弄人，喜欢同人们开玩笑。本来要到这个房间，结果却走进了另外一个房间。”读历史，可以放大我们个人的人生经验，世界上很多事情已经发生过了，人还是那个人，所以人类的愚蠢可能重复出现。政治人物、军事统帅，以及大部分的商业成功人士——我们学校毕业生这方面的人比较多，他们必须有一个特点，就是崇拜自己，认为自己能控制生活，往大一点说，认为自己在主导历史的进程。历史上的芸芸众生绝大部分都是可怜的小人物，如同草芥，随风飘落，一般人对生活是有一种无助感的，但是政治精英、军事统帅和商业成功人士往往不一样。军队讲究服从，政治就是谋划服从，官僚体制也是讲究上下等级的。所以政治家、军事家和一些所谓成功人士，如所谓霸道总裁，他们比较倾向于认为历史是可以掌控的，“我一定能打赢”“我一定能挣钱”，认为自己就是为此而生的。他们信奉，意志力如同大脑的筋肉，他们都清楚，自己的软弱和他人有力量同样可怕。所以他们容易没有戒惧之心，难以意识到事情完全可能并不能如他计划那样发生。其实真正的高手，是“知止而后定”的，是留有余地的，是对历史有敬畏之心的。像《八月炮火》里的德皇威廉二世是一个极度崇拜自己，把自己和自己的民族国家带入一个深坑而不自知的人。相比之下，俾斯麦才是整整高出一个段位。

五、鉴往知来

最后我们想谈谈所谓的鉴往知来。黑格尔有一句令人沮丧的话：“人类唯一能从历史吸取的教训，就是人类从来不会从历史中吸取教训。”这话有点绕，一般人理解的意思是：教训是学不来的。这句话一定程度上是对的。学校里可以学、老师可以教的，都是“命题性知识”，这靠你的记忆力就可以，但是人生经验你是学不来的，我们日常生活中会有类似经验，人情世故有些人不学就会，通常我们说他情商很高，但是有些人怎么学也学不会。人情练达一定程度上是这样的，你学不到；你要学得来的话，那就是你本来就会。但是，黑格尔这句话的反例还是有的。《八月炮火》这本书就有一个很特殊的经历：它作为一本历史书，在另外一段历史中起了作用。那就是 1962 年《八月炮火》出版的时候，没多久就出现了人类历史上生死攸关的一个时刻：古巴导弹危机。现在回头看，古巴导弹危机可以说是人类历史上离自我毁灭最近的一次，核战争几乎一触即发。还好，当事双方都有智慧和良知。一边是肯尼迪，一边是赫鲁晓夫，两人都一定程度上表现出了克制和冷静。肯尼迪这边的决策过程现在已经比较清楚，当时他看到了刚刚出版的《八月炮火》。他看了之后把书推荐给内阁成员，他觉得自己绝对不能再犯一次像第一次世界大战的军事家、政治家那样的错误。赫鲁晓夫有一个比喻，如果人们不受理智支配的话，那么他们最终就会像“盲目打洞的鼹鼠一样”撞在一起，而后就是双方毁灭的开始。把《八月炮火》头两章对比了看，我们就看到，第一次世界大战德国和法国两个盲目打洞的鼹鼠撞到一起。我们学过博弈论的同学，可能看过的一本很有意思的书叫《策略思维：商界、政界及日常生活中的策略竞争》，其中第八章就是分析古巴导弹危机时双方的策略、双方的博弈。这一章的题目叫“边缘政策”，政治家希望通过极限施压，制造风险，这个风险要大到对方无法承受，迫使对方让步，自己就获得最大利益。但这种施压非常讲究风险控制，要紧贴“边缘”，又不能搞到最后大家跌落“边缘”。古巴导弹危机最终得以和平解决，就是双方有所戒惧，双方都给了对方转圜的余地，这个意义上讲，赫鲁晓夫和肯尼迪都是有智慧的政治家，有功于人类。而 1914 年 8 月，双方都希望通过压力，使对方完全屈服，不战而屈人之兵当然是最好，但是这个压力一直绷到最后，谁也不知道这个边界点在哪里，最后成了一个发现双输的格局，给人类带来灾难。

六、非虚构写作的作品推荐

最后我们说一下，《八月炮火》这本书创造出了一种新的写作方式，叫做非虚构写作。“非虚构写作”是什么意思呢？它有点像小说，笔法有点文学性，但是它不捏造任何东西，塔奇曼说“包括天气”也是真实的，她说有个读者曾经写信告诉她，尤其喜欢书中的一段，在第11章，写8月9日英军在法国登陆，一声夏日惊雷在半空炸响，接着血色残阳。非常艺术化的一个场景，这个读者以为是艺术加工，但塔奇曼说，它其实是有依据的：她查到了一个参加登陆的英国军官的回忆录，里面有对天气的描写。所谓非虚构写作，可以说也是在遵循一个德国历史学家同时也是近代历史学的开山鼻祖兰克的一个格言，叫“如事直书”，就是把事实如它发生的那样写出来。可以说塔奇曼遵循这个格言，开辟了一种新的写作方式。大家培育阅读习惯，要学会延展挑书的能力，例如，喜欢看《明朝那些事》，那你接下来可以看《万历十五年》，再接下去看看《三案始末》，比较一下。我再推荐几本延伸阅读的非虚构写作的书，能把小细节和大历史融合。一本是威廉·曼彻斯特的《光荣与梦想》，中译本跟《八月炮火》差不多时间引进的，兼具细致入微和宏大叙事，笔下富有历史感。20世纪80年代成长的中国新闻人，很多都奉此书为圣经，手摹神追；另一本是拉莱·科林斯和多米尼克·拉皮埃尔的《巴黎烧了吗?》，2019年巴黎圣母院失火的时候，我就给大家推荐过，这本书特别擅长处理众多人物出场的多线索叙事（典型如写巴黎入城的那一章），人物繁多（达500多人），但一点也没有凌乱感，细节感人。这两本都是新闻记者所写。另外对我刚才提到的古巴导弹危机感兴趣的同学可以看《午夜将至》。最后说一下，我的专业不是世界史，今天讲《八月炮火》是听从组织安排的结果，有不对的地方，请大家指正，谢谢大家。

附录1

上海财经大学2020年经典阅读书目

1.《周易注校释》，王弼注，楼宇烈校释，北京：中华书局，2012
2.《道德经》，老子著，韩宏伟、何宏注译，合肥：安徽人民出版社，2005
3.《论语》，孔子弟子及其再传弟子编撰，朱熹集注，金良年导读，胡真集评，上海：上海古籍出版社，2007
4.《理想国》，［古希腊］柏拉图著，郭斌和、张竹明译，北京：商务印书馆，2009
5.《沉思录》，［古罗马］玛克斯·奥勒留著，梁实秋译，南京：译林出版社，2009
6.《传习录译注》，王守仁撰，王晓昕译注，北京：中华书局，2018
7.《道德情操论》，［英］亚当斯密著，宋德利译，南京：译林出版社，2011
8.《纯粹理性批判》，［德］康德著，李秋零译，北京：中国人民大学出版社，2011
9.《精神现象学》，［德］黑格尔著，贺麟、王玖兴译，北京：商务印书馆，1979
10.《往事与随想》，［俄］赫尔岑著，巴金、臧仲伦译，南京：译林出版社，2009
11.《查拉斯图拉如是说》，［德］尼采著，楚图南译，合肥：安徽人民出版社，2013
12.《自卑与超越》，［奥］阿德勒著，李心明译，北京：光明日报出

版社，2006

13.《新教伦理与资本主义精神》，［德］马克斯·韦伯著，于晓等译，北京：生活·读书·新知三联书店，1987

14.《西方哲学史》，［英］罗素著，何兆武、李约瑟译，北京：商务印书馆，2009

15.《中国哲学简史》，冯友兰著，赵复三译，北京：生活·读书·新知三联书店，2013

16.《单向度的人：发达工业社会意识形态研究》，［美］赫伯特·马尔库塞著，刘继译，上海：上海译文出版社，2016

17.《哥德尔、艾舍尔、巴赫：集异璧之大成》，［美］道格拉斯·侯世达著，郭维德等译，北京：商务印书馆，1996

18.《简单的逻辑学》，［美］D.Q.麦克伦尼著，赵明燕译，杭州：浙江人民出版社，2013

19.《诗经选》，余冠英选注，北京：人民文学出版社，1979

20.《红楼梦》，［中］曹雪芹、高鹗著，俞平伯校，启功注，北京：人民文学出版社，2000

21.《瓦尔登湖》，［美］亨利·戴维·梭罗著，徐迟译，上海：上海译文出版社，2006

22.《战争与和平》，［俄］列夫·托尔斯泰著，刘辽逸译，北京：人民文学出版社，1989

23.《约翰·克里斯朵夫》，［法］罗曼·罗兰著，傅雷译，上海：上海三联书店，2018

24.《飞鸟集》，［印］泰戈尔著，郑振铎译，上海：上海译文出版社，1981

25.《小王子》，［法］安托万·德·圣·埃克苏佩里著，马振聘译，

北京：人民文学出版社，2010

26.《雪国》，［日］川端康成著，叶渭渠译，北京：人民文学出版社，2002

27.《毛泽东诗词集》，中共中央文献研究室编，北京：中央文献出版社，2003

28.《百年孤独》，［哥伦比亚］加西亚·马尔克斯著，黄锦炎译，杭州：浙江文艺出版社，1991

29.《伯罗奔尼撒战争史》，［古希腊］修昔底德著，谢德风译，北京：商务印书馆，2009

30.《史记（点校本二十四史修订本）》，［中］司马迁著，北京：中华书局，2013

31.《资治通鉴》，［中］司马光著，北京：中华书局，2009

32.《旧制度与大革命》，［法］亚历西斯·德·托克维尔著，冯棠译，北京：商务印书馆，2012

33.《国史大纲》，钱穆著，北京：商务印书馆，1996

34.《菊与刀》，［美］鲁思·本尼迪克特著，吕万和、熊达云、王智新译，北京：商务印书馆，2009

35.《中国文化要义》，梁漱溟著，上海：上海人民出版社，2018

36.《全球通史：从史前史到 21 世纪》，［美］斯塔夫里阿诺斯著，吴象婴等译，北京：北京大学出版社，2012

37.《八月炮火》，［美］巴巴拉·W. 塔奇曼著，张岱云等译，北京：新星出版社，2005

38.《枪炮、病菌与钢铁：人类社会的命运》，［美］贾雷德·戴蒙德著，谢延光译，上海：上海译文出版社，2014

39.《爱的艺术》，［美］艾里希·弗洛姆著，刘福堂译，北京：人民

文学出版社，2018
40.《审美教育书简》，［德］弗里德里希·席勒著，张玉能译，南京：译林出版社，2012
41.《西方美学史》，朱光潜著，北京：商务印书馆，2011
42.《精校评注古文观止》，吴楚材、吴调侯编，王文濡校勘，北京：中华书局，2018
43.《我们赖以生存的隐喻》，［美］乔治·莱考夫、［美］马克·约翰逊著，何文忠译，杭州：浙江大学出版社，2015
44.《美的历程》，李泽厚著，北京：生活·读书·新知三联书店，2009
45.《艺术的故事》，［英］贡布里希著，范景中译，北京：生活·读书·新知三联书店，1999
46.《利维坦》，［英］霍布斯著，黎思复、黎廷弼译，北京：商务印书馆，2009
47.《政府论》，［英］约翰·洛克著，杨思派译，北京：中国社会科学出版社，2009
48.《社会契约论》，［法］让-雅克·卢梭著，何兆武译，北京：商务印书馆，2003
49.《共产党宣言》，［德］马克思、［德］恩格斯著，中共中央马克思恩格斯列宁斯大林著作编译局译，北京：中央编译出版社，2018
50.《正义论》，［美］约翰·罗尔斯著，何怀宏等译，北京：中国社会科学出版社，2009
51.《文明的冲突与世界秩序的重建》，［美］塞缪尔·亨廷顿著，周琪等译，北京：新华出版社，2010

52.《科学的反革命：理性滥用之研究》，［英］弗里德里希·A.哈耶克著，冯克利译，南京：译林出版社，2012

53.《科学与假设》，［法］昂利·彭加勒著，李醒民译，北京：商务印书馆，2006

54.《科学史：及其与哲学和宗教的关系》，［英］W.C.丹皮尔著，李珩译，北京：商务印书馆，2009

55.《科学革命的结构》，［美］托马斯·库恩著，金吾伦、胡新和译，北京：北京大学出版社，2012

56.《国富论》，［英］亚当·斯密著，郭大力、王亚南译，北京：商务印书馆，2015

57.《资本论》，［德］马克思著，中共中央马克思恩格斯列宁斯大林著作编译局译，北京：人民出版社，2018

58.《就业、利息和货币通论》，［英］约翰·梅纳德·凯恩斯著，徐毓枬译，北京：商务印书馆，1983

59.《博弈论与经济行为》，［美］冯·诺伊曼、摩根斯顿著，王文玉、王宇译，北京：生活·读书·新知三联书店，2004

60.《经济分析史》，［美］约瑟夫·A.熊彼特著，朱泱等译，北京：商务印书馆，2001

61.《市场如何运行：非均衡、创业和发现》，［英］伊斯雷尔·M.柯兹纳著，沈国华译，上海：上海财经大学出版社，2019

62.《集体行动的逻辑》，［美］曼瑟尔·奥尔森著，陈郁等译，上海：上海三联书店、上海人民出版社，1995

63.《社会与经济：信任、权力与制度》，［美］马克·格兰诺维特著，王水雄、罗家德译，北京：中信出版社，2019

64.《创新与企业家精神》，［美］彼得·德鲁克著，蔡文燕译，北

京：机械工业出版社，2019
65.《经济史理论》，［英］约翰·希克斯著，厉以平译，北京：商务印书馆，2009
66.《管理思想精粹——世界顶级管理大师告诉你》，［美］凯罗·肯尼迪著，吴小丽译，上海：上海财经大学出版社，2005
67.《超越恐惧和贪婪：行为金融与投资心理学》，［美］赫什·舍夫林著，贺学会等译，上海：上海财经大学出版社，2017
68.《大衰退年代：宏观经济学的另一半与全球化的宿命》，［美］辜朝明著，杨培雷译，上海：上海财经大学出版社，2019
69.《创客：新工业革命》，［美］克里斯·安德森著，萧潇译，上海：上海财经大学出版社，2015
70.《大数据时代：生活、工作与思维的大变革》，［英］维克托·迈尔-舍恩伯格、［英］肯尼思·库克耶著，盛杨燕、周涛译，杭州：浙江人民出版社，2013
71.《文化与组织：心理软件的力量》，［荷］吉尔特·霍夫斯泰德、［荷］格特·霍夫斯泰德著，李原，孙健敏译，北京：中国人民大学出版社，2010
72.《统计学的世界》，［美］戴维·穆尔、［美］威廉·诺茨著，郑磊译，北京：中信出版社，2017
73.《论法的精神》，［法］孟德斯鸠著，张雁深译，北京：商务印书馆，1959
74.《洞穴奇案》，［美］彼得·萨伯著，陈福勇、张世泰译，北京：生活·读书·新知三联书店，2015
75.《学术与政治》，［德］马克思·韦伯著，冯克利译，北京：生活·读书·新知三联书店，2005

76.《乡土中国》，费孝通著，北京：人民出版社，2008
77.《信息简史》，[美]詹姆斯·格雷克著，高博译，北京：人民邮电出版社，2013
78.《理解媒介：论人的延伸》，[加]马歇尔·麦克卢汉著，何道宽译，南京：译林出版社，2011
79.《战争论》，[德]克劳塞维茨著，中国人民解放军军事科学院译，北京：解放军出版社，2004
80.《今译新编孙子兵法》，郭化若编译，北京：中华书局，1962
81.《心理学与生活》，[美]理查德·格里格、[美]菲利普·津巴多著，王垒等译，北京：人民邮电出版社，2016
82.《社会动物》，[美]戴维·布鲁克斯著，佘引译，北京：中信出版社，2012
83.《惊人的假说》，[英]弗朗西斯·克里克著，汪云九等译，长沙：湖南科学技术出版社，2012
84.《自然哲学的数学原理》，[英]艾萨克·牛顿著，赵振江译，北京：商务印书馆，2017
85.《什么是数学：对思想和方法的基本研究》，[美]R.柯朗、H.罗宾著，[美]I.斯图尔特修订，左平、张饴慈译，上海：复旦大学出版社，2012
86.《天才引导的历程：数学中的伟大定理》，[美]威廉·邓纳姆著，李繁荣、李莉萍译，北京：机械工业出版社，2013
87.《新物理学的诞生》，[美]I·伯纳德·科恩著，张卜天译，长沙：湖南科学技术出版社，2010
88.《狭义与广义相对论浅说》，[美]阿尔伯特·爱因斯坦著，张卜天译，北京：商务印书馆，2017

89.《量子之谜》，［美］布鲁斯·罗森布鲁姆、［美］弗雷德·库特纳著，向真译，长沙：湖南科学技术出版社，2013
90.《漫游诺贝尔奖创造的世界：化学之旅》，［韩］李钟镐著，李婷婷译，南宁：接力出版社，2007
91.《宇宙最初三分钟》，［美］史蒂文·温伯格著，张承泉等译，北京：中国对外翻译出版公司，2000
92.《时间简史》，［英］史蒂芬·霍金著，许明贤、吴忠超译，长沙：湖南科学技术出版社，2012
93.《中国自然地理纲要》，任美锷主编，北京：商务印书馆，1992
94.《DNA：生命的秘密》，［美］詹姆斯·沃森、［美］安德鲁·贝瑞著，陈雅云译，上海：上海人民出版社，2011
95.《终极算法：机器学习和人工智能如何重塑世界》，［美］佩德罗·多明戈斯著，黄芳萍译，北京：中信出版社，2017
96.《寂静的春天》，［美］蕾切尔·卡逊著，吴国盛评点，北京：科学出版社，2007
97.《科学与方法》，［法］昂利·彭加勒著，李醒民译，北京：商务印书馆，2006
98.《科学研究的艺术》，［英］W.I.B.贝弗里奇著，陈捷译，太原：北岳文艺出版社，2015
99.《社会研究方法》，［美］艾尔·巴比著，邱泽奇译，北京：华夏出版社，2018
100.《如何阅读一本书》，［美］莫提默·J·艾德勒、［美］查尔斯·范多伦著，郝明义、朱衣译，北京：商务印书馆，2004

附录2

学者小传

刘长喜

复旦大学社会学硕士、经济学博士，上海财经大学人文学院副教授、博士生导师；兼任上海财经大学公共政策与治理研究院研究员、中国社会学理事、中国社会学会经济社会学专业委员会理事、上海市社会学会理事。主要从事经济社会学、网络舆情研究。

主持省部级项目 2 项，荣获中国社会学会优秀论文二等奖 2 项。在《社会学研究》等期刊发表论文多篇，代表性论文有《政府投资驱动型增长模式的社会学分析——一个基于能力论的分析框架》《金融化与国家能力——一个社会学的分析框架》等；出版专著一部。自 2014 年起，每年出版中国医疗网络舆情研究报告。多项相关研究专报获国家领导人批示。

面向本科生和硕士生开设“社会学概论”“经济社会学”“生活中的社会学”等课程，曾获得上海财经大学“心目中的好老师”“教书育人标兵”等荣誉称号。

燕红忠

南开大学经济学博士，美国斯坦福大学访问学者，上海财经大学讲席教授、博士生导师，教育部“国家级人才项目”青年学者、新世纪优秀人才。中国经济史学会常务理事、近代史专业委员会副主任，“国家社科基金重大项目”首席专家，“马工程”重点教材《中国经济史》编写专家。主要从事金融史、商业史、社会组织与经济发展领域的研究。

近年先后主持国家社科基金重大项目、国家社科基金一般项目和后期资助项目、国家重大科研项目“清史工程”（典志·商业志·商人篇）、教育部人文社科基金、博士后科学基金等项目10余项。先后获得省（市）社会科学研究优秀成果奖一等奖4项、二等奖2项，省（市）教学成果奖一等奖2项，教育部高校科学研究优秀成果奖三等奖2项。

在《经济研究》《历史研究》《经济学（季刊）》《金融研究》《近代史研究》《中国经济史研究》《中国社会经济史研究》《财经研究》以及*Frontiers of History in China*、*Frontiers of Economics in China*（*FEC*）等核心期刊发表论文60余篇，出版《近代中日货币战争研究1906—1945》《货币、信用与贸易：在东北探寻近代金融（1860—1931）》《中国的货币金融体系1600—1949年》《晋商与现代经济》以及《明清晋商与徽商之比较研究》（合著）、《世界市场价格变动与近代中国产业结构模式研究》（合著）等专著10部。其中，《近代中日货币战争研究1906—1945》入选2019年国家哲学社会科学成果文库；《货币、信用与贸易：在东北探寻近代金融（1860—1931）》获“十三五”国家重点图书和国家出版基金资助。

面向本科生和研究生开设“中国经济史”“中国金融史”“全球经济史中的中国发展：经典导读”“晋商文化与管理”“经济学原理、思想与方法”“史学专题文献选读”等课程。

马 艳

复旦大学经济学博士，美国马萨诸塞州立大学访问学者，上海财经大学经济学院教授、博士生导师，上海财经大学政治经济学系主任，国家“马克思主义理论研究和建设工程”专家；兼任中国政治经济学会副会长，世界政治经济学学会常务理事。主要从事马克思主义政治经济学研究，在马克思主义政治经济学数量分析、中国特色社会主义政治经济学重大理论和现实问题以及国外马克思主义中国化等研究领域均有学术成果。近年来在《中国社会科学》《马克思主义研究》等刊物上发表文章数十篇，出版《现代政治经济学数理分析》《虚拟价值理论与应用》等学术专著十余部，主持过多项国家级和省部级课题，连续获得“上海市邓小平理论研究和宣传优秀成果奖”论文和著作类一等奖。其研究成果《现代政治经济学的前沿理论与中国特色研究》入选“国家哲学社会科学成果文库”，并获得上海市第十四届哲学社会科学中国特色社会主义理论奖著作类一等奖，以及教育部第八届高等学校科学研究优秀成果奖二等奖。

在校开设“资本论”“高级政治经济学”等课程，承担多项省部级和校级教育教学改革项目，在推进学科建设团队化、团队科研高层次化、学科发展国际化等方面贡献颇多，探索出了以开放性、多样性、翻转性为特征的精品教学模式。政治经济学学科现拥有国家级教学团队、国家级精品资源共享课程以及国家级人才培养基地。

王 琳

上海财经大学经济学博士，美国马萨诸塞州立大学访问学者，上海财经大学应用经济学师资博士后，经济学院讲师。主要从事马克思主义政治经济学研究，研究方向包括经济长周期波动理论、当代中国经济问题、国外马克思主义中国化等。

多次作为核心成员参与国家社会科学基金重点项目和教育部哲学社会科学研究重大课题攻关项目，主持多项省部级科研项目，如中国博士后科学基金项目、上海市哲学社会科学规划课题等。其参与的国家社会科学基金项目结项成果入选国家哲学社会科学成果文库，且获得多项奖励。

近年来在《马克思主义研究》《学术月刊》《世界经济》等国内权威及核心期刊发表文章十余篇，在经济长波理论研究、国外马克思主义 SSA 学派中国化、中国特色社会主义政治经济学理论研究等方面形成了一定的学术积累。参与国家重点图书出版规划资助的学术著作 1 部，对新中国以来的经济转型思想进行了系统考察与评析，是“新中国经济思想研究”丛书中的一本。积极推进现代教育教学改革，先后参与多项校级课程思政建设项目、教育教学改革项目以及在线课程建设项目。在校开设“政治经济学”“《资本论》与经济学思维”等课程。

范宝舟

武汉大学哲学博士，上海财经大学人文学院教授、博士生导师，人文学院党委书记；中国马克思主义哲学史学会理事，全国经济哲学研究会秘书长，全国应用哲学研究会理事。主要从事经济哲学、文化哲学、马克思主义基本原理等方面的研究。

主持完成国家社科重大项目子课题 1 项、一般项目 1 项及教育部人文社科项目 1 项。目前正在主持国家社科一般项目 1 项、上海市德育理论课题 1 项。

出版个人学术专著 2 部，参编著作和教材 6 部。代表性著作《论马克思交往理论及其当代意义》系统阐述了交往与物质生产、精神生产、人的发展、社会进步，以及中国现代化等之间的辩证关系；《财富幻象的哲学批判——中国面向未来的财富观建构》着重阐述了符号拜物教、精神异化，以及资本形态与扩张时空转换等的新特点。在《哲学研究》《哲学动态》《世界哲学》《马克思主义与现实》《人民日报》《解放日报》《北京日报》等报刊发表学术论文 70 余篇。《财富幻象：马克思的历史哲学解读》《货币与个人交往的偶然性》《文化软实力提升机制原理的辩证解读》等多篇文章被《中国社会科学文摘》《新华文摘》《高等学校文科学术文摘》《人大复印资料》全文转载或摘编。

在校开设“马克思主义哲学前沿问题研究”“经济认识论”“消费社会与后现代主义哲学”“哲学”“马克思主义基本原理概论”等课程。曾获上海财经大学“我心目中的好老师”称号 2 次、上海财经大学“教书育人标兵提名奖”1 次。

杨　楠

清华大学理学硕士，上海财经大学经济学博士，美国哥伦比亚大学和英国伦敦政治经济学院访问学者，上海财经大学统计与管理学院教授、博士生导师，教师教学发展中心副主任，计算科学与金融数据研究中心特聘教授；上海市人工智能学会副秘书长。主要研究领域为经济与金融统计。

主持完成国家自然科学基金项目 1 项，教育部人文社会科学研究项目、全国统计科学研究项目、上海市哲学社会科学规划项目、上海市教委科研创新项目、上海市决咨委招标项目等省部级课题8项，三次获得省部级科研奖。

出版《房价指数的编制、管理与应用》《家庭资产统计研究》等专著和《商务统计双语案例精析》《应用回归分析》《应用时间序列分析》等多部教材，在《金融研究》《国际金融研究》《财经研究》《数理统计与管理》等国内外刊物发表学术论文三十余篇。

为本科生、硕士生和博士生开设“随机过程”“应用回归分析”“时间序列分析”“贝叶斯决策”“统计预测和决策”以及*Statistics*等多门专业或通识课程，作为负责人建设的*Statistics*课程获评上海高校全英语教学示范课程，主讲的“数据时代的推断陷阱”在线课程在中国大学慕课、超星尔雅等多个平台播出。曾获上海市级教学成果二等奖1项，被评为上海市三八红旗手、上海财经大学“我心目中的好老师”和“教书育人标兵”，三次获评上海财经大学商学院“明星教师”。

陈成吒

华东师范大学文学博士，上海财经大学人文学院讲师、博士生导师。《中华老学》杂志编委，《解放日报》（理论版）、《上观新闻》（上观学习版）等平台“诸子探微”专栏撰稿人，《诸子学刊》《管子学刊》审稿人。主要从事道家文化、诸子学与国学、先秦两汉文学等研究，曾应邀赴中国台湾等地参加国际学术研讨会。

在《道德经》研究领域主持完成国家社科基金后期资助项目、教育部人文社科研究项目、上海市哲学社会科学规划课题3项；参与“续修四库全书总目提要”“子藏”“中国诸子学通史”等国家级重大课题多项，负责历代老学文献与学术史的整理与修编。

出版的专著《经典之旅：从〈老子〉到无尽的〈道德经〉》（广西师范大学出版社 2018 年），论述了原始《老子》演化为《道德经》的经典化过程及其思想转变。参编的《续修四库全书总目提要·子部》（上海古籍出版社 2015 年），撰写了历代老学文献书目提要；在《学术月刊》《文艺理论研究》《中州学刊》《江淮论坛》《道家文化研究》《诸子学刊》《简帛研究》《思想与文化》《哲学评论》《福建师大学报》《南通大学学报》《南昌大学学报》《广西社会科学》《东吴学术》《管子学刊》《江苏高教》《光明日报》《解放日报》等核心期刊与重要报纸上发表学术论文四十余篇。

在校开设“《老子》导读”“国学与当代社会”“国学智慧”等本科生通识课程，以及“国学研究方法论”“中国思想史”“道家文化与文学”“佛教文化与文学”等研究生专业课程，曾获“上海财经大学先进工作者”等荣誉称号。

卜祥记

复旦大学哲学博士，上海财经大学人文学院讲席教授、博士生导师。中国马克思主义哲学史学会常务理事，全国经济哲学研究会副会长。主要从事马克思早期哲学思想、经济哲学、生态哲学研究。

主持完成国家哲学社会科学课题 1 项，参与完成国家哲学社会科学重大课题 1 项，荣获省部级奖 8 项。

已出版学术专著 3 部，编著 6 部，代表作有《青年黑格尔派与马克思》，是国内研究青年黑格尔派与马克思哲学革命关系仅有的两部著作之一，具有填补理论空白的意义。在《中国社会科学》（3篇）、《哲学研究》（4篇）、《马克思主义研究》（1篇）以及其他权威期刊和中文核心期刊发表论文100余篇。代表性论文有《哲学的在场性与经济学的立场》《〈资本论〉的理论空间与哲学性质》《马克思“社会公正”理论的当代意义》《“生态文明”的哲学基础探析》等。

面向本科生、硕士生和博士生开设“马克思主义原著导读”“《资本论》及其当代意义”“生态哲学”“《1844年经济学哲学手稿》导读”等多门专业课和通识教育类课程，曾获得上海财经大学第六届“我心目中的好老师”称号。

郭美华

华东师范大学哲学博士，美国加州州立大学和美国波士顿大学访问学者，上海财经大学人文学院教授、博士生导师。华东师范大学现代思想文化研究所研究员，中国哲学史学会理事。中华孔子学会理事，上海儒学研究会理事。主要从事中国哲学史和中国哲学原著的教学和研究，研究方向包括先秦儒家与道家哲学、近代哲学与中西比较、宋明理学等。

主持完成国家社科项目“性善论的两种进路研究”，撰有《与朱熹王阳明对话》、《熊十力本体论哲学研究》、《中国哲学十二讲》（合著）、《古典儒学的生存论阐释》等著作，在《哲学研究》《中国哲学史》等刊物发表论文数十篇。

在校开设“王阳明《传习录》导读”“《庄子》导读”“《论语》的智慧与当代生活”等课程。

张 谦

南京大学历史学硕士，复旦大学历史学博士，复旦大学新闻传播学博士后，上海财经大学人文学院副教授、硕士生导师。主要致力于中国近现代思想文化史、媒介社会史、传播与舆论相关领域的研究。

代表性专著有《立宪·革命·调和——章士钊报刊政论思想研究》，先后在《国际新闻界》《新闻与传播研究》《新闻大学》等刊物发表学术论文若干篇。曾挂职解放日报报业集团《新闻晨报》副主编。

除面向本系本科生、硕士生开设新闻理论与业务课程的专业课程外，还开设"媒介与社会"等非专业性课程。

徐国利

南京大学历史学硕士，中国社会科学院研究生院历史学博士，上海财经大学人文学院教授、博士生导师，历史系主任。中国现代史学会常务理事、中国现代口述史学会常务理事。主要从事史学理论及史学史、中国文化思想史、区域社会史等研究。

主持国家社科基金项目（含重大项目子课题）2 项，省部级项目 4 项；参与国家级项目和教育部项目 4 项；主持省级教研项目和省级精品课 2 项。获北京市哲学社会科学优秀成果一等奖 1 项，安徽省哲学社会科学优秀成果二等奖、三等奖 2 项。

独著和合著学术专著 10 余部，发表学术论文 130 余篇，被

《新华文摘》、《中国社会科学文摘》、人大复印报刊资料（《历史学文摘》《哲学文摘》《历史学》《中国现代史》《明清史》《高等教育》）、《社会科学文摘》、《历史与社会文摘》等全文转载和摘录30余篇。代表作为《钱穆史学思想研究》。先后到美国、日本、韩国、马来西亚、中国台湾和中国香港等国家和地区的十几所大学和学术机构参加国际学术研讨会和学术交流。

面向本科生、硕士研究生和博士研究生开设10余门专业课程。

汪丽红

复旦大学历史学博士，上海财经大学人文学院副教授、硕士生导师。主要从事欧洲中世纪史、文化史、史学史等研究。

撰有《中世纪中晚期西欧妇女宗教写作中的性别合作》《中世纪西欧修女规章的发展——以克莱尔修规为中心的讨论》《西欧中世纪盛期圣妇的身体观与身份认同》《萨利克法典与法兰克早期社会》《蛮族的希罗多德——格雷戈里的叙事伦理分析》等论文，发表于《历史研究》《史学理论研究》《复旦学报》等学术期刊并被转载。著有《骑士：且歌且战的西欧贵族》，参编《大学世界史》，参译《牛津历史著作史》。

在校开设“世界文明史”“中国近代史纲要”“中国的环境与社会”“中西文化比较”等课程。

章益国

华东师范大学历史系博士，上海财经大学人文学院教授，上海财经大学党委常委、宣传部部长。主要从事史学理论、中国学术史等研究。

著有《道公学私》（国家社科基金后期成果、北京大学出版社 2020 年出版），曾在《学术月刊》《史学理论研究》等期刊发表学术论文 50 余篇。曾获上海市育才奖，入选上海市第一届“阳光学者”计划。

在校开设“史学概论”“阅读与中文写作”“史学经典与中国传统文化”“形势与政策”等课程。

图书在版编目(CIP)数据

品味经典. 第一辑/徐飞主编. 一上海：复旦大学出版社，2021.1
(趣讲堂)
ISBN 978-7-309-15339-2

Ⅰ.①品… Ⅱ.①徐… Ⅲ.①推荐书目-世界 Ⅳ.①Z835

中国版本图书馆 CIP 数据核字(2020)第 183120 号

品味经典. 第一辑
徐　飞　主编
责任编辑/张美芳

复旦大学出版社有限公司出版发行
上海市国权路 579 号　邮编：200433
网址：fupnet@ fudanpress. com　http://www. fudanpress. com
门市零售：86-21-65102580　团体订购：86-21-65104505
外埠邮购：86-21-65642846　出版部电话：86-21-65642845
上海四维数字图文有限公司

开本 890×1240　1/32　印张 11.125　字数 258 千
2021 年 1 月第 1 版第 1 次印刷

ISBN 978-7-309-15339-2/Z · 99
定价：69.00 元